Tabu Staat Kirche
Beiträge zum Ersten Atheisten-Kongreß Fulda

Tabu Staat Kirche

Beiträge zum Ersten Atheisten-Kongreß Fulda

Herausgegeben vom
Internationalen Bund der Konfessionslosen und Atheisten
(IBKA) e.V.

IBDK Verlag
Berlin – Aschaffenburg
1992

Die Deutsche Bibliothek — Cip-Einheitsaufnahme

Tabu Staat Kirche : Beiträge zum Ersten Atheisten-Kongress Fulda / hrsg. vom Internationalen Bund der Konfessionslosen und Atheisten (IBKA) e.V. —
1. Aufl. — Berlin ; Aschaffenburg : IBDK-Verl., 1992
ISBN 3-922601-13-8
NE: Atheisten-Kongress <01, 1991, Fulda>;
International League of Non-believers and Atheists

IBDK Verlag + Vertrieb GmbH
Berlin – Aschaffenburg

1. Auflage, 1992

Copyright 1992 by IBDK Verlag + Vertrieb GmbH
Postfach 167, D–8750 Aschaffenburg 1

Alle Rechte, auch die des auszugsweisen Nachdruckes, der photomechanischen Wiedergabe, der Herstellung von Mikrofilmen, der Einspeicherung in elektronische Systeme sowie der Übersetzung vorbehalten.

Druck und Verarbeitung: Werner Hildebrand, Berlin

ISBN 3–922601–13–8

Für Erwin Fischer

Tabu Staat Kirche

Beiträge zum Ersten Atheisten-Kongreß Fulda

Seite

Vorwort des Verlags 9
Angelika Ludwig Warum Atheisten-Kongreß? 11

Grundlagen der Verflechtung von Staat und Kirche

Gerhard Rampp Von der Minderheit
zur gesellschaftlich relevanten Gruppe 15
Erwin Fischer Volkskirche ade!
Plädoyer für die Trennung von Staat und Kirche 23
Jürgen Roth Trennung Staat/Kirche als politische Forderung 43

Finanzielle und institutionelle Verflechtung

Horst Herrmann Die Kirchen überleben nur mit unserem Geld! 50
Gerhard Rampp Zahlen zur finanziellen Verflechtung
von Staat und Kirche 54
Johannes Neumann Tun die Kirchen wirklich soviel Gutes? 55
Wilfried Breyvogel Militärseelsorge im vereinigten Deutschland 75

Verflechtung in Kultur und Medien

Edgar Baeger Pflichtfach Religion/Ethik/Lebenskunde
an öffentlichen Schulen? 82
Ursula Neumann Ewige Wahrheiten mit begrenzter Haltbarkeit 90
Frank L. Schütte Der elektronische Kreuzzug 105
Bettina Recktor Sterben und Tod in unserer Gesellschaft 113

Fundamentalismus und Weltherrschaft

Karlheinz Deschner Die Politik der Päpste im 20. Jahrhundert 123
Bahman Nirumand Islamischer Fundamentalismus und „heiliger" Krieg .. 148

Anhang

Editorische Notiz 163
Verbandsdarstellungen 164

Vorwort des Verlags

Vom 27. bis zum 29. September 1991 fand an der Fachhochschule Fulda der Erste Atheisten-Kongreß der Nachkriegsära statt, veranstaltet vom Internationalen Bund der Konfessionslosen und Atheisten (IBKA) und vom Allgemeinen Studentenausschuß (AStA) der Fachhochschule. Das Kongreßthema dieses von den Medien stark beachteten Ereignisses lautete: „Für Trennung von Staat, Religion und Politik – gegen Krieg und Fundamentalismus". Auf der Pressekonferenz zu Beginn des Kongresses waren mindestens doppelt so viele MedienvertreterInnen anwesend als auf dem zwei Stunden zuvor zum Abschluß der Bischofskonferenz veranstalteten Pressetreffen der katholischen Kirche.

Radio Bremen produzierte vom Ersten Atheisten-Kongreß und dem Fuldaer Umfeld für die ARD einen Fernsehfilm: „Unter deutschen Dächern – wohin mit den Heiden?". Er sollte am 9. Januar 1992 im Ersten Programm gezeigt werden. In vielen Zeitschriften bereits angekündigt, wurde diese Sendung kurzfristig abgesetzt und auf einen unbestimmten Termin verschoben. Wer mit den Medien vertraut ist, weiß: Je länger ein Beitrag hinausgeschoben wird, desto geringer ist die Chance, daß er jemals gezeigt wird, und desto brisanter ist sein Inhalt.

Während das von den Parteien gesteuerte öffentlichrechtliche Fernsehen in Sachen Atheistenkongreß also einen Rückzieher machte, bot der größte private Fernsehsender der Bundesrepublik Deutschland, RTL plus, dem IBKA Anfang 1992 an, in der Sendung „Explosiv – Der heiße Stuhl" zum Verhältnis von Staat und Kirche, insbesondere zu Kirchensteuer und Sozialarbeit der beiden großen christlichen Kirchen, als Interessenvertretung der Konfessionslosen und Atheisten Stellung zu nehmen. Unter dem Motto: „Stoppt die Kirchen – die wollen doch nur unser Geld" fand am 31. März 1992 dann tatsächlich das als denkwürdig zu bezeichnende Streitgespräch in einem Kölner Studio statt – zwischen Frank Schütte auf dem „Heißen Stuhl" einerseits und fünf Kirchenfunktionären andererseits, darunter dem Pressereferenten der katholischen Bischofskonferenz, Hammerschmidt, und dem Kirchenrechtler Axel Freiherr von Campenhausen. Im Sendesaal saßen sich erstmals organisierte Konfessionslose (größtenteils IBKA-Mitglieder) und eingefleischte Kirchenanhänger gegenüber.

Die Reaktion des Publikums vor den Fernsehgeräten war geradezu sensationell: Fast sechs Millionen Menschen – eine Rekordzahl – sahen diesen „Heißen Stuhl", über 50.000 Anrufe zählte die Telefon-Umfrage (TET), und vor allem: über 84 Prozent der ZuschauerInnen stimmten dabei für die von Frank Schütte erhobene Forderung: „Stoppt die Kirchen!".

Nach dieser „Explosiv"-Sendung erreichten und erreichen sowohl die RTL plus-Redaktion in Köln als auch das IBKA-Büro in Berlin zahllose Anrufe, Anfragen und Zuschriften von Konfessionslosen und Christen (!), die sich hinter die genannte Forderung stellen und ausführliche Informationen zum Verhältnis von Staat und Kirche wünschen. So hat sich das Team des Internationalen Bücherdienstes der Konfessionslosen entschlossen, in Zusammenarbeit mit dem IBKA dieses Buch über die auf dem Ersten Atheisten-Kongreß in Fulda behandelten Themen herauszubringen. Es enthält Antworten auf Fragen, die immer wieder – gerade auch nach der „Explosiv"-Sendung – an uns gerichtet werden. Das vorliegende Werk, das eine profunde Bestandsaufnahme darstellt, aber keinen Anspruch auf Vollständigkeit erhebt, soll dazu beitragen, Tabuzonen aufzubrechen, die bis zum heutigen Tag von Parteien und Kirchenvertretern gemeinsam aufrechterhalten werden.

Über das „Warum" mögen Sie sich ein eigenes Urteil bilden.

Berlin, den 8. Juni 1992

Angelika Ludwig
Warum Atheisten-Kongreß?
Einleitungsreferat Fulda, 28. September 1991

Die Trennung von Staat und Kirche bzw. Staat, Schule, Politik und Kirche ist Grundvoraussetzung für ein friedliches und tolerantes Zusammenleben in einer Gesellschaft. Ich möchte nur den Golfkrieg als Beispiel für die schrecklichen Folgen nennen, wenn Politik und religiöses Sendungsbewußtsein in einer unsäglichen Verknüpfung zusammenwirken. Vielleicht darf ich in diesem Zusammenhang einmal auf die lange Geschichte des Bündnisses von Kirche und Staat eingehen, eine Geschichte, in der der Kirche in dem Umfang, in dem sie an Macht gewonnen hat, die Religion abhanden kam.

Begonnen hat die Geschichte der christlichen Kirche mit Verfolgungen: 64 n.Chr., von Nero initiiert, gipfelte sie 303 in der großen Verfolgung in Rom. 313 bereits erlangten die Christen unter Konstantin die Duldung, und zwar durch das Edikt von Mailand, einem Vertrag zwischen Konstantin und Livinius. Ich möchte dies hier kurz zitieren – das Zitat ist dem Buch *Die ersten Diener Gottes* von De Rosa entnommen: „Wir sind seit langem der Ansicht, daß Freiheit des Glaubens nicht verweigert werden sollte. Vielmehr sollten jederman seine Gedanken und Wünsche gewährt werden, so daß er in der Lage ist, geistliche Dinge so anzusehen, wie er selbst es will. Darum haben wir befohlen, daß es jederman erlaubt ist, seinen eigenen Glauben zu haben und zu praktizieren, wie er will." Dies ist ein wunderbarer Ausdruck der religiösen Rechte aller Menschen ohne Unterschied. Diese Toleranz ermöglichte es endlich den Christen, ohne Angst vor Verfolgung ihre Religion zu leben und volles Bürgerrecht zu genießen. Die Tragödie jedoch war, daß dieses Prinzip von der katholischen Kirche leider nie akzeptiert wurde.

Ich darf dazu in der Geschichte noch weitergehen: 380 n.Chr. wurde das Christentum offizielle Religion im Römischen Reich, und bereits 392, d.h. zwölf Jahre, nachdem es offizielle Religion wurde, waren nichtchristliche Rituale in Rom verboten.

Selbst 1648 noch verdammte Papst Innozenz X. den Westfälischen Frieden, der ja Religionsfreiheit vorsah: „Bürger, deren Religion von der ihres Landesherrn verschieden ist, sollen gleiche Rechte haben, wie seine anderen Bürger."

Anfangs, nachdem das Christentum zur offiziellen Religion wurde, erfolgte eine *Einmischung des Staates* in kirchliche Dinge; die Bedürfnisse des Staates nach Recht und Ordnung formten den Glauben: Die Kirche erstarrte als lebendige Bewegung – als Preis für ihr Bündnis mit der Macht. Später dann *mischte sich die Kirche* in die Angelegenheiten der Fürsten ein. Päpste ernannten und stürzten sogar Kaiser und verlangten von ihnen, ihren Untertanen unter Androhung von Folter und Tod das Christentum aufzuzwingen.

Den Höhepunkt ihrer Macht genoß die Kirche, als Heinrich IV. 1077 n.Chr. mit seinem Gang nach Canossa vor der Macht des Papstes kapitulierte. Die Religion war der Spitze der Kirche schon längst abhanden gekommen, und die folgende Geschichte, 12./13. Jahrhundert: Kreuzzüge, 15.–17. Jahrhundert

Angelika Ludwig

Jahrgang 1953, Studium der Theaterwissenschaft, Psychologie und Philosophie, Übersetzerin, Bierzapferin, Musiklehrerin, Mitarbeit bei einem Telefonseelsorge-Projekt, lebt in Berlin, hat zwei erwachsene Töchter, ist aktiv bei den Grünen/Alternative Liste und leitet einen Verlag.

mit Inquisition und Hexenverbrennung, war nur noch eine Geschichte der Sicherung und des Ausbaus von Macht.

Längst faulte die Kirche von innen; sie selbst gab den Anlaß für Luthers Anschlag der Thesen im 16. Jahrhundert. Seit dem 17. Jahrhundert sind Säkularisierungen zu verzeichnen, doch blind für Kritik ist die Spitze der Kirche nur mit einem weiteren Ausbau ihrer Macht beschäftigt, was 1870 im Unfehlbarkeitsdogma des Papstes gipfelte. Dazu möchte ich ein kleines Zitat aus dem gleichen Jahr vorlesen, aus einem Buch, verfaßt von dem Theologen Ignaz von Döllinger, das beim Konzil 1870 auf den Index kam: „Alle Gewalt verdirbt den Menschen, dafür legt die ganze Geschichte Zeugnis ab. Ist diese Gewalt eine geistliche und beherrscht sie die Gewissen der Menschen, so ist die Gefahr der Selbstüberhebung nur um so größer, denn der Besitz einer solchen Macht übt einen besonders verführerischen Reiz und zugleich die Selbsttäuschung am nächsten, indem die Leidenschaft der eigenen Herrschbegier nur zu leicht als Sorge für das Heil anderer beschönigt wird."

Dieser Exkurs sollte deutlich machen, wie sehr der Kirche, will man sie als religiöse Bewegung verstehen, ihr Bündnis mit der Macht geschadet hat; wie sehr sie sich von ihren eigentlichen Wurzeln entfremdet hat.

Und nun noch ein Anliegen von mir: Ich möchte gern einen Begriff klären, nicht abschließend, sondern als Anregung für die weitere Diskussion. Und zwar möchte ich *religiöses* Engagement von *humanitärem* Engagement unterscheiden. Diese beiden Begriffe fallen oft in einem Atemzug, sie werden oft in eins gesetzt. Das ist es aber nicht.

Religion wird definiert als das „Ergriffenwerden von der Wirklichkeit des Heiligen. Das religiöse Erleben hebt sich somit vom Erkennen einer Wahrheit oder vom Anerkennen einer sittlichen Forderung und vom Erfassen eines ästhetischen Wertes mit gleicher Deutlichkeit ab."

Humanität wird definiert als „die volle Entfaltung der sittlichen Anlagen des Menschentums", d.h. in bestimmter Weise wird humanitäres Engagement gleichgesetzt mit Menschenliebe. Das wesentliche Verdienst des Christentums ist es, diesen Begriff von Humanität in seiner christlichen Ethik in der Forderung nach Nächstenliebe aufgegriffen zu haben. Das Fatale an dieser

Geschichte ist jedoch, daß dieses in so vielerlei Hinsicht unschätzbare und verdienstvolle soziale Engagement der Kirche in tätiger Nächstenliebe verknüpft ist mit ideologischer Vorherrschaft und moralischer Indoktrination. Und daß das heute noch so ist – ich möchte nur eins unter Tausenden von Beispielen nennen –, daß z.B. in bestimmten Gegenden die Tatsache, daß eine Erzieherin keiner christlichen Religion angehört oder daß sie geschieden ist, praktisch einem Berufsverbot gleichkommt. Das hat etwas damit zu tun, daß unser Staat, unser Gemeinwesen versagt hat, d.h. daß er seine sozialen Aufgaben nicht wahrnimmt und sie der Kirche überläßt. Ich möchte jetzt nicht auf die Geschichte unseres Staates eingehen. Ich möchte nur kurz bemerken, daß auch die weltliche Macht ein Interesse an dem Bündnis mit der Kirche hatte und immer noch hat, diente die Kirche doch lange Zeit als „goldene Krücke des Absolutismus".

Die Zusammenarbeit von Kirche und Staat hat eine lange Tradition. Ließ sich doch Macht und Vorherrschaft besonders gut und unangreifbar sichern durch sozusagen über-/außerweltliche Legitimation. Welcher gläubige Mensch kann es wagen, eine von Gott legitimierte Herrschaft anzuzweifeln?

Und hat nicht stets die Kirche mitgeholfen, einen Staat, eine Nation als ein Mehr als ein sogenanntes Zweckbündnis zu definieren? Die Kirche hat dem Staat den ideologischen Überbau geliefert. Noch 1855 wird der Kirche im Konkordat Sicherung der Aufsicht über Unterricht, Kultus und Eherecht zugesagt. Und wird nicht noch immer in der Politik damit gearbeitet? (Ich möchte nur an Bushs Rede zum Golfkrieg erinnern, ich denke, die spricht für sich.) Und hilft die Kirche nicht im Gegenzug „nationalistischer Politik", indem sie durch ihre Position zur Abtreibung dazu beitragen will, möglichst viele deutsche Babies zu produzieren, während gleichzeitig in der Asyldebatte behauptet wird, das Boot sei voll? Zugegeben, etwas zu provokativ, ich würde das gerne im Gespräch auch noch differenzieren wollen. Doch, was mir heute fehlt, und was mir in letzter Zeit z.B. fehlt, ist eine klare Stellungnahme der Kirche zu Hoyerswerda!

Zurück zum Thema: Wenn wir den Staat als ein Zweckbündnis verstehen, das überindividuelle Aufgaben wahrnehmen soll, dann ist es seine Aufgabe, das Zusammenleben der verschiedenen gesellschaftlichen Gruppen (religiöse, ethnische, ständische, Berufsgruppen) zu regeln. D.h. ein Staat als organisierte Vereinigung von Menschen muß die Interessen des einzelnen, der Gruppen, der Allgemeinheit zum Ausgleich bringen. Aus diesem Grund ist die Forderung nach Trennung von Kirche und Staat eine demokratische Forderung unserer Zeit. Vermeiden wir doch dadurch die fatalen Folgen des Bündnisses von Kirche und Staat: Staatlicherseits die daraus resultierende notwendige Unterdrückung anders religiöser bzw. nichtreligiöser Gruppen; für die Kirche die Korruption durch das Bündnis mit der Macht, ablesbar an der Kirchengeschichte seit über 1000 Jahren.

Doch: Unser Staat muß seine Hausaufgaben machen: Er muß seine sozialen Aufgaben erfüllen. Das ist ein Grundrecht der Menschen, die in diesem Staat leben. Und es kann nicht sein, daß die Grundrechte oft nur im Zusammenhang mit religiöser, moralischer Indoktrination zu haben sind. Gerade angesichts der Multikulturalität und der sinkenden Anzahl religiös gebundener Menschen sind bei einem Festhalten am Bisherigen Konflikte vorprogrammiert. Und das möchte ich in keiner Weise als einen Angriff auf die vielen Tausenden von Christen verstehen, die an der Basis in Verknüpfung von religiöser Überzeugung mit humanitärer Nächstenliebe einen unschätzbaren Dienst für unser Gemeinwesen leisten. Doch: Was tut der Staat für die Anerkennung dieser Arbeit? Außer daß er die Zuständigkeit an die Kirchen gibt und diese dafür Gotteslohn versprechen, wenn überhaupt?

Vielleicht darf ich da ein kleines Zitat einfügen von Peter de Rosa zu dem 'Wenn überhaupt': „Es ist traurig zu sehen, daß es Generationen von Katholiken gab, in denen die Kirche mehr große Menschen zensierte oder zum Schweigen brachte als die meisten anderen Institutionen besaßen". Es ist oft so, daß gerade die sozial engagierten Menschen in der Kirche nicht das Gehör finden, das sie verdienen.

Und nun wünsche ich uns und mir fruchtbare Diskussionen, und noch etwas wünsche ich mir: Daß die Kirche zu ihrer Religion zurückfindet und ihr Bündnis mit der Macht kündigt, und daß unser Staat, unsere Politik Verantwortung übernimmt für eine wahrhaft humanitäre, soziale Ausgestaltung unseres Gemeinwesens, das den verschiedensten gesellschaftlichen, religiösen und ethnischen Gruppen ein tolerantes, friedvolles Zusammenleben ermöglicht. ☐

Karlheinz Deschner hält den Eröffnungsvortrag auf dem Ersten Atheisten-Kongreß 1991 in Fulda

Gerhard Rampp
Von der Minderheit zur gesellschaftlich relevanten Gruppe
Konfessionslose und Atheisten im Aufbruch

Noch vor fünfzehn Jahren hätte das Thema dieses Vortrags genau umgekehrt lauten müssen: „Konfessionslose und Atheisten – von der gesellschaftlich relevanten Gruppe zur Minderheit". Denn bis dahin schien es, als ob organisierte Atheisten ihre beste Zeit schon hinter sich hätten.

Wie konnte es überhaupt so weit kommen, zumal doch die Rahmenbedingungen seit den siebziger Jahren gar nicht mehr so schlecht waren? Ein kurzer Blick in die Geschichte kann da sehr hilfreich sein, wenn er nicht der schwärmerischen Nostalgie dient, sondern dazu, Lehren für die Zukunft zu ziehen.

Die Entstehung der ersten kirchenfreien Organisationen im deutschen Raum fällt nicht zufällig in die Epoche der ersten deutschen Revolution von 1848, als sich zeitgleich der Wunsch nach einer echten Demokratie ausbreitete und auch die Ideen von Ludwig Feuerbach, des bedeutendsten deutschsprachigen Verfechters einer Philosophie des humanistischen Atheismus, Anklang fanden.

Nach einer gewissen Phase der Verfolgung durch Staatsbehörden (nicht zuletzt auf Betreiben der Kirchen) entstanden besonders zwischen 1900 und 1914 in zahlreichen größeren und mittleren Städten Vereinigungen, die ein rein diesseitsbezogenes Weltbild auf der Grundlage der naturwissenschaftlichen Erkenntnisse vertraten, meist auch verbunden mit sozialkritischen und emanzipatorischen Tendenzen. In der Regel bezeichneten sich deren Mitglieder als Freidenker oder Freireligiöse, wobei der Begriff „religiös" damals noch nicht mit „christlich" oder gar mit „kirchlich" gleichgesetzt wurde, sondern eher mit „ethisch, an allgemein einsichtige Werte gebunden". So war z.B. August Bebel von 1873 bis 1880 Vorsitzender der Freireligiösen Gemeinde Leipzig, aber wir wissen alle, daß er mit Klerikalismus absolut nichts im Sinn hatte.

Ihre absolute Blütezeit hatten diese Verbände in der Weimarer Zeit, als endlich die formale Trennung von Staat und Kirche erreicht war, deren inhaltliche Ausfüllung wir bekanntlich bis heute nicht erreicht haben. In den zwanziger Jahren standen sich katholisches Zentrum und sozialistisch orientierte Freidenkerbewegung unversöhnlich gegenüber. Es ging um Darwinsche Evolutionslehre contra christliche Schöpfungslehre, um Feuerbestattung gegen religiöses Begräbnis, um katholische Soziallehre contra sozialistische Gesellschaftstheorie. Diese Fragen bewegten die Gemüter damals ähnlich stark wie heute der Paragraph 218 oder die Debatte um die Sterbehilfe.

Allein die Freidenker zählten 1930 deutschlandweit 780.000 Mitglieder, ähnlich orientierte bürgerlich-liberale Verbände brachten es zusammen auf eine nicht ganz so hohe Zahl. Zusammen machte das über eine Million organisierte Mitglieder aus, denen eine straff gegliederte katholische Laienbewegung mit einer Anhängerschaft von mehreren Millionen Mitgliedern gegenüberstand. Es war geradezu vorgegeben, daß sich neben dem Zentrum auch die SPD als Weltanschauungspartei verstand.

1933 erfolgte ein tiefer Einschnitt. Die konfessionslosen Verbände wurden zerschlagen, während die der Großkirchen sich den veränderten politischen Gegebenheiten anpaßten und überlebten.

Trotzdem kann hierin nicht die *alleinige* Ursache für den auffallenden Mitgliederschwund der kirchenfreien Verbände in der Nachkriegszeit liegen. Sicher, *ein* Grund ist auch im Traditionsbruch zu suchen, den die Nazizeit bewirkt hat: die damals erzogene Generation suchte bezeichnenderweise relativ selten Anschluß an konfessionslose Gruppen und blieb in stärkerem Maße kirchentreu als spätere.

Als fatal erwies sich, daß der soziale und der Wertewandel von den nicht-religiösen Verbänden ignoriert wurden. Die einst gesellschaftlich bedeutsamen weltanschaulichen Gegensätze der Weimarer Zeit verschwanden in den fünfziger Jahren. Die Kirchen arrangierten sich mit den Naturwissenschaften in wesentlichen Fragen und akzeptierten die Feuerbestattung. Überdies bemühten sich die Protestanten – zeitweise sogar die katholische Kirche – um eine Öffnung zur säkularen Welt. Andererseits verloren die ursprünglichen Ideen des Sozialismus im marktwirtschaftlichen System Westdeutschlands an Bedeutung, da es bald mehr Angestellte und aufstiegsorientierte Fachkräfte gab als klassische Fabrikarbeiter, so daß eine weltanschauliche Volkspartei keine ausreichende Basis mehr hatte. In der DDR wurde der Rest der organisierten Kirchenfreien am Neuaufbau völlig gehindert, da angeblich der Staat selbst diese Bewegung darstellte. Heute ist allen klar, daß dieser DDR-Staat in Wirklichkeit nur eine säkulare Ersatzreligion unter marxistisch-leninistischem Vorzeichen errichten wollte.

Nachwuchsmangel führte bei den nichtreligiösen Weltanschauungsgemeinschaften seit 1960 zu einer schleichenden Überalterung. Bundesweit nahm das freigeistige, humanistische, aufklärerische Spektrum bis 1980 auf höchstens noch 30.000 organisierte Mitglieder ab, ein Bruchteil der früheren Masse.

Nun darf man allerdings nicht den Fehler begehen, die Wirksamkeit eines Verbandes ausschließlich an seiner Mitgliederzahl zu messen. Mindestens ebenso wichtig sind die Qualität der Argumente und die Akzeptanz in der Öffentlichkeit. Der *Club of Rome* konnte mit unter 50 Mitgliedern einen beachtlichen weltweiten Einfluß ausüben, während z.B. die 200.000 Zeugen Jehovas oder die 450.000 Neuapostolischen, die es allein in Deutschland gibt, politisch und gesellschaftlich völlig bedeutungslos sind. Bedenklich ist der Niedergang der traditionellen nichtkirchlichen Verbände, speziell der Freireligiösen und zum Teil auch der Freidenker deshalb, weil die Zukunftsperspektive fehlt und weil dort die überalterten Funktionäre an Traditionen kleben, bis daß der Tod sie scheidet.

Ein weltanschaulicher Kampf mit den monotheistischen Religionen um die „wahre Lehre", wie er früher im Mittelpunkt stand, ist heute überholt. Jedem halbwegs weltoffenen Menschen, ob Kirchenmitglied oder nicht, leuchtet inzwischen ein, daß man die Wahrheit einer Religion oder Weltanschauung nicht letztgültig nachweisen kann. Wenn aber die Existenz eines höheren Wesens oder eines Lebens nach dem Tode weder beweisbar noch widerlegbar, weil nicht überprüfbar ist, hat es wenig Sinn, sich mit derlei Hypothesen herumzustreiten. Dürrenmatt erweiterte diese Erkenntnis in seinem Plädoyer „Ich glaube an den Menschen" um eine wichtige Nuance: *Nicht nur Gott, auch der Glaube an sich ist unbeweisbar. Nicht einmal der Papst kann beweisen, daß er glaubt, woran er zu glauben vorgibt.*

Trotzdem: Wir respektieren die Überzeugung eines gottgläubigen Menschen, verlangen aber, daß er nicht so tut, als sei er der Wahrheit näher oder moralisch höherstehend als andere. In kirchlichen Kategorien läßt sich diese Haltung auch anders ausdrücken: Gegen ein *bekenntnis*kirchliches System ist nichts einzuwenden, solange der Grundsatz der beiderseitigen Toleranz gewahrt bleibt. Wir haben aber eine ganze Menge gegen jenen Herrschaftsanspruch, der sich unter dem harmlos klingenden Begriff *Volkskirche* versteckt.

Auf diesen Konsens kann man sich mit den meisten Kirchenmitgliedern einigen, die im Alltag viel toleranter oder auch indifferenter sind als die Funktionäre der Amtskirche. Man könnte die Mehrzahl dieser Taufscheinchristen als gesinnungsmäßige, aber inkonsequente Agnostiker bezeichnen.

Seit etwa 15 Jahren haben einige Verbände diese völlig neue Ausgangslage begriffen und gehen den entscheidenden Schritt voran. Es geht nämlich darum, endlich die *politischen Konsequenzen* aus dem Grundsatz der Religionsfreiheit einzufordern, deren Kernsätze lauten:

- **Gleiche politische Rechte für alle Weltanschauungen**
- **Schluß mit Privilegien (vor allem materieller Art) für bestimmte Institutionen,**
- **konsequente Trennung von Staat und Kirche sowie von Staat und Religion.**

Genau mit diesen Maximen haben insbesondere der *Internationale Bund der Konfessionslosen und Atheisten (IBKA)* und teilweise auch der *Bund für Geistesfreiheit Augsburg* in den letzten Jahren den Nerv getroffen – bei Konfessionsfreien wie bei den Kirchen. Streit über letzte Wahrheiten in abstrakten Fragen bringt nichts; im Zeitalter des persönlichen Selbstbestimmungsrechts entscheidet darüber ohnehin jeder für sich. Aber die praktische Umsetzung dieses Denkens ist vielen Menschen ein Anliegen, ohne daß es bis dahin von einer Organisation aufgegriffen worden wäre. Es waren übrigens fast ausschließlich Verbände mit dieser Zielrichtung, die im letzten Jahrzehnt einen Aufschwung verzeichnen konnten.

Als Beispiel auf regionaler Ebene darf ich hier die Entwicklung des *Bundes für Geistesfreiheit* in Augsburg anführen, die mir als Vorsitzendem naturgemäß besonders vertraut ist. Dort wurde im letzten Jahrzehnt mit konsequenter Presse- und Öffentlichkeitsarbeit bewiesen, daß eine politische Interessenvertretung der Kirchenfreien eine hochaktuelle und zukunftsträchtige Aufgabe ist. Mitgliederentwicklungen allein drücken diesen Umschwung nicht aus, aber sie sind doch ein gutes Barometer: Anfang 1980 zählte der *bfg Augsburg* gerade noch 54 Mitglieder und war dem Aussterben nahe. Genau zehn Jahre später waren es mit 174 mehr als dreimal soviel; aktuell sind es 232. Gleichzeitig sank der Altersdurchschnitt seit 1980 von 65 auf 48 Jahre.

Nun ist das immer noch keine berauschende Zahl, aber der entscheidende Faktor ist der *Trend*. Wenn ein einst nach Hunderttausenden zählender Verband Jahr für Jahr schrumpft, dann mag er im Moment noch ein Mehrfaches an Mitgliedern haben; sein Aussterben ist trotzdem nur eine Frage der Zeit, wenn er im gleichen Trott weitermacht. Umgekehrt gehört einem politischen Verband der Konfessionslosen und Atheisten die Zukunft, wenn er ein zeitgemäßes Programm hat und gleichzeitig in der Lage ist, sein Management schrittweise zu professionalisieren. Die Größe des Verbandes besagt dabei nur, ob sein Aussterben bzw. Aufblühen etwas schneller oder langsamer vor sich geht.

Nun fragen Sie sicher, was denn eine solche zeitgemäße Interessenvertretung der Konfessionslosen ausmacht. Die politischen Ziele habe ich vorher umrissen – Gleichberechtigung aller Weltanschauungen, Trennung von Staat und Kirche bzw. Staat und Religion. Es bleibt aber noch die Frage nach der *Strategie* und den *eigenen Grundsätzen* zu beantworten.

Unsere Strategie geht von der Grundthese aus, daß die großen Amtskirchen heute, speziell in Deutschland, nicht mehr primär Glaubensgemeinschaften, sondern machtpolitische Organisationen sind. Nichts kann eine solche These besser beweisen als der Umgang mit innerkirchlich Andersdenkenden. Im Moment macht der Fall Drewermann Schlagzeilen, aber wenn Sie die Presse aufmerksam verfolgen, finden Sie alle zwei Wochen ein anderes Beispiel. Das protestantische Kirchenmanagement ist da übrigens keineswegs toleranter, es bereinigt Konfliktfälle nur geräuschloser und professioneller. Kein Wunder, daß unsere Grundziele auch bei vielen gläubigen Christen Zustimmung finden. Auch ihnen ist das Kleben der Amtskirchen an materiellen Vorrechten aus ganz anderen Gründen ein Dorn im Auge. Sie fragen sich aus *ihrer* Perspektive z.B., wie denn die Kirche eine Option für die Armen in der Dritten Welt vertreten will, wenn sie hierzulande zuallererst die Option auf den eigenen Reichtum wahrt. Eine Kirche, so meinte ein früherer Mitarbeiter der katholischen Jugendarbeit, die sich auf ihre äußeren Machtbastionen stützt statt auf die Inhalte ihrer Botschaft, ist eigentlich schon klinisch tot, denn sie gibt indirekt zu, daß die Botschaft *allein* wohl nicht mehr so recht zieht. Vielleicht liegt der Fluch des schnöden Mammon gerade darin, daß die Kirchen genau in jenen Ländern moralische Glaubwürdigkeit einbüßen, wo sie sich finanziell besonders gut gepolstert haben. Das gilt an allererster Stelle für Deutschland.

Nur ein Beispiel hierzu: Bei einer Umfrage im Auftrag der evangelischen Kirche Bayerns zur Spendenbereitschaft für karitative Zwecke meinten laut *Rheinischer Merkur* vom 29. März 91 jeweils rund 40 Prozent der Befragten, die Kirchen seien so reich, daß sie Spenden eigentlich gar nicht bräuchten und daß Spendenaufrufe nicht nötig wären, wenn die Kirchen die Kirchensteuer anders verwendeten.

Die Amtskirchen verhalten sich dementsprechend: Sie lassen über theologische Streitfragen heutzutage durchaus mit sich diskutieren, aber wenn es ums

Geld geht, blocken sie eisern ab. Warum? Katholische Kirchenzeitungen haben es letzten Herbst ungewollt auf den Punkt gebracht, und zwar in einer fünfteiligen Serie des Kölner Generalvikars Feldhoff mit einem Titel, der Ihnen vielleicht etwas bekannt vorkommt: *Die Kirche und ihr Geld*. Gleich zwei Teile waren mit der entlarvenden Überschrift versehen „Geld ist Macht". Genau das ist der springende Punkt: Die Kirchen, auch die evangelische, verteidigen ihre Sonderstellung aus vordemokratischen Zeiten mit der *Macht des großen Geldes und der Macht der großen Zahl statt mit moralischen Argumenten* – weil sie wohl guten Grund haben, sich auf letzterem Feld der Auseinandersetzung nicht zu stellen.

Unter solchen Umständen bleibt den kirchenfreien Verbänden gar keine Wahl: Wenn die Kirchen Argumenten nicht zugänglich sind und sich statt dessen auf ihre Machtstellung zurückziehen, dann knabbern wir eben diese Machtbasis an, nämlich die Karteileichen, die sich innerlich längst von den Kirchen verabschiedet haben, aber aus Gewohnheit, Bequemlichkeit, manchmal auch aufgrund von uneingestandenen anerzogenen Ängsten und vor allem aus Gedankenlosigkeit noch in der Institution Kirche bleiben und mit ihrem Obolus diejenigen unterstützen, von denen sie nichts oder wenig halten.

Dabei kommt uns sehr entgegen, daß dieser Bevölkerungsanteil enorm gewachsen ist und nach wie vor zunimmt. Ein Oberkirchenrat der EKD bezifferte 1987 den Anteil der Kirchentreuen unter den (westdeutschen) Protestanten auf „neun bis 14 Prozent" (Frankfurter Rundschau, 23. 5. 1987). Auf katholischer Seite sind vergleichbare offizielle Aussagen nicht bekannt. Aber der allgemein als Maßstab akzeptierte Anteil der sonntäglichen Kirchgänger spricht für sich: 1988 wurde er noch mit 22,5 Prozent aller Katholiken angegeben, halb so viel wie 15 Jahre zuvor. Der vielzitierte „Mann auf der Straße" hat sich also sehr wohl seine eigene Ansicht zu Kirche und Religion gebildet; da bräuchten wir gar nicht mehr nachzuhelfen. Es gilt nur noch, ihn auch zur Konsequenz des eigenen Denkens zu bringen, und das war auch der Sinn unserer Aktionen zum Thema *Kirche und Geld*. Deren Bilanz im letzten Jahr beweist, daß man damit durchaus einiges erreichen kann. 1989 und 1990 traten in Westdeutschland zusammen ein Prozent der Katholiken und Protestanten aus. Seit 1970 verließen fast drei Millionen Protestanten und zwei Millionen Katholiken ihre Kirche, also insgesamt etwa zehn Prozent. An Kirchensteueraufkommen macht das vermutlich sogar 15 bis 20 Prozent aus, weil die Austretenden insgesamt überdurchschnittlich verdienen. Der Anteil der Kirchenmitglieder, der den Fuß quasi schon in der Tür hat, ist mindestens noch einmal so groß.

Wohlgemerkt: Dieser Trend liefe auch ohne konfessionslose Verbände. Aber wir können ihn ganz erheblich beschleunigen, wie das Beispiel in Augsburg zeigt: Dort führte eine konsequente Flugblattaktion zu einer Verdopplung der Austritte, was auf Dauer nicht ohne Folgen bleibt. Das Ermutigen von religiös gleichgültigen oder ungläubigen Menschen zum Kirchenaustritt ist für uns also kein Selbstzweck, sondern strategisches Mittel zum Zweck.

Unser Ziel ist eine freie Konkurrenz unterschiedlicher Weltanschauungen auf der Grundlage der Gleichberechtigung und der Toleranz. Wir wollen Christen nicht das Recht auf freie Religionsausübung bestreiten. Wir haben

Gerhard Rampp
Vorsitzender des Bundes für Geistesfreiheit Augsburg. Als Redakteur der Zeitschrift MIZ – Materialien und Informationen zur Zeit für die Rubrik Internationale Rundschau verantwortlich.

die religiösen Unterdrückungsmaßnahmen in *einigen* – längst nicht allen – kommunistischen Ländern Osteuropas aus Prinzip ebenso abgelehnt, wie wir die Diskriminierung von Christen und Atheisten in manchen islamischen Ländern verurteilen. Selbstverständlich muß es auch das Recht der Kirchen sein, sich aus ihrer Sicht zu allgemeinpolitischen Fragen zu äußern. Es darf aber in einer pluralistischen Gesellschaft nicht angehen, daß die Überzeugung *einer* Religionsgemeinschaft den Alltag aller Andersdenkenden bestimmt. Das gilt aus Prinzip selbst dann, wenn solche Einstellungen weniger patriarchalisch, hierarchisch und demokratiefremd wären als bei den beiden großen Kirchen.

Wer Kindergärten dazu benutzen will, um Kleinkinder in seinem religiösen Sinne zu erziehen, soll diese Einrichtungen auch selbst finanzieren. Wer die selbstverständlichsten Rechte seiner Arbeitnehmer auf ein eigenständiges Privatleben und auf Glaubensfreiheit mißachtet, soll das wenigstens nicht mit Staatsgeldern durchsetzen können. Wer unbedingt Kreuze aufhängen will, soll dies dort tun, wo er mit Gleichgesinnten zusammenkommt, aber nicht in staatlichen Einrichtungen, die auch von Andersdenkenden genutzt werden müssen. Wer Schulkindern religiöse Unterweisung erteilen will, soll dies tun können, aber in eigener Verantwortung und auf eigene Kosten. Daß die Ausbildung des theologischen Personals Kirchensache ist, versteht sich von selbst – nur nicht bei der Kostenregelung. Solange diese und viele ähnliche Fragen nicht gelöst sind, braucht es uns.

Es braucht uns als *politische Interessenvertretung*.

Ziehen wir aus der Vergangenheit Lehren für die Zukunft! Überall dort, wo kirchenfreie Vereinigungen sich in Vereinsmeierei ergehen und sich mit überholten Fragen beschäftigen, die in der Weimarer Zeit oder früher aktuell gewesen sein mögen, schrumpfen sie und sterben aus. Aber auch dort, wo sie einen Aufschwung erleben, müssen sie klare eigene Grundsätze entwickeln.

Zuallererst müssen sie glaubwürdig sein und ihre vier Grundwerte *Toleranz, Vernunft, Humanität, Selbstbestimmung* auch im internen Umgang praktizieren. Aber das ist nur eine Vorbedingung, die eigentlich selbstverständlich sein sollte. Zur Glaubwürdigkeit gehört z.B. auch, daß man selber tut, was man von anderen verlangt. Wenn einzelne kirchenfreie Gruppen gern einen Dienstleistungsverband für Konfessionslose aufbauen wollen, so ist daran grundsätzlich nichts auszusetzen. Nur ist dann auch zu fragen, wer denn das Geld zu welchen Bedingungen und mit welchen ideologischen Vorgaben zur Verfügung stellt. Man kann nicht für die Trennung von staatlichen und kirchlichen Interessen eintreten, wenn man selbst Weltanschauungsarbeit mit öffentlichen Geldern betreiben will. Auf die Dauer hat kein Verband Zukunft, der die materielle Privilegierung der Kirchen nur so lange bekämpft, bis er selber an Staatsknete herankommt. Im Gegenteil – das wäre nur eine Erweiterung der Verfilzung von Staat und Kirche um einige zusätzliche Nutznießer. Das wäre dann nicht mehr eine Vertretung der Konfessionslosen-Interessen, sondern der eigenen Verbandsinteressen.

Zweitens haben wir konkrete Aufgaben und Ziele vor Augen, eben jene vorher erläuterten als Interessenvertretung einer wachsenden Zahl von Kirchenfreien.

Wir wissen klar, was wir wollen.

Das Hauptmotiv liegt aber noch tiefer: Wir besitzen nicht nur diese konkreten Ziele, sondern auch eine grundsätzliche Zukunftsvision, fast könnte man sagen, eine Art Zukunftsglauben. Wir glauben an die prinzipielle moralische Überlegenheit von partnerschaftlichen, gleichberechtigten, emanzipatorischen Gesellschaftsstrukturen gegenüber autoritären, hierarchischen, patriarchalischen Systemen. Natürlich wissen wir, daß selbst unsere mitteleuropäische Demokratie noch weit von einem solchen Ideal entfernt ist und vielleicht auch noch lange bleiben wird, weil sich gesellschaftliche Konventionen schneller ändern als z.B. Staatsformen oder Sachzwänge im Wirtschaftsleben. Aber sowohl im Rückblick auf frühere Epochen als auch im Vergleich mit anderen Systemen können wir doch einige Fortschritte feststellen – vor allem in jüngster Zeit.

In den letzten zwei Jahren wurde die vorletzte undemokratische Bastion auf europäischem Boden, die Diktatur des realen Sozialismus in Osteuropa, überraschend schnell geschleift, nachdem sich die Voraussetzungen dazu über viele Jahre klammheimlich entwickelt hatten. Je demokratischer und liberaler unsere Gesellschaft wird, um so mehr Menschen werden auch das letzte ideologische Bollwerk aus vordemokratischen Zeiten als Fremdkörper empfinden. Zu ähnlichen Schlußfolgerungen kam übrigens schon der große Freigeist Johann Wolfgang von Goethe vor 200 Jahren, als er sehr deutlich formulierte: *Es ist viel Dummes in den Satzungen der Kirche. Aber sie will herrschen, und da muß sie eine borniere Masse haben, die sich duckt und die geeignet ist, sich beherrschen zu lassen. Die hohe, reichdotierte Geistlichkeit fürchtet nichts mehr als die Aufklärung der unteren Massen.*

So gesehen hat der Papst völlig recht, wenn er aus seiner Sicht den geistigen Liberalismus als ebenso gefährlich bezeichnet wie den Stalinismus. Er ist für ihn objektiv sogar noch wesentlich bedrohlicher, denn mit der alten sowjetischen KP stimmen zwar nicht seine Inhalte, wohl aber der autoritären Strukturen erstaunlich überein, wie ja auch der Befreiungstheologe Leonardo Boff feststellte. Nur heißt der Papst dort Generalsekretär, die Kurie nennt sich Politbüro, und die Bischofskonferenzen heißen Zentralkomitees. (Am Rande sei bemerkt, daß der Franziskaner Boff die Strafe eines einjährigen Bußschweigens vom Vatikan genau für diese Vergleiche erhielt, und nicht etwa für seine Befreiungstheologie.)

Der rapide und scheinbar überraschende Machtverfall in Osteuropa hat eine alte Lehre der Geschichtswissenschaft bestätigt: Ein System, das einmal mit einer gutgemeinten und vielleicht zeitweise auch sinnvollen Idee angetreten ist, kann sich nicht mehr dauerhaft behaupten, wenn es allein mit Machtpolitik regiert. Das gilt für militärische Diktaturen genauso wie für politische oder religiöse.

Die Protestanten reden schon jetzt vom „Zusammenbruch des volkskirchlichen Systems". Sie wissen warum, haben sie doch 1986 eine Studie veröffentlicht, wonach sich die Zahl der evangelischen Kirchenmitglieder in Westdeutschland bis zum Jahr 2030 halbieren könnte. Schon jetzt ist die Vormachtstellung der Kirchen, mag sie äußerlich auch noch intakt scheinen, ausgehöhlt wie die der SED vor drei Jahren. Die politischen Parteien beobachten bereits aufmerksam die weltanschauliche Entwicklung, namentlich Grüne und FDP testen auch schon die Reaktion der Wähler auf kirchenkritische Aussagen in ganz bestimmten Konfliktfeldern. Die Bereitschaft des Staates, den Kirchen weiter unter die Arme zu greifen, läßt spürbar nach. Man mag spekulieren, wie lange es noch braucht, bis die Abwanderungswelle zu finanziellen Konsequenzen *innerhalb* und zu politischen Folgen *außerhalb* der Kirchen führt. Das kann schon in zwei Jahren mit der Harmonisierung in der EG kommen, es kann aber auch noch fünfzig Jahre dauern. Aber der Erdrutsch wird kommen.

Und wir werden die sein, die das Kartenhaus zum Einstürzen bringen. □

Erwin Fischer
Volkskirche ade!
Plädoyer für die Trennung von Staat und Kirche

Vorbemerkung: *Der folgende Text entspricht fast vollständig dem Vortrag, den RA Erwin Fischer auf dem Fuldaer Kongreß gehalten hat. Weggefallen sind lediglich die den Vortrag einleitenden Sätze. Bei dem Text handelt es sich um den 1. Teil der bereits in Vorbereitung befindlichen 4. Auflage von ‚Trennung von Staat und Kirche'. Der schon seit 1964 vertretene Standpunkt – weltanschaulich-religiöse Neutralität des Staates mit unverletzlicher Religions- und Weltanschauungsfreiheit – empfängt weitere Impulse aus der stetig wachsenden Entchristlichung in Verbindung mit zunehmender Auflösung volkskirchlicher Vorstellungen. In Zukunft werden sie mehr als bisher sich in einer geänderten Auslegung, aber auch in rechtspolitischen Forderungen äußern, vornehmlich zum Religionsunterricht, zur Kirchensteuer und zur Militärseelsorge. Zu beachten ist noch Fischers Verzicht auf den irreführenden Begriff ‚Staatskirchenrecht', an dessen Stelle der sachlich zutreffende Begriff ‚religionsbezogenes Verfassungsrecht' tritt.*

Zum neuen Titel „Volkskirche Ade!" zwingt die Tatsache, daß überholte volkskirchliche Vorstellungen sowohl das Schrifttum als auch die Rechtsprechung auf dem Gebiet des religionsbezogenen Verfassungsrechts beherrschen, obwohl das Grundgesetz für die Bundesrepublik Deutschland die grundsätzliche Trennung von Staat und Kirche gebietet.

Da kraft Art. 137 Abs. 1 RV 1919 (Weimarer Reichsverfassung) – laut Art. 140 GG Bestandteil des Grundgesetzes – eine Staatskirche nicht mehr besteht, gibt es im eigentlichen Sinn des Wortes auch keine Volkskirche mehr. Sie setzt nämlich vor Einführung der Religionsfreiheit eine faktische oder rechtlich erzwingbare Kirchenzugehörigkeit voraus [1]. Dadurch war die Identität von Bürger und Christ, die auch heute noch zugunsten von Ansprüchen der beiden christlichen Großkirchen behauptet wird, sichergestellt. Damit hängt die Zwei-Gewalten-Theorie zusammen, die noch bis heute in der Vorstellung von Staat und Kirche als den beiden vollkommenen Gesellschaften mit der Superiorität der geistlichen über die weltliche Gewalt fortlebt [2]. Die Entlarvung des Volkskirchenkonzepts als offenkundiger Widerspruch zum verfassungsrechtlich anerkannten Verhältnis von Staat und Kirche ist daher an der Zeit.

Die Trennung von Staat und Kirche ist als nur grundsätzlich bezeichnet worden, weil sich aus dem Grundgesetz zwei Ausnahmen ergeben: Religionsunterricht als ordentliches Lehrfach in den öffentlichen Schulen und das Kirchensteuerprivileg. Ihre Nutznießer sind vor allem die beiden christlichen Großkirchen. Ihre Sonderstellung, mit zahlreichen Privilegien verbunden, rechtfertigt die Behauptung, daß wir in einem quasi-christlichen Staat leben

[3]. Die Frage, wie es dazu gekommen ist, wäre verfehlt: Denn zu untersuchen ist, warum es bei einem quasi-christlichen Staat trotz Verpflichtung des Staates zu „weltanschaulich-religiöser Neutralität" [4] geblieben ist.

Zwei Vorstellungen spielen dabei eine entscheidende Rolle: Zunächst die Auffassung, daß die beiden christlichen Großkirchen zusammen nach wie vor die Stelle einer Volkskirche einnehmen, sodann die Koordinationslehre, im katholischen Bereich mit der Behauptung verbunden, Staat und Kirche seien gleichrangige Gemeinschaften erster Ordnung, sogenannte 'societates perfectae' (vollkommene Gesellschaften), im evangelischen Bereich meist als Partnerschaft von Staat und Kirche beschrieben. Diese Auffassungen beherrschen noch heute weitgehend das staatskirchenpolitische System, wie es sich aus dem Grundgesetz, den Konkordaten und Kirchenverträgen sowie der Tradition ergeben soll.

Erwin Fischer

Rechtsanwalt in Ulm. Befaßt sich seit Gründung der Bundesrepublik kritisch mit Fragen des Staatskirchenrechts und vertrat wiederholt die Interessen der Konfessionslosen in Prozessen bis vor das Bundesverfassungsgericht. Autor des Standardwerkes „Trennung von Staat und Kirche", an dessen vierter Auflage er zur Zeit arbeitet. Mitbegründer der Humanistischen Union und Ehrenmitglied im Internationalen Bund der Konfessionslosen und Atheisten.

Zum vorläufigen Beweis ist auf die Entscheidung des Bundesverfassungsgerichts vom 21. 9. 1976 zu verweisen [5]. Sie ist besonders aufschlußreich und insofern einzigartig, als der Begründung Regierungserklärungen sowohl des Bundeskanzlers Brandt vom 19. 1. 1973 als auch seines Nachfolgers Schmidt vom 17. 5. 1974 dienten [6]. Zwar taucht die Bezeichnung 'Volkskirche' in der Entscheidung nicht auf. Aber in Verbindung mit der geschichtlichen Kontinuität ist die Rede von „Staat und Kirche, die sich für dieselben Menschen, für dieselbe Gesellschaft verantwortlich fühlen", so daß „damit die Notwendigkeit verständiger Kooperation" entstehe. Dieser Gedankengang schließt mit dem Satz: „Im Grunde ist das auch gemeint, wenn das Grundverhältnis zwischen Staat und Kirche in der Bundesrepublik Deutschland als Verhältnis einer 'hinkenden Trennung', als wechselseitige Selbständigkeit innerhalb eines Koordinationssystems oder als Partnerschaft zwischen Kirche und Staat charakterisiert wird."

Der Koordinationslehre in Verbindung mit Staat und Kirche als den beiden vollkommenen Gesellschaften liegt eine Überlieferung zugrunde, die bis zu Papst Gelasius I. (492–496) zurückreicht. Die fast 1500 Jahre umfassende Rückbesinnung erschiene unglaubwürdig, wenn nicht Äußerungen von *Paul*

Mikat und Kurienkardinal *Ratzinger* den Zusammenhang mit der Zwei-Gewalten-Lehre des zitierten Papstes Gelasius erwiesen. Bei ihm finden wir – vermutlich erstmals – den Begriff 'societates perfectae' für Welt und Kirche, der das aus der Idee des Corpus Christianum stammende **eine** Recht für die Christenheit auf Welt und Kirche aufteilte, wobei die Frage nach der übergeordneten Instanz im Konfliktsfall zu der Lösung führte, daß der geistlichen Gewalt Superiorität über die weltliche Macht zusteht [7].

In seiner Kommentierung der Bestimmungen über Religionsgesellschaften in der Reichsverfassung 1919 hat der katholische Kommentator *G.J. Ebers* (1930) ausgeführt, daß der Staat nicht nur wie bisher konfessionslos sei, er habe „auch den christlichen Charakter abgestreift", sei „religiös neutral, indifferent geworden" [8]. *P. Mikat* hat seinen 1960 erschienenen Beitrag über *Kirchen und Religionsgesellschaften* mit den Worten eingeleitet: Er entstand auf der Grundlage und unter Verwendung eines Manuskripts von Prof. *G.J. Ebers*. Trotz wesentlicher Erweiterung sei er, *Mikat*, sehr bestrebt gewesen, den Auffassungen von *Ebers* in dankbarer Überlieferung Rechnung zu tragen. Es fällt aber auf, daß der Ebers'sche Passus über die religiöse Neutralität und Indifferenz bei *Mikat* nicht zu finden ist [9].

Statt dessen erklärt *Mikat* bei Schilderung des heutigen kirchenpolitischen Systems, „die Gesamtentscheidung, die so das GG durch die Anerkennung vorstaatlicher, von jeder staatlichen Rechtssetzung unabhängiger, rechtlich bedeutsamer Gegebenheiten getroffen" habe, sei von ausschlaggebender Bedeutung für die Auslegung der durch Art. 140 GG in das GG eingefügten Kirchenartikel der Weimarer Reichsverfassung. Daraus leitet er „ein System der Zuordnung (Koordination) zweier voneinander unabhängiger, in ihren Bereichen selbständiger Gemeinwesen" ab und schließt daraus: „So hat sich also die Koordinationslehre durchgesetzt, die die Kirche und den Staat als gleichrangige Gesellschaften erster Ordnung als 'societates perfectae' begreift." Anschließend wird beiden Souveränität und gleichberechtigte Größe zuerkannt. Hier klingt die bereits erwähnte Zwei-Gewalten-Theorie an, die in der Zwei-Schwerter-Theorie von Papst Bonifatius VIII. (1294–1303) ihren eindeutigen Ausdruck fand. Weltliche und geistliche Gewalt waren zwar getrennt. Da aber damals der Kaiser – zuständig für die politische Ordnung – in der Kirche nur Laie war, unterstand er als solcher der kirchlichen Suprematie [9a].

Kurienkardinal *Ratzinger* geht genauso weit zurück. In einem 1984 erschienenen Beitrag [10] über den *Mut zur Unvollkommenheit und zum Ethos* stellt er „die Frage nach der Wiederherstellung eines moralischen Grundkonsenses in unserer Gesellschaft, zugleich eine Überlebensfrage der Gesellschaft und des Staates" und degradiert den modernen Staat zur 'societas imperfecta' (unvollkommene Gesellschaft), „unvollkommen nicht nur in dem Sinn, daß seine Institutionen immer so unvollkommen bleiben wie seine Bewohner, sondern auch in dem anderen Sinn, daß er Kräfte von außerhalb seiner selbst braucht, um als er selbst bestehen zu können". So bietet er dem unvollkommenen Staat ein Grundgefüge von christlich fundierten Werten als Voraussetzung seines Bestehens an. Der Staat müsse lernen, daß es einen Bestand von Wahrheit gibt, der nicht dem Konsens unterworfen ist, sondern ihm vorausgeht und ihn ermöglicht. Hier findet die Superiorität der Kirche gegenüber dem von ihm als unvollkommen bezeichneten Staat erneut einen überheblichen Ausdruck.

Die Hinweise auf *Mikats* 1960 veröffentlichte Äußerung zum kirchenpolitischen System bedürfen noch der Ergänzung, soweit er sich 1967 über das Verhältnis von Staat und Kirche in nachkonziliarer Hinsicht geäußert hat. Inzwischen (1965) waren die Entscheidungen des Bundesverfassungsgerichts über die Verpflichtung des Staates zur „weltanschaulich-religiösen Neutralität" veröffentlicht worden. *Mikat* geht daher von einer pluralistischen Gesellschaft und einem säkularen Staat aus, dem er sogar freistellt, „welche sittlichen Wertvorstellungen er der weltlichen Ordnung zugrunde legen will". Wenn er aber die Kirche als „Hüterin der sittlichen Ordnung" bezeichnet und meint, daß es sich dabei um „objektive Wahrheiten" handelt, während es sich bei dem säkularen Staat dagegen – mit Ausnahme der vorstaatlichen Menschenrechte – um „subjektive Wertvorstellungen" handelt, so erstaunt es nicht, daß er die Gläubigen auffordert, „die objektive Wahrheit im politischen Raum zur Wirkung zu bringen". Auf diesem Wege sei „für den Staat die Kirche damit in ihrer ganzen Existenz von einem politischen zu einem geistig-geistlichen Partner geworden, dessen er gerade wegen seiner religiösen und weltanschaulichen Neutralität bedarf". Es seien die von ihrem christlichen Gewissen geleiteten Bürger, die in staatsbürgerlich freier Entscheidung als persönliche Tugend christliche Werte im Staate vertreten und die Präsenz der Kirche Christi im säkularen Staat gewährleisten. [11]

Diesem Gedankengang liegt die bereits erwähnte Vorstellung einer Identität von Bürger und Christ – die Volkskirche – zugrunde. Ferner verbirgt sich hinter der Unterscheidung zwischen der Kirche und dem von seinem christlichen Gewissen geleiteten Bürger, für den die objektiven Wahrheiten der Kirche verbindlich seien, letzten Endes wieder die Superiorität der Kirche über die Welt.

Noch eine Feststellung *Mikats* im Rahmen eines Rundfunkinterviews (1966) ist für die Bedeutung der Volkskirche aufschlußreich. Zur verfassungsrechtlichen Entwicklung in der Weimarer Republik führte er aus: „Zwar hat man in Weimar grundsätzlich an die alten Trennungsgedanken der Frankfurter Nationalversammlung aus dem 19. Jahrhundert [12] angeknüpft. Aber es wurde damals klar – und kein Geringerer als der große Kirchenstaatsrechtslehrer *Ulrich Stutz* hat das überzeugend nachgewiesen – daß der radikale Trennungsgedanke sich einfach aufgrund der faktischen Koinzidenz von Staatsvolk und Kirchenvolk nicht realisieren ließ. So ist es dann zum berühmten Satz von *Ulrich Stutz* über die 'hinkende Trennung' zwischen Staat und Kirche gekommen. Und als das Bonner Grundgesetz sich damit begnügte, die Weimarer Normen, also die Artikel 136–139 sowie 141 lt. Artikel 140 in das Grundgesetz aufzunehmen, da hat es sich nicht nur um eine formelhafte Rezeption gehandelt, sondern diese Bestimmungen der Weimarer Reichsverfassung erhielten im Gesamtgefüge des Bonner Grundgesetzes einen ganz neuen Bedeutungsinhalt". [12a]

Da heute von einem „faktischen Zusammenfallen von Staatsvolk und Kirchenvolk" keine Rede mehr sein kann, wird sich ein anderer als der von *Mikat* gewünschte Bedeutungsinhalt für die Auslegung des Bonner Grundgesetzes ergeben müssen. Da sich der Parlamentarische Rat über die Regelung des Verhältnisses von Staat und Kirche nicht einigen konnte, kam es zu dem Verfassungskompromiß: *'Inkorporation'* der erwähnten Artikel aus der Weimarer Reichsverfassung in das Grundgesetz als vollgültiges Verfassungsrecht mit Hinweis des Bundesverfassungsgerichts im Urteil vom 14. 12. 1965, daß Art. 135 WRV (Staatsgesetz geht vor Religionsgebot) nicht inkorporiert wurde. [12b]

Ehe die Frage beantwortet wird, ob heute noch von einer Volkskirche gesprochen werden kann, sind für das Verhältnis von Staat und Kirche entscheidende Feststellungen zu treffen, nachdem die Beziehungen zwischen einer Volkskirche und der Religions- und Weltanschauungsfreiheit geprüft sind. Im Bereich der Bundesrepublik Deutschland ist sie durch Art. 4 Abs. 1 GG geklärt. Daraus folgt jedoch nicht ohne weiteres, daß eine Volkskirche nicht bestehen könnte. Sie ist auch in einem Staat denkbar, der Religions- und Weltanschauungsfreiheit anerkennt, ja selbst in einem Staat mit einer Staatskirche, dem stets eine Identität von Staatsbürger und Kirchenmitglied, also eine Volkskirche zugrundeliegt. Allerdings wäre in einem solchen Fall die Religions- und Weltanschauungsfreiheit kleiner Minderheiten meist auf den privaten Bereich beschränkt.

Anders verhält es sich in einem zu weltanschaulich-religiöser Neutralität verpflichteten Staat, als welcher die Bundesrepublik Deutschland anerkannt ist. Sie wird vom Bundesverfassungsgericht aus der unverletzlichen Religions- und Weltanschauungsfreiheit und fünf weiteren Grundgesetzbestimmungen abgeleitet. Daraus folgt, daß Staat und Kirche grundsätzlich getrennt sind. Zu den verfassungsrechtlichen Bestimmungen, aus denen sich die grundsätzliche Trennung von Staat und Kirche ergibt, gehört auch der inkorporierte Art. 137 Abs. 1 WRV (Verbot der Staatskirche). Dies hat zur Folge, daß eine Volkskirche im Rechtssinn nicht bestehen kann. Daher können sich Aussagen über eine Volkskirche nur auf den faktischen Zustand stützen.

Wenn von der Identität von Bürger und Christ – idem civis et christianus – als der üblichen Umschreibung für Volkskirche in Verbindung mit der der Statistik (1961) entnommenen Zahl von 94,6% [13] gesprochen wird, meint man meist die den beiden christlichen Großkirchen zusammen angehörigen Mitglieder. Wenn Professor *Quaritsch* zu gleicher Zeit (1966) auf das „wachsende Mißverhältnis zwischen dem kirchlichen Geltungsanspruch und der Realität der 'kirchenfremden Massen' als staatskirchenrechtlich relevant" hinweist [14] und ausführt, trotz einschlägiger Klagen bedeutender Theologen beider Konfessionen seien sie vom Staatskirchenrecht bislang ignoriert oder als rechtlich unerheblich bezeichnet worden, so gilt dies auch heute noch. Das zur Diskussion stehende 'Koordinationsprinzip', folgert *Quaritsch*, stehe aber unter dem Vorbehalt der Christlichkeit der Staatsbürger oder ihrer Bereitschaft, das von den Kirchen beanspruchte Wächteramt anzuerkennen. Wenn er damals gemeint hat, „diese Bedingung" sei in den europäischen Staaten gegenwärtig wohl vorhanden, aber eine Voraussage, wie lange sie noch angenommen werden dürfe, werde „angesichts der rapiden Entchristlichung in den letzten 50 Jahren so leicht niemand wagen", so ist heute das Ableben der

Volkskirche gewiß. Denn bereits 1965 zitierte *Hesse* [15] *Karl Rahners* Äußerung über die Chancen des Christentums (1953): „Wir leben in einem Heidenland mit christlicher Vergangenheit und christlichen Restbeständen", „Deutschland" sei, „wie das christliche Abendland überhaupt zu einem Missionsland geworden". Und 1977 veröffentlichte *Jean Delumeau* [16], ein führender Historiker Frankreichs, ein Buch mit dem Titel *‚Stirbt das Christentum?'* mit dem Nachweis der vollen Entchristlichung sowie dem Aufruf zu einem verjüngten elitären Christentum. Damit stimmt *Hesses* Ankündigung über die fortschreitende Entchristlichung überein, wonach die Christen mehr und mehr zu einer Minderheit inmitten einer teils feindlichen, teils indifferenten Umwelt würden; sodann wörtlich: „Die Kirche, dem Namen und Anspruch nach zwar Volkskirche, wird ihrer Substanz nach zu einer Minderheitskirche von Christen, die sich aufgrund freier und bewußter Entscheidung zu ihr bekennen; ihre Situation ist heute nicht nur im Bereich der nichtchristlichen Religionen, sondern in den Ländern des Christentums selbst die der Diaspora" [17]. Und aus dem Bereich der katholischen Kirche hat der Limburger Bischof *Franz Kampfhaus* 1991 berichtet, daß sich die Kirche derzeit in einer „Übergangsphase von Volkskirche zu einer neuen Sozialgestalt von Kirche befindet, die sicher nicht mehr die gewohnten Ausmaße haben wird" [18].

Als die Vereinigung der Deutschen Staatsrechtslehrer 1967 über die Stellung der Kirche unter dem Grundgesetz beriet, spielten volkskirchliche Erwägungen noch eine wichtige Rolle. In seinem Referat sprach *Martin Heckel* von den „gleichen Menschen, die Gläubige und Bürger zugleich sind", sowie von den „95% der in den großen Kirchen getauften Christen unseres Volkes". Er formulierte als Leitsatz 24: „Staat und Kirche begegnen sich in den gleichen Menschen" [19].

Mitberichterstatter *Alexander Hollerbach* ging auch davon aus, daß die historischen Großkirchen, denen „die Statistik 94,6% der Bevölkerung zuschlägt", für „große Teile des Volkes die Maßstäbe für ihr sittliches Verhalten" liefern, meinte indes anschließend, an der Kluft zwischen Erscheinung und Wirklichkeit sei nicht vorbeizukommen. Daher fing er „die Situation mit der paradoxen Formel ein", „die Bundesrepublik sei ein volkskirchliches Missionsland, man befinde sich in einer volkskirchlichen Diasporasituation" [20]. Hierzu beruft er sich auf *Konrad Hesse*, der bereits oben zitiert worden ist.

An die beiden Referate schloß sich eine lebhafte Aussprache an. Vor allem *Helmut Quaritsch* [20a], der als erster Staatsrechtslehrer bereits seit 1962 für die Entscheidungen des Verfassunggebers als Grundlage der Beziehungen zwischen Staat und Religionsgesellschaften eintrat und „die originäre Hoheitsgewalt der Großkirchen als wohl problematischste Erscheinung der staatskirchenrechtlichen Lehre der Gegenwart bezeichnete" – „wörtlich und ernst genommen führe auch sie in ein neues Mittelalter" –, wandte sich unter Bezugnahme auf die Entwicklung des modernen Staates gegen die Annahme einer Identität von Staatsbürgern und Gläubigen. Im Hinblick auf kritische Äußerungen hat *Ulrich Scheuner* – jahrzehntelang Vertreter kirchlicher Interessen vor dem Bundesverfassungsgericht – zum geäußerten Einwand, die Mehrheit kirchlicher Diener glaubten nicht selbst an ihre Lehre, bemerkt, dies sei doch wohl ein Vorwurf, der unterhalb dessen liege, was wir in dieser Versammlung erwähnen sollten [21].

In dieser Hinsicht hat sich ein Wandel vollzogen, als inzwischen auch Vertreter einer staatlichen Förderung der Kirche feststellen, daß es die Bürger seien, die durch ihr Verhalten über den Fortbestand der guten Beziehungen zwischen Staat und Kirche entscheiden müßten, „indem sie sich auch weiterhin zu den Kirchen durch Mitgliedschaft und Aktivität bekennen – denn andernfalls werden sich Kirchensteuer, Religionsunterricht und staatliche Subventionen gesamtgesellschaftlich nicht mehr legitimieren lassen" [22]. Der soeben zitierte *Klaus Schlaich* forderte daher, Kirche „an ihrem soziologischen Gewicht zu messen" [23]. Da mit Hilfe der Soziologie festgestellte Fakten nachprüfbar sind, ist es nicht nur erlaubt, sondern sogar geboten, die durch statistische Erhebungen gewonnenen Zahlen mit den Ergebnissen von Volksbefragungen und Äußerungen aus dem kirchlichen Bereich zu vergleichen. Nur so ist es möglich, die tatsächliche Bedeutung der Kirche für ihre laut Statistik erwiesene Mitgliederzahl festzustellen und vor allem nachzuprüfen, ob die Behauptung einer Identität von Bürger und Christ noch aufrechterhalten werden kann.

Ergebnisse der Statistik

Zunächst wird lediglich die aus der Statistik ersichtliche Zahl der Mitglieder der beiden christlichen Großkirchen berücksichtigt. Sie ist bisher mit etwa 95% beziffert worden. Bereits in einem Urteil vom 30. 1. 1985 hat das Hessische Landessozialgericht festgestellt, daß 14% der Gesamtbevölkerung in der Bundesrepublik keiner „kirchensteuerberechtigten Konfession" mehr angehören [24]. Da das Kirchensteuerprivileg aber nicht nur den hier als 'Kirche' bezeichneten beiden christlichen Großkirchen zusteht, ist für 1985 mindestens von 15% der Gesamtbevölkerung auszugehen, die der Kirche 1985 nicht mehr angehörten.

Von der 1987 durchgeführten Volkszählung liegen inzwischen endgültige Zahlen vor. Aber die auf 87 Seiten veröffentlichten Tabellen zu analysieren, ist kaum möglich, jedoch auch gar nicht nötig. Für unseren Zweck – die Demontage der Volkskirche – genügen einzelne Auskünfte und Hinweise, aus denen sich der Trend ergibt. Besonders aufschlußreich sind die Ergebnisse aus den Stadtstaaten. In Berlin (West) ging die Mitgliederzahl der Evangelischen Kirche von 1970 bis 1987 von 67% auf 48,3% zurück. In Bremen ist ein Rückgang von 80,6% auf 61% zu verzeichnen, in Hamburg von 70,6% auf 50,2%. Der Zugang zu den Konfessionslosen geht aus der Statistik nicht hervor; im alten Bundesgebiet hat es sich um rund 5 Millionen gehandelt. Dazu kommen aber noch weitere Millionen, die der Volkskirche nicht zuzurechnen sind. Zum Vergleich über die Entwicklung dienen noch die Zahlen der Regionen mit den größten Verdichtungsräumen: von rd. 16 Millionen sind 12,3 Millionen = 78% der Volkskirche zuzurechnen. Daraus folgt, daß die Entchristlichung mit der zunehmenden Verstädterung wächst. Dies wird durch kirchliche Veröffentlichungen (Ende August 1991) bestätigt. Nun ist noch zu berücksichtigen, daß sich diese Zahlen lediglich auf das alte Bundesgebiet beziehen. Verläßliche Zahlen für die Ostländer liegen noch nicht vor. Man kann aber davon ausgehen, daß sich die am Tage des Anschlusses mit

75% berechnete Zahl der Konfessionslosen in Ostdeutschland nicht wesentlich verändern wird. So bilden in der Hauptstadt Berlin die Konfessionslosen bereits die stärkste Bevölkerungsgruppe.

Aufgrund der jetzt vorliegenden Ergebnisse ist evident, daß die Formel von der Identität des Bürgers mit dem Christen nicht zutrifft. Wenn P. Häberle [25] meint, „das Wort 'idem civis et christianus' wäre zu modifizieren in 'idem civis et religiosus'", damit dem sich für eine religiöse Existenz entscheidenden Bürger „religionsrechtliche Leistungsstaatlichkeit gerecht werden" könne, so wäre der eigentliche Zweck der Identitätsformel verfehlt, da sie die Privilegien – vor allem Förderung der Kirche durch den Staat – rechtfertigen soll. Der außerhalb der Kirche stehende und sich gerade von ihr distanzierende Bürger kann daher von dieser nicht zugunsten einer Prozentverbesserung vereinnahmt werden. Außerdem ist fraglich, ob eine Addition der katholischen und protestantischen Kirchen zu **einer** Volkskirche überhaupt möglich ist, weil auch laut Vaticanum II die Papstkirche die Auffassung vertritt, daß „die einzige wahre Religion ihre Existenzform hat in der katholischen und apostolischen Kirche, die von dem Herrn Jesu den Auftrag erhalten hat, sie überall auszubreiten und zu allen Menschen zu bringen" [26].

Aus der gerade von kirchlicher Seite eingeräumten Entwicklung folgt eindeutig, daß die Zahl der Kirchenmitglieder wie bisher kontinuierlich weiter abnehmen wird. Die ländliche, kirchentreuere Bevölkerung verringert sich, während die der Kirche ferner stehende Bevölkerung in den Städten, vor allem in den Großstädten, zunimmt. Dieser Trend wird durch den altersbedingten Abgang der älteren Generation noch verstärkt. Auch die Zahl der Mischehen nimmt ständig zu und damit die Entchristlichung.

Und was den kirchlichen Einfluß auf die Moral ihrer Mitglieder betrifft, so hat *Hollerbach* bereits 1967 „die aktuelle Situation in der Bundesrepublik Deutschland in Anbetracht der Diskrepanz zwischen nomineller Mitgliedschaft und substantieller Kirchlichkeit mit der paradoxen Formel" beleuchtet, „Deutschland sei ein volkskirchliches Missionsland, man befinde sich in einer volkskirchlichen Diasporasituation." [27]. Anschließend stellt er in späteren Veröffentlichungen (1971 und 1980) folgende Frage: **„Ist das ganz auf Volkskirchlichkeit gestimmte verfassungsrechtliche System noch angemessen und haltbar?"** [28]. Die Frage ist von besonderer Bedeutung, weil es sich bei dem Fragesteller um einen auf dem Gebiet des religionsbezogenen Verfassungsrechts besonders sachkundigen Autor handelt, der sich der Tragweite des von ihm vorausgesetzten Sachverhalts bewußt war.

Zweifel an der üblichen Auslegung des Verhältnisses von Staat und Kirche waren schon immer angebracht, wie sich aus den bereits zitierten Ausführungen von *H. Quaritsch* ergibt und die ihn bereits 1962 zu der alarmierenden Feststellung veranlaßten, es dürfe „zu den Ereignissen des deutschen Verfassungsrechts gezählt werden, daß die Interpretation der unverändert inkorporierten staatskirchenrechtlichen Vorschriften der Weimarer Reichsverfassung innerhalb eines Jahrzehnts zu Konsequenzen geführt hat, die dem Inhalt der im Jahre 1948" vom Parlamentarischen Rat „abgelehnten Anträge" der CDU und DP (Deutschen Partei) „entsprechen bzw. noch weit darüber hinausgehen" [29]. Dazu kam ebenfalls 1962 seine Aufforderung unter Hinweis auf die intellektuelle Redlichkeit, zur juristischen Methode im Staatskirchenrecht zurückzukehren [30].

Das Bundesverfassungsgericht hat zwar bereits in der Entscheidung vom 8. 11. 1960 [31] den „weltanschaulich neutralen Staat" erwähnt, jedoch ohne Begründung. Erst in den Entscheidungen vom 14. 12. 1965 [32] ist die Verpflichtung des Staates als Heimstatt aller Staatsbürger zu „weltanschaulich-religiöser Neutralität" durch Art. 4 Abs. 1, Art. 3 Abs. 3, Art. 33 Abs. 3 GG sowie durch Art. 136 Abs. 1 und 4 und Art. 137 Abs. 1 WRV in Verbindung mit Art. 140 GG ausgesprochen worden. Gleichzeitig wurde auch erklärt, daß die Berufung auf die Tradition, ja sogar auf eine „jahrhundertalte Überlieferung" gegenüber einer verfassungsrechtlichen Neuordnung versagt [33]. Außerdem ist noch auf Art. 31 GG hinzuweisen, demzufolge Bundesrecht Landesrecht bricht. *Ernst-Wolfgang Böckenförde* hat mit Recht auf „westdeutsche Länderverfassungen" hingewiesen, die sehr zahlreich ideologische Restaurationsversuche eines christlichen Staates enthalten, die einer näheren Untersuchung wert sind [33a].

Es gilt daher das Gebot der weltanschaulich-religiösen Neutralität des Staates mit den beiden im Grundgesetz erwähnten Ausnahmen, so daß jedenfalls von einer grundsätzlichen Trennung von Staat und Kirche gesprochen werden kann. Bei den Ausnahmen handelt es sich aber um systemwidrige Abweichungen.

1. Der Religionsunterricht

Als einziges in der Verfassung geregeltes ordentliches Lehrfach enthält er wiederum drei Ausnahmen. Er ist nämlich weder für den Lehrenden noch für den Lernenden verbindlich. Und für seinen gesamten Inhalt ist trotz seines Charakters als staatliches Schulfach ausschließlich die jeweils zuständige Religionsgesellschaft verantwortlich. Daher hat *Ernst G. Mahrenholz* – seit 1981 Bundesverfassungsrichter und seit 1987 Vizepräsident seines Gerichts – 1972 den Religionsunterricht als „tatsächlich nur ein Fossil alter Zeiten der Nähe von Staat und Kirche" bezeichnet [34]. Nicht zuletzt ist noch zu erwähnen, daß „nach der Verfassung die Eltern auf Grund von Art. 6 GG das Erziehungsrecht in weltanschaulicher und religiöser Hinsicht haben und nicht die Kirche daneben als originärer Erziehungsträger staatlichen Rechts anerkannt ist", so Professor *Ernst-Wolfgang Böckenförde*, seit 1983 Bundesverfassungsrichter [35]. Daß die katholische Kirche ihren Bestimmungen zufolge – sie spricht insoweit von Kirchenrecht – von getauften Kindern den Besuch des Religionsunterrichts verlangen kann, ist staatsrechtlich bedeutungslos; der Besuch „hängt rechtlich allein von der Entscheidung der Eltern ab". [36]

2. Die Kirchensteuer

Sie ist schon seit langem umstritten. Sogar der in der römisch-katholischen Kirche hochangesehene, kürzlich verstorbene Professor *v. Nell-Breuning SJ* hat erklärt, er wolle nicht durch Mittel staatlichen Zwangs zur Erfüllung seiner kirchlichen Mitgliedschaftspflichten angehalten werden; das möge der Staat Sache der Kirche sein lassen [37]. Wie von *Nell-Breuning* zutreffend bemerkt, handelt es sich bei der Kirchensteuer um den Kirchen von ihren

Mitgliedern geschuldete Beiträge, denen der Rang staatlicher Steuern verliehen wurde – ein außergewöhnlicher Vorgang!

Bei diesen systemwidrigen Abweichungen vom Trennungsgrundsatz ist eine mögliche Verfassungswidrigkeit sorgfältig zu prüfen. Dabei ist auch die von *Böckenförde* in Hinblick auf ein anderes Umfeld (*Smend*) gestellte Frage nebst angedeuteter Antwort zu berücksichtigen. *Sie lautet, „ob die Ratio, die hinter Art. 7 GG steckt, in der dort vorgesehenen Form noch verwirklicht werden kann, oder ob nach anderen Formen zu suchen ist, die der Situation in den neuen Bundesländern angemessen sind"* [37a].

Wie werden nun die gegenwärtigen Beziehungen zwischen Staat und Kirche gerechtfertigt, wenn sie, um auf *Hollerbachs* Frage zurückzukommen, sich auf eine Volkskirchlichkeit nicht mehr zu stützen vermögen? Zur Begründung dient die Behauptung, der zu religiöser und weltanschaulicher Neutralität verpflichtete Staat entbehre „einer verbindlichen weltanschaulichen Grundlage", er bestimme daher sein Selbstverständnis „nach Wortlaut und Sinn der Verfassung ohne tiefere metaphysische Bezüge" [38] So gelangt *Mikat*, von dem die soeben zitierten Ausführungen stammen, zu dem Schluß: „Für den Staat ist die Kirche damit in ihrer ganzen Existenz von einem politischen zu einem geistig-geistlichen Partner geworden, dessen er gerade wegen seiner religiösen und weltanschaulichen Neutralität bedarf" [39].

Dazu ist vorerst festzustellen, daß ein so gearteter Staat keines Partners bedarf, um das geistliche Gebiet sozusagen in Vertretung des insoweit unzuständigen Staates zu betreuen. Sinn der unverletzlichen Religionsfreiheit ist doch gerade, den religiösen Bereich als einen freien Rechtsraum zu gewährleisten, in dem jeder sich eine Lebensform geben kann, die seiner religiösen Überzeugung entspricht [40].

Und was die geistige Partnerschaft betrifft, die der für die Kirche nicht zuständigen Weltanschauung zuzurechnen ist, so stimmt *Mikats* Behauptung nicht. Er spricht von der „entideologisierten Grundlage der Demokratie", nachdem er kurz zuvor erwähnt hat, daß unser Staat „ein freiheitlich-sozialer Rechtsstaat (Art. 20 GG)" ist, „in dem die Würde des Menschen höchstes Rechtsgut ist (Art. 1 GG) und die freie Entfaltung der Persönlichkeit (Art. 2 GG), einschließlich der freien Religionsausübung (Art. 4 GG) gewährleistet ist", sowie die Gleichheit aller Menschen gegenüber der staatlichen Ordnung anerkannt und geschützt ist [41]. Hieraus und aus weiteren Grundrechten schließt eine verbreitete Lehre auf eine materiale und objektive Wertordnung, die als Güter und Kultursystem begriffen wird [42]. Von den vielen Belegen, die *Quaritsch* für die von ihm erwähnte verbreitete Lehre angibt, soll hier ein besonders wichtiger zitiert werden, der in dem Urteil des Bundesverfassungsgerichts vom 15. 1. 1958 [43] enthalten ist; er lautet: „Ohne Zweifel sind die Grundrechte in erster Linie dazu bestimmt, die Freiheitssphäre des Einzelnen vor Eingriffen der öffentlichen Gewalt zu sichern; sie sind Abwehrrechte des Bürgers gegen den Staat. Das ergibt sich aus der geistesgeschichtlichen Entwicklung der Grundrechtsidee sowie aus den geschichtlichen Vorgängen, die zur Aufnahme von Grundrechten in die Verfassungen der einzelnen Staaten geführt haben. Diesen Sinn haben auch die Grundrechte des Grundgesetzes, das mit der Voranstellung des Grundrechtsabschnitts den Vorrang des

Menschen und seiner Würde gegenüber der Macht des Staates betonen wollte
... Ebenso richtig ist aber, daß das Grundgesetz, das keine wertneutrale
Ordnung sein will (BVerfGE 2,1 (12); 5,86 (134 ff., 197 ff.); 6, 32 (40 f.), in
seinem Grundrechtsteil auch eine objektive Werteordnung aufgerichtet hat
und daß gerade hierin eine prinzipielle Verstärkung der Geltungskraft der
Grundrechte zum Ausdruck kommt [44]. Dieses Wertsystem, das seinen Mittelpunkt in der innerhalb der sozialen Gesellschaft sich frei entfaltenden
menschlichen Persönlichkeit und ihrer Würde findet, muß als verfassungsrechtliche Grundentscheidung für alle Bereiche des Rechts gelten; Gesetzgebung, Verwaltung und Rechtsprechung empfangen von ihm Richtlinien und
Impulse."

Durch diese Ausführungen wird *Mikats* Behauptung widerlegt, daß eine
verbindliche weltanschauliche Grundlage dem religiös und weltanschaulich
neutralen Staat fehle und er gerade deshalb auf die Kirche angewiesen sei.
Wie aus dem zitierten Urteil des Bundesverfassungsgerichts und sogar aus
Mikats eigenem Hinweis auf wesentliche Grundrechte ersichtlich ist, enthält
die verfassungsmäßige Ordnung auch eine Lebensordnung für die Bürger.
Sicherlich kommt der Religions- und Weltanschauungsfreiheit als unverletzlichem Grundrecht besondere Bedeutung zu. Daraus aber zu schließen, daß
die Verwirklichung der positiven Religionsfreiheit der Bürger die aktive Beziehung des Staates zu den Kirchen begründe [44a] und damit eine geistiggeistliche Partnerschaft als notwendig verlange, ist wiederum ein verfehlter
Schluß. Erneut ist zu betonen, daß durch dieses Freiheitsrecht laut Bundesverfassungsgericht ein von staatlicher Einflußnahme freier Rechtsraum geschaffen wurde, in dem jeder sich eine Lebensform geben kann, die seiner
religiösen und weltanschaulichen Überzeugung entspricht [45]. Dadurch besteht für jeden Einzelnen die Möglichkeit, sich für eine oder keine Religion zu
entscheiden. Daraus ergibt sich jedoch keine weitere Verpflichtung des Staates, „die tatsächlichen Voraussetzungen der Ausübung einer grundrechtlichen
Freiheit herzustellen" [46]. Dieser Behauptung widersprechen zwar sowohl
die Kirchensteuer als auch der Religionsunterricht, die als Missionstätigkeit
auch dem Neutralitätsgebot widersprechen, jedoch als systemwidrige Ausnahmebestimmungen verfassungsrechtlich gedeckt sind. Überdies ist in diesem
Zusammenhang noch zu erwähnen, daß die katholische Kirche in die Zusammenstellung der 80 hauptsächlichen Irrtümer als 15. Irrtum die Freiheit eines
jeden Menschen aufgenommen hat, „jene Religion anzunehmen und zu bekennen, welche er, durch das Licht der Vernunft geführt, für wahr hält" [47]. Und
selbst die neue Fassung des Codex des kanonischen Rechts vom 2. 1. 1984
enthält im Canon 868 § 2 folgende Bestimmung: „In Todesgefahr wird ein Kind
katholischer, ja sogar auch nichtkatholischer Eltern, auch gegen den Willen
der Eltern erlaubt getauft" [48] ein krasser, meines Wissens bisher nicht
gerügter Verstoß gegen Art. 6 GG!

Weiter wird behauptet, daß entgegen der Neutralitätspflicht des Staates
eine Förderung der Religion dem Staat nicht nur erlaubt, sondern sogar
geboten sei. Die erste Variante dieser Behauptung geht von dem Sozialstaatsprinzip aus (Art. 20 GG). Der Gemeinwohlauftrag des modernen Sozialstaates
fordere nicht nur eine materielle und geistige Daseinsvorsorge, sondern gebie-

te auch, für die gesellschaftlichen Bedingungen einer Realisierung religiöser Interessen Sorge zu tragen [49]. Professor *Kewenig*, der mit diesen Ausführungen auf *Mikat* verweist, wird wiederum von *Schlaich* zitiert. Letzterer stimmt zunächst zu, da Kirchen und Religionsgesellschaften nicht schlechter als Sport und Spiel gestellt werden könnten. Sodann äußert *Schlaich* aber „verfassungstheoretische Bedenken" mit der zutreffenden Bemerkung, „manche speziellen staatskirchenrechtlichen Verbürgungen hätten ihren historischen Hintergrund doch im christlichen Staat" [50]. Zum Abschluß der Aussprache in diesem Essener Gespräch (1971) meinte *Kewenig*, sein Referat sei „als Argumentation gegen die Tendenz zur individualisierenden Auflösung der Religionsfreiheit gedacht, die ja bei uns so modern" sei [51].

Daß Religion ursprünglich keine persönliche, sondern eine gemeinschaftliche Angelegenheit war, trifft sicherlich zu. Denn Religionsfreiheit als persönliches und unverletzliches Freiheitsrecht setzte sich erst allmählich im Laufe einer langen Entwicklung durch. Sie begann mit der bereits erwähnten Trennung von weltlicher und geistlicher Gewalt, worauf der bereits erwähnte Papst Gelasius I. im Jahre 494 hinwies [51a]. Es folgten viele Jahrhunderte dauernde Auseinandersetzungen zwischen Staat und Kirche (Stichwort: Canossa) bis zur Glaubensspaltung durch die Reformation, sowie konfessionelle Bürgerkriege, die zunächst noch unter christlichen Vorzeichen zur „Entweltlichung des geistlichen Bereichs und Entgeistlichung des weltlichen Bereichs" führten. Vornehmlich diente diese Stufe der Säkularisierung der weltlichen Gewalt; denn an Religionsfreiheit als Individualgrundrecht war noch nicht gedacht. Erst in der 1791 abgeänderten französischen Verfassung tauchte die Glaubens- und Religionsfreiheit auf. Die von *Böckenförde* gestellten Fragen nach einer damit verbundenen Entchristlichung und dem Verzicht auf Religion als Integrationsfaktor bedürfen noch einer besonderen Würdigung bei Erörterung der in enger Verbindung mit der Menschenwürde stehenden Humanitätsidee. Bei uns ist durch die ausdrückliche Einbeziehung der Weltanschauungsfreiheit in Art. 4 GG dieses liberale Grundrecht als negatives Statusrecht gesichert (im Gegensatz zu positiven Statusrechten, die dem Einzelnen Rechte gegen den Staat – z.B. Recht auf Arbeit, Erziehung usw. –) gewähren.

Im Zuge dieser Entwicklung ist „kirchengebundene Religiosität in der modernen Gesellschaft zu einem peripheren Phänomen" geworden und „trotz dem eindrucksvollen Gebäude der Kirche als weltlicher Institution ist gerade die gesellschaftlich am sichtbarsten verankerte Sozialform der Religion zu einem rein subjektiven Phänomen geworden", ja sogar „zur Privatsache" [52]. Diese letzte Formulierung verwendet sogar *P. Häberle*, allerdings mit dem Zusatz: „... nicht nur Privatsache, sie ist auch Privatsache, aber auch zugleich öffentliche (gesellschaftliche) Sache und, im Zusammenhang der leistungsstaatlichen Grundrechtsproblematik erkennbar, auch Staatssache!" [53]. Kurz danach erweitert er unter Bezugnahme auf *Mikats* Verständnis des Staates als Kulturstaat wie folgt: „die Privatsache, die öffentliche und Staatssache Religion". Daraus folgert *Mikat* – dies ist die zweite Variante: „Solange aber religiöse Interessen zu den geistigen Lebensinhalten gehören, zu denen sich die Bürger frei bekennen, bleibt die Schaffung und Gewährleistung gesellschaftlicher Bedingungen eine Aufgabe des politischen Gemeinwesens, das durch die Wahrnehmung dieser Aufgabe nicht selber Träger des religiösen Interesses wird, wohl aber als Sachwalter der Freiheit seiner Bürger auftritt" [54].

Über diese Bürger, deren religiöse Interessen der Staat finanzieren soll, äußerte sich der Soziologe *Friedrich Fürstenberg* bereits 1961 wie folgt: „So ist es heute nicht nur theoretisch, sondern auch praktisch möglich, daß jemand Protestant ist, der nach der Konfirmation sein Leben lang nicht ein einziges Mal mehr in die Kirche gegangen ist und keinen entsprechenden sozialen Kontakt mehr hat. Die Kirche wird in zunehmendem Maße von De-facto-Abtrünnigen finanziert, denen allenfalls noch die Kirchensteuer als Bußgeld für die praktische Unkirchlichkeit gilt" [55]. Und angesichts der mehr und mehr wachsenden Entchristlichung soll es in Ordnung sein, daß der Staat um dieser Bürger willen den Kirchen und ihren Organisationen Mittel zur Errichtung konfessioneller Krankenhäuser, Kindergärten und so weiter zur Verfügung stellt?

Diese seit Jahren übliche Praxis ist nicht rechtens, weil Religion nicht Sache des Staates sein kann, der zu weltanschaulich-religiöser Neutralität verpflichtet ist, soweit nicht das Grundgesetz Ausnahmen ausdrücklich als zulässig erklärt. *Mikat* nimmt nun gerade die Neutralität zum Anlaß zu behaupten, deswegen bedürfe der Staat mangels eigener Zuständigkeit der Kirche als Wahrerin der sittlichen Ordnung [56].

Überdies widerspricht die Anerkennung der unverletzlichen Religions- und Weltanschauungsfreiheit als Zuerkennung eines dem Einzelnen überlassenen Bereichs für Religion und Weltanschauung der Auffassung, Religion sei Staatssache. Selbst wenn Religion dem prädisponierten Bedürfnis nach Transzendenz dienen sollte, so handelt es sich hier eindeutig um eine dem Staat verschlossene Sphäre. Daraus folgt zwingend, daß eine Fürsorge des Staates für diesen Individualbereich nicht in Betracht kommt [57].

Der Widerspruch ist unverkennbar. Da hilft auch nicht die an sich richtige Behauptung, daß Religion als Phänomen, um den von *Mikat* verwendeten Begriff zu gebrauchen, zum Bereich des Kulturstaats gehöre, weil keine Parallelen zur Kunst, zum Theater und anderen Gebieten gezogen werden können, wie dies von *Mikat, Schlaich* und anderen behauptet wird; dem steht die jeglichem staatlichen – auch mittelbaren – Einfluß entzogene Religionsfreiheit im Wege. Es ist nicht möglich, sämtliche Bemühungen, die Verpflichtung des Staates zu weltanschaulich-religiöser Neutralität zu unterlaufen, an dieser Stelle zu widerlegen. Dies geschieht in der 4. Auflage von *Trennung von Staat und Kirche*. Nur der schillernde Begriff ‚Humanität' soll als Beispiel für die Anpassungsfähigkeit der Kirche noch untersucht werden. Humanität steht in Verbindung mit den Menschenrechten, insbesondere mit der in Art. 1 GG gewährleisteten Menschenwürde, die gleichfalls als christliche Errungenschaft beansprucht wird. Aber gerade zur Menschenwürde hat *Böckenförde* ausgeführt, dieser interpretationsbedürftige Begriff könne nicht von einem der konkurrierenden religiösen oder weltanschaulichen Sinn- und Verbindlichkeitsangeboten her „ausgelegt werden" – das würde berechtigterweise als Verstoß gegen die staatliche Neutralität angesehen –, sondern von der verbleibenden Allgemeinheit dieses Staates oder einem allgemeinen, in der Gesellschaft bestehenden Konsens [57a].

In der aus den Quellen des Neuen Testaments ersichtlichen Ethik spielen diese Gedanken schon deshalb keine Rolle, weil Jesus und auch Paulus vom nahen Ende der Welt überzeugt waren. Daher wurde die Sklaverei ausdrücklich gebilligt. An der Einstellung zur Freiheit hat sich bis heute nichts geändert, soweit die katholische Kirche in Betracht kommt. Dies ergibt sich aus der Instruktion der päpstlichen Kongregation für die Glaubenslehre über einige Aspekte der ‚Theologie der Befreiung', verfaßt von dem bereits erwähnten Kardinal *Ratzinger* und veröffentlicht am 3. 8. 1984 [58]. Danach ist die Befreiung „vor allem und grundsätzlich eine Befreiung von der radikalen Knechtschaft der Sünde". Es ist daher schlechthin unwahr, wenn jetzt behauptet wird, daß „Freiheit offensichtlich wesentlich überhaupt nur aus dem Bezug auf ‚transzendente Wirklichkeit' zu verstehen und zu gewähren ist" [59], sodann von Theologieprofessor *Pannenberg*, daß „die Ideale des neuzeitlichen Verfassungsstaates, die Menschenrechte und besonders die Idee der Freiheit entscheidend auf dem christlichen Glauben beruhen" [60]. Und schließlich wieder ein Jurist, daß „das Grundgesetz seinen Staat nicht als Hüter einer Religion, sondern als Hüter der Freiheit seiner Bürger" verfasse [61].

Nun aber zurück zur Humanitätsidee: Offensichtlich wurde erkannt, daß in der pluralistischen Gesellschaft „den Kirchen und der Theologie sich eine echte Chance bietet, im Zusammenwirken mit allen humanen Kräften ein Chaos verhindern zu helfen" [62], wobei *Lehmann*, der soeben zitiert wurde, sich sogar auf *Nietzsche* und *Heidegger* beruft. Auch *Mikat* hat sich in ähnlichem Sinn geäußert und von der „Identität von religiöser und demokratischer Humanitätsidee" gesprochen und ihr „eine aktuelle soziale Relevanz als Ordnungskräfte eines auf der Humanitätsidee basierenden politischen Gemeinwesens" (= Staat) eingeräumt [63]. Selbst *Hans Küng*, als Gegner der Papstkirche weltbekannt, hat in einem neueren Werk Projekt Weltethos einen „Fortschritt in Richtung Humanität" festgestellt [64], da ohne einen grundlegenden Konsens über Sinn und Stil des Lebens der zu weltanschaulicher Neutralität verpflichtete Staat „in einem Chaos oder aber in einer Diktatur unter"ginge. Daher schwärmt er für „das Humanum als ökumenisches Grundkriterium" mit der Menschenwürde als Basis unter Berufung auf sein Grundlagenreferat anläßlich des ersten Religionskolloquiums der UNESCO. Er meint, Humanität als wiederentdeckter christlicher Wert könnte „Basis eines gemeinsamen Ethos der Weltreligionen werden".

Woher stammt nun die Hinwendung zur Humanität? Zunächst ist festzustellen, daß Religion und Moral zwei von Grund aus verschiedene Lebensmächte sind. Das Christentum entwickelte sich als Kirche zu einem „staatsanalogen Gebilde" mit großem politischen Einfluß. Innerhalb seiner Bedeutung als Erlösungsreligion hat sich im Zuge der Aufklärung das Schwergewicht von der Dogmatik zu humanitären Vorstellungen verlagert. Der Philosoph *Arnold Gehlen* hat diese Entwicklung in der kurzen, aber einprägsamen Formulierung zusammengefaßt: „Die Theologie wird zu einer simplen Ethik in erhabener Verkleidung" [65].

Außerdem ist zu berücksichtigen, daß die bereits geschilderte Entchristlichung – weder von den Kirchen noch von den Theologen oder Staatsrechtslehrern bestritten – sich kontinuierlich fortsetzt. Sie hängt mit einer sich wandelnden Werteordnung zusammen, die sich abseits der herkömmlichen Verwalter von Ethos und Moral, den Kirchen, gebildet hat. Das Individuum zieht sich in einer säkularisierten Welt immer mehr auf seine Privatsphäre zurück und verzichtet daher letzten Endes auf seine nur noch formale Mitgliedschaft in der Kirche. Dies entspricht auch *Dietrich Bonhoeffers* Aussagen in seinen letzten Briefen: „Religiösität als eine echte Möglichkeit des Menschseins erschöpfe sich immer mehr". Er sei überzeugt: „unsere Zeit erweise bald unwiderruflich, daß Religion eine geschichtlich bedingte und vergängliche Ausdrucksform des Menschen gewesen sei. Infolgedessen gebe es auch keine dem Menschen wesenhaft zukommende ‚religiöse Anlage', keine religiöse Apriorie, wenngleich sich unsere gesamte 1900jährige christliche Verkündung und Theologie auf diese Arbeitshypothese stütze" [66]. Dieser Entwicklung entspricht nicht nur die Staats-, sondern auch die Kirchenverdrossenheit, so daß es nicht wundert, wenn vor kurzem der stellvertretende Vorsitzende der CDU/CSU-Bundestagsfraktion, Heiner Geißler, die katholische Kirche „in einer gewissen Glaubwürdigkeitskrise" sieht und daher auffordert, „offener für die Veränderungen der Zeit sein zu müssen, die Gleichberechtigung der Frau ernstzunehmen und eine andere Sexualethik zu finden" [67]. Sogar das Bundesverfassungsgericht hat sich in einer erst kürzlich verkündeten Entscheidung über ein gemeinsames Sorgerecht für das nichteheliche Kind den veränderten Moralauffassungen angepaßt und damit das bis vor etwa 40 Jahren in einigen Bundesländern noch strafbare Konkubinat als Zusammenleben ohne Trauschein anerkannt. Außerdem hat das Bundesverfassungsgericht in einer weiteren Entscheidung dem überlebenden Partner ein Wohnrecht in der bisher gemeinsamen Wohnung zugebilligt, obwohl das Mietrecht eine Fortsetzung des Mietverhältnisses nur für Familienangehörige und Ehegatten vorsieht.

Zum Abschluß sind noch zwei von *Böckenförde* gestellte, zur Zeit besonders aktuelle Fragen zu beantworten:

1. Bedeutet die Entsakralisierung des Staates zugleich auch eine Entchristlichung für sämtliche Erscheinungsformen des Christentums? [69]

2. Wieweit kann der Staat „allein aus der Gewährleistung der Freiheit des einzelnen leben ohne ein einigendes Band, das dieser Freiheit vorausliegt"? [70]

Zur Entchristlichung ist zu bemerken, daß sich die Antwort allein aus den Fakten ergibt. Daß von einer Volkskirche keine Rede mehr sein kann, ist bereits nachgewiesen worden. Zu berücksichtigen ist vor allem, daß die Problematik der Volkskirche meist im kirchlichen Bereich erörtert worden ist. In dem von den beiden Großkirchen teilweise finanzierten Handbuch des Staatskirchenrechts sprach *Prof. Hans Maier* [71] bereits 1974, damals bayerischer Staatsminister für Unterricht und Kultur, unter Berufung auf *Gehlen* [72] von der Segmentisierung des Religiösen, wonach „das Religiöse nicht mehr das ganze Dasein ausfülle, sondern in Konkurrenz zu anderen Lebensmächten (Arbeit, Sport, Kunst, Politik)" stehe. Daraus wurde schon in den sechziger

Jahren von manchen Theologen „die Forderung nach Tilgung aller volkskirchlichen Reste" abgeleitet, damit aus den Großkirchen eine ‚kleine Herde von Entscheidungschristen' werde. Und was den Begriff ‚Entchristlichung' betrifft, so findet man ihn stets im Gebrauch von das Christentum bejahenden Kreisen. Einer rechtlichen Würdigung bedarf daher diese Frage nicht.

Zur zweiten Frage ist zu prüfen, ob ein staatlich geeintes Volk allein aus der Garantie der Freiheit des Einzelnen ohne ein einigendes Band, das dieser Freiheit vorausliegt, leben kann? Gedacht ist hierbei sicherlich an die Bedeutung der Religion als Integrationsfaktor. Dieser setzt aber eine lebendige Volkskirche voraus, die nicht mehr vorhanden ist. Hierzu ist auf das kürzlich im *Spiegel* veröffentliche Ergebnis einer Umfrage über die Bedeutung der Religion zu verweisen [73]. Danach ist Religion für je ein Drittel der Bevölkerung in der Bundesrepublik einschließlich der neuen Länder teils „völlig unwichtig", teils „ziemlich unwichtig". „Sehr wichtig" ist sie lediglich für 8,5% und „ziemlich wichtig" für 28%.

Diese Angaben stimmen zwar nicht mit der das alte Bundesgebiet berücksichtigenden Statistik 1987 überein, die aber über die Art der Bindung nichts aussagt. Bestätigt wird dadurch jedenfalls die Entwicklung fort von der Volkskirche. Die Frage stellt auf die Freiheit des Einzelnen ab, womit im Hinblick auf den Zusammenhang vornehmlich die Religions- und Weltanschauungsfreiheit in Betracht kommt. Diese steht indes nicht nur den Mitgliedern der christlichen Großkirchen zu, sondern allen Bürgern. Infolgedessen könnte ein 'einigende Band' keineswegs im Christentum bestehen. Wenn daher das Bundesverfassungsgericht in dem Schulurteil vom 17. 12. 1974 [74] sich für die „Bejahung des Christentums" nicht als „Glaubenswahrheit" ausgesprochen hat, sondern in Anerkennung des prägenden Kultur- und Bildungsfaktors, so geht dies zu weit. Denn als Bildungsfaktor wirkte das Christentum auf die religiöse und weltanschauliche Erziehung ein und verletzte das Erziehungsrecht der Eltern bzw. des religionsmündigen Schülers/in.

Somit bleibt nur der Rückgriff auf die bereits erwähnte Werteordnung, die sich aus dem Grundgesetz ergibt und in dessen Mittelpunkt die Menschenwürde mit dem Bekenntnis zur Humanität als Mittelpunkt steht. Dieser Weg wird von *de Rosa* in seinem Buch Der Jesusmythos [75] jedoch abgelehnt, obwohl er erklärt, daß alles, was wir kennen, „von Menschen gemacht" sei, „auch die Religion, die Kirche, die Schrift und insbesondere Gott", außerdem eine neue Religion nicht in Sicht sei. Die humanistische Lehre sei aber kein geeigneter Ersatz, weil sie einer Gemeinschaft und eines Kults entbehre. So hält er trotz seiner Kritik am christlichen Glauben als Mythos von einem wirklichen Menschen fest.

Aber ein anderer Weg ist offen. So vertritt *Prof. Maier* die Auffassung, daß andere Lebensmächte in Konkurrenz zur Religion stünden, wie vor allem der Sport für die Mehrheit und die Kunst für eine Minderheit. Dazu einige Hinweise: Der Dichter *Gottfried Benn* denkt: „Ich sehe die Kunst die Religion dem Range nach verdrängen. Innerhalb des allgemeinen europäischen Nihilismus, innerhalb des Nihilismus aller Werte erblicke ich keine andere Transzendenz als die Transzendenz der schöpferischen Lust" [76]. Noch gewichtiger ist *Schopenhauers* Lehre, daß uns die Musik eine Metaphysik, eine Weltschau oder Welterklärung liefert [77].

Und *Gustav Wyneken* hat in seiner Schrift Musikalische Weltanschauung [78] die Schöpfung von Kunst als „den Glauben an den Geist als eine Potenz transzendenten Ursprungs" gedeutet. Im Gegensatz zu der religiös begründeten Transzendenz handelt es sich nicht um eine bloße Wunschphantasie, sondern um weltbezogene, weltimmanente Transzendenz, deren Schöpfungen hör- und sichtbar, ja sogar greifbar sind. Diese offenbar einem menschlichen Bedürfnis entsprechende Transzendenz gehört in den Bereich der Humanität, da der Mensch ihr Schöpfer und Bewahrer ist, so der Biologe und Philosoph *Jacques Monod* [79], dessen „Ethik der Erkenntnis" für Konfessionslose von Bedeutung sein könnte.

Zum Abschluß noch ein Zitat, das anzeigt, was die katholische Kirche wünscht. Der Kölner Erzbischof Kardinal Meisner [80] sagte zur § 218-Debatte kürzlich: „Nachdem die marxistischen Systeme untergegangen sind, wird der Liberalismus als eine ähnlich schwere Bedrohung des Menschen sichtbar"! Was besagt diese in *Die Zeit* veröffentlichte Aussage eines Kardinals, der gegen heftigen örtlichen Widerspruch von Berlin nach Köln berufen wurde und daher sicherlich das besondere Vertrauen des Papstes genießt. Die Kampfansage gegen den eng mit der Aufklärung verbundenen Liberalismus bedeutet eine Absage an das „Vernunftrecht der Aufklärung", durch das „das einzelne, freie, auf sich gestellte Individuum zum Ausgangs- und Bezugspunkt aller politischen sozialen Ordnung erklärt wurde" [81].

Hoffentlich erinnern sich unsere Politiker daran, daß bei Beratung des Grundgesetzes im Parlamentarischen Rat (1948/49) sie den wiederholt von der CDU/CSU gestellten Antrag, „die Kirche in ihrer Bedeutung für die Wahrung und Festigung der religiösen und sittlichen Grundlage des menschlichen Lebens anzuerkennen" [82] abgelehnt und so die Errichtung eines christlichen Staates verhindert haben. Oder soll es zu einem neuen, von Rom inszenierten Kulturkampf kommen? □

---

1 Neuser, W. H., Kirche und Staat in der Reformationszeit.
2 Sie geht zurück bis auf Papst Gelasius (s. J. Klein, Grundlegung d. Grenzen d. Kanonischen Rechts, S. 9, Tübingen 1947).
3 Czermak, G., Bewegung im Staatskirchenrecht in ZRP 1991, S. 475.
4 BVerfGE 19, 206/216.
5 BVerfGE 42, 312.
6 AaO. S. 331.
7 Mikat, Paul, promovierter Theologe und Jurist, Rechtsprofessor, von 1962–1966 CDU-Kultusminister in Nordrhein-Westfalen, Justitiar der CDU-Bundestagsfraktion, führender katholischer Staatskirchenrechtler mit einem umfangreichen und einflußreichen Schriftwerk.
8 Ebers, G.J., Religionsgesellschaften Bd. II, S. 366 in Grundrechte & Grundpflichten d. RV., hrsg. v. H.C. Nipperdey (1930).
9 Mikat, P., Kirchen & Religionsgesellschaften Bd. IV 1, S. 146 in *Die Grundrechte*, hrsg. v. Bettermann, Neumann, Nipperdey (1954).
9a Böckenförde, E.W.: Recht, Staat, Freiheit, S. 96.
10 FAZ vom 4. 8. 1988.
11 Kirche und Staat in nachkonziliarer Sicht in: Kirche und Staat, FS. Kunst, S. 107, 122 ff, 123 ff.

12 §§ 144–151 der Verfassung des Deutschen Reiches von 1849.
12a Kirche und Politik, Interviews und Beiträge, hrsg. v. M. Steinkämper, Fromms Taschenbücher Zeitnahes Christentum, S. 101 (Osnabrück 1966).
12b BVerfGE 19, 206/219.
13 Statistisches Jahrbuch für die Bundesrepublik Deutschland (1967), S. 42 nach dem Ergebnis der Volkszählung 1961.
14 Der Staat, Bd. 5 (1966), S. 468 f.
15 ZevKR Bd. 11 (1964/65), S. 345.
16 Stirbt das Christentum? (Olten 1978), S. 147, 155, 177.
17 AaO. S. 347.
18 Der Spiegel vom 7. 4. 1991, Gewaltige Sprünge, S. 84f.
19 Veröffentlichung der Vereinigung der Deutschen Staatsrechtslehrer Heft 26, S. 32, 37 und 52.
20 Wie [19], S. 65 f.
20a Der Staat Bd. 1 (1962), S. 305.
21 Wie [19], S. 131.
22 Schlaich, K., Radikale Trennung und Pluralismus in Kirche und Staat i.d. neueren Entwicklung, hrsg. v. P. Mikat, S. 443f.
23 AaO. S. 444.
24 A.: L6/Ar1441/83.
25 Häberle, Peter, Staatskirchenrecht als Religionsrecht der verfaßten Gesellschaft in DÖV 1976, S. 73/77.
26 Vorgänge 3/1966, S. 136 (aus nicht amtl., i.A. d. deutschen Bischöfe angefertigten Übersetzung). Auch das Bundesverfassungsgericht geht davon aus, daß nach dem Lehrverständnis der christlichen Kirchen sich „ohnehin die christlichen Konfessionen nicht zu einer gemeinsamen Lehre vereinigen" lassen (E 41, 63).
27 Siehe [19], S. 65.
28 Diese Frage ist erst später –1971– in Veröffentlichungen d. Kath. Akademie d. Erzdiözese Freiburg Nr. 24 S. 43 ff (Totalrevision d. GG), sodann 1980 in Kirche & Staat i. d. neueren Entwicklung S. 121/132 publiziert worden. Daher ist der Text vor der Frage –bereits auf S. 13 zitiert– oben wiederholt worden.
29 Der Staat Bd. 1 (1962), S. 195.
30 AaO. S. 175.
31 BVerfGE 12, 1/4; ferner 18,85 f; 19, 1/8.
32 BVerfGE 19, 206/216.
33 BVerfGE 15, 337/345; 19,1/11; 19,206/223.
33a Böckenförde, E.W., Recht, Staat, Freiheit, S. 109, Fußn. 43 (s. [9a]).
34 Mahrenholz, E.G., Die Kirche in der Gesellschaft der Bundesrepublik, 2.A. (1972), S. 132.
35 Essener Gespräche Bd. 14, S. 122.
36 AaO. S. 123.
37 FAZ vom 23. 12. 1969: Ein Relikt aus der Zeit der Staatskirchenhoheit.
37a Diskussiionsbeitrag im Essener Gespräch 1991 über „Die Einigung Deutschlands und das deutsche Staat-Kirche-System", S. 101.
38 FS Kunst S. 105 ff/119.
39 AaO. S. 124 f.
40 BVerfGE 44, 38/49.
41 Mikat AaO. S. 119 ff.
42 Quaritsch in Der Staat Bd. 1 (1962) S. 184
43 BVerfGE 7, 205.
44 v. Mangoldt, Das Bonner Grundgesetz, Vorbem. B III 4 vor Art. 1 S. 93.
44a Schlaich, K., Radikale Trennung und Pluralismus (s. [22]) S. 443.
45 BVerfGE 44, 38 (49).
46 Quaritsch in Der Staat Bd. 5 (1966) S. 375 f.
47 Kirche und Staat, dtv Dokumente, hrsg. v. H. Raab, S. 252.

48 Codex des Kanonischen Rechtes, lateinisch-deutsche Ausgabe, 2. Auflage, Kevelaer 1984, S. 395.
49 Kewenig, W., in Ess. Gespr. Bd. 6 (1971) S. 9 ff. 23 (mit Zitat von Mikat s. Fn 47).
50 Schlaich, Neutralität als verfassungsrechtl. Prinzip S. 215.
51 Kewenig, AaO. S. 52.
51a Böckenförde AaO. S. 110 unter Bezugnahme auf H. Krügers Staatslehre S. 43.
52 Luckmann, Th., Religion und Person i.d. modernen Gesellschaft in: Religionssoziologie S. 109 ff. 114 ff.
53 Häberle, P., Staatskirchenrecht als Religionsrecht der verfaßten Gesellschaft in Staat und Kirche i.d. neueren Entwicklung, S. 452 ff, 466.
54 Mikat, P., Die religionsrechtliche Ordnungsproblematik in: Hdb. StKirchR, Bd. 1, S. 121.
55 Kirchenform und Gesellschaftsstruktur in 'Religionssoziologie', S. 189.
56 Mikat, P., Kirche und Staat in nachkonziliarer Sicht in: FS. Kunst S. 122.
57 Goerlich, H., Grundrechte als Verfahrensgutachten S. 291.
57a Recht, Staat, Freiheit, S. 141 unter Bezugnahme auf die ständige Rechtsprechung des BVerfG.
58 Frankfurter Rundschau vom 6. 9. 84 (Dokumentation).
59 Hommes, Ulrich, Die Dimension des Transzendenten in: Gesellschaft ohne Christentum? Bd. 69 der Schriften d. Kath. Akademie in Bayern (1974).
60 Pannenberg, Wolfhart, Christl. Glauben u. Gesellschaft S. 109/117 wie [59].
61 Meyer-Teschendorf, K., Der Körperschaftsstatus der Kirchen in Kirche und Staat i.d.neueren Entwicklung, S. 499/550.
62 Die Zukunft des Christentums in einer säkularisierten Welt in: Gesellschaft ohne Christentum? S. 144.
63 Die religionsrechtliche Ordnungsproblematik, in: HdbStKirchR Bd. 1, S. 138 f.
64 Küng, H., Projekt Weltethos S. 48, 118, 120 ff. Insoweit stimmt er mit Ratzinger (s. [10]) überein.
65 Gehlen, A., Moral und Hypermoral S. 131.
66 Widerstand und Ergebung, Briefe und Aufzeichnungen aus der Haft, S. 132.
67 Südwestpresse vom 30. 8. 91.
69 Recht, Staat, Freiheit, S. 110.
70 AaO. S. 111.
71 HdbStKirchR Bd. 1, S. 99.
72 Ohne Quellenangabe.
73 Der Spiegel vom 2. 9. 91 (Nr. 36) sowie vom 13. 6. 92 (25/92): „Nur noch jeder Vierte ein Christ", S. 36–57.
74 BVerfGE 41, 29/64.
75 Rosa, Peter de, Der Jesusmythos (München 1991) S. 485, 545 zur Besprechung in MIZ 3/91, S. 7.
76 Stuttgarter Zeitung vom 18. 6. 1989.
77 Zitat in G. Wyneken, Musikalische Weltanschauung, S. 27 (München 1948).
78 AaO. S. 26 f.
79 Zufall und Notwendigkeit, S. 204 f., 217.
80 Zitat in Die Zeit vom 24. 5. 1990 (Worte der Woche).
81 Böckenförde, Staat, Verfassung, Demokratie S. 42.
82 Entstehungsgeschichte der Artikel des GG, Bearbeiter: von Doemming, R.W. Füsslein und W. Matz, JöR NF. Bd. 1, S. 899 ff.

Berliner Zeitung – Nr. 225 Donnerstag, 26. September 1991 5

Debatten über Trennung von Kirche und Staat

Erster Kongreß der Konfessionslosen und Atheisten beginnt morgen in Fulda

*Von unserem Redaktionsmitglied
Klaus-Detlef Haas*

Sinn für Pointen hat der Internationale Bund der Konfessionslosen und Atheisten (IBKA): Wenn morgen, in Fulda die Herbst-Vollversammlung der Deutschen Bischofskonferenz nach viertägiger Beratung zu Ende geht, beginnt zur selben Zeit und in derselben Stadt der · Erste Atheistenkongreß. Während die katholischen Würdenträger sich im Priesterseminar der alten Bischofsstadt mit den Herausforderungen des künftigen Europa an die Kirche befaßten, wollen Atheisten und Konfessionslose in der Fachhochschule Fulda darüber debattieren, warum Staat, Religion und Politik getrennt und Krieg und Fundamentalismus verurteilt werden sollen.

Der IBKA fordert dazu auf, die Praxis der Finanzierung kirchlicher Einrichtungen durch öffentliche Gelder zu überdenken. Frank Schütte, Gründungs- und Vorstandsmitglied des IBKA, erklärte gegenüber der Berliner Zeitung, wie Christen zahlten auch Moslems, Juden, Buddhisten und Konfessionslose Steuern, doch werde den christlichen Kirchen ein erheblicher Vorteil eingeräumt, indem der Staat deren Seelsorge jährlich mit Millionenbeträgen unterstütze. Dabei weiß sich der IBKA dem Einwand ausgesetzt, daß viele dieser Steuergelder für soziale Zwecke wie beispielsweise das diakonische Werk und für die Erhaltung kultureller Werte ausgegeben werden.

Ein anderer kritischer Punkt ist für den IBKA die staatlich jährlich etwa mit 55 Millionen Mark unterstützte Militärseelsorge. Die Statistik gibt dem Atheisten- und Konfessionslosen-Bund bei seiner generellen Kritik Argumentationshilfe. Eine Umfrage des Berliner Instituts für Friedens- und Konfliktforschung im Jahr 1990 ergab, daß lediglich 22,5 Prozent der DDR-Bevölkerung Mitglieder der evangelischen und sogar nur 4,2 Prozent Mitglieder der katholischen Kirche waren. In den alten Bundesländern erklären jährlich etwa 80 000 bis 90 000 Katholiken und 130 000 bis 140 000 Protestanten ihren Kirchenaustritt.

Den Begriff der Konfessionslosen und der Atheisten sehen die IBKA-Mitglieder „völlig ideologiefrei". Die Konfessionslosen, so Schütte, seien eine statistisch erfaßbare Gruppe, bestehend aus jenem Bevölkerungsteil, der beispielsweise vor einem Standesamt seinen Austritt aus der Kirche erklärt habe. Trotz hohen Bevölkerungsanteils würden sie als Konfessionslose wenig oder gar nicht vertreten. Zwar gebe es den Freidenkerverband, doch der betreibt laut Schütte „pseudoreligiöse Rituale oder weltanschauliche Veranstaltungen – beispielsweise eine Lebenskundeunterricht oder die Jugendweihe – und das auf staatliche Kosten". Der IBKA hingegen fordere die weltanschauliche und religiöse Neutralität des Staates.

Neben der Diskussion dieser Fragen dürfte es dem IBKA und den Sympathisanten seiner Ideen in Fulda vor allem darum gehen, Verbündete auszumachen und den im Namen des Bundes angegebenen internationalen Charakter nachzuweisen und auszuweiten.

Jürgen Roth
Trennung Staat/Kirche als politische Forderung
Wie können wir sie durchsetzen?

Ich habe in den letzten Monaten einige für mich wichtige Erfahrungen machen dürfen, über die ich heute mit Ihnen sprechen möchte. Die Veranstalter dieses Kongresses haben mich wohl vornehmlich deshalb gebeten, hier zu sprechen, weil ich als Bundesvorstandsmitglied der Humanistischen Union zu den Mitbegründern des Kuratoriums für einen demokratisch verfaßten Bund deutscher Länder gehöre und an dem Entwurf für eine neue Verfassung mitgearbeitet habe.

Wenn ich aber von meinen Erfahrungen spreche, die ich mit Ihnen teilen möchte, so denke ich weniger an die Entstehung unseres Entwurfs, sondern vielmehr an die zahlreichen Veranstaltungen zu diesem Thema in der letzten Zeit.

An keinem dieser vielen Diskussionsabende – überall in der Bundesrepublik und vor sehr unterschiedlichem Publikum – habe ich den Bereich Staat und Kirche ausgelassen. Vermutlich bin ich der einzige Referent innerhalb des Arbeitsausschusses, der dieses Thema immer und immer wieder zur Sprache bringt. Die Reaktion auf meine – mal eher zurückhaltend, mal recht deutlich – vorgetragenen Thesen zur Eindämmung klerikaler Vormundschaftsansprüche gegenüber dem vereinigten Deutschland ist überall spürbar anders als bei den übrigen Fragen: Demokratie, Friedensstaatlichkeit, Umwelt, Föderalismus und den weiteren wichtigen Themenfeldern. An den Gesten der Zuhörerinnen und Zuhörern ist fast körperlich zu spüren, wie groß die Aura der Verschwiegenheit noch immer ist, mit der sich die verschiedenen Firmenbereiche der Liebe-Gott-GmbH bis heute einzuhüllen verstehen. Ich spüre aber auch die große Aufmerksamkeit, mit der die meist überraschten Teilnehmer meinen Ausführungen folgen – sie sind nämlich wegen der Diskussion über andere Fragen gekommen.

Deutlich ist in diesen – immer etwas gespannten Situationen – das erstaunliche Maß an innerer Zustimmung für die von mir vorgetragenen Auffassungen. Vielfach habe ich das Gefühl, stellvertretend etwas ausgesprochen zu haben, was sie selbst schon lange empfinden, aber bislang noch nicht offen auszusprechen wagten. Machen wir uns aber nichts vor: Der Kenntnisstand über die herausgehobene, multiprivilegierte Stellung der Kirchen in dieser Republik ist bejammernswert gering. Entsprechend dürftig ist das Problembewußtsein entwickelt.

Hier liegt ein fatales Problem: Der gesellschaftliche Kontrollmechanismus funktioniert über den Informationsfluß. Findet eine solche Debatte nicht statt, kann sich kein Problembewußtsein entwickeln, oder das bei vielen Einzelnen vorhandene Unbehagen wird als rein persönliches Problem wahrgenommen, nicht aber als gesellschaftliche Fragestellung. Lassen Sie mich ein besonders krasses Beispiel anführen: Vor wenigen Monaten war die Lage der Kurden das Thema Nummer Eins. Kein Abend, an dem nicht ausführlich auf allen Fernsehkanälen über das Schicksal dieser Menschen berichtet wurde. Von einem Tag auf den anderen war das Thema plötzlich „out". Nicht, daß sich die Lage der Menschen verbessert hätte, aber aus vielerlei Gründen wandte man sich anderen Themen zu. So vermittelte sich der Öffentlichkeit der fatale Eindruck, die Lage habe sich entschärft, und man könne sich mit gutem Gewissen anderen – vermeintlich wichtigeren – Fragen zuwenden. Ohne mich hier auf mediensoziologisches Glatteis begeben zu wollen, möchte ich doch die Behauptung wagen, daß nur, was in aller Munde ist, auch in den Köpfen ist.

Wir haben zwei verschiedene Möglichkeiten, unsere gemeinsame Überzeugung, die uns hier nach Fulda geführt hat, durchzusetzen. Ich nenne diese Auffassung als den Abbau der Machtstellung kirchlicher Obrigkeiten in Staat und Gesellschaft und die Trennung von Staat und Kirche.

1. Wir können – ja, wir müssen – alle Anstrengungen unternehmen, mit Hilfe der Medien aufzuklären und da, wo es erforderlich ist, mit deutlichen Worten Mißstände anprangern. Bis zu einem bestimmten Punkt verspricht ein solches Vorgehen durchaus Erfolg. Denken wir nur an die Verschwendung von Steuergeldern durch die Kirchenobrigkeit. Es ist nach meiner festen Überzeugung die Pflicht aller liberalen und freidenkenden Kräfte, die Total-Alimentierung der Kleriker – bei gleichzeitigem Fehlen jeder Finanzkontrolle – anzuklagen. Ich frage, wo bleibt der Bundesrechnungshof? Jede Fraktion des Deutschen Bundestages – immerhin die frei gewählten Abgeordneten – muß penibel Rechenschaft ablegen über den Gebrauch ihrer Mittel. Das ist – freilich bis zu einem bestimmten Punkt

Jürgen Roth
Mitglied im Bundesvorstand der Humanistischen Union. Bearbeitete die Dokumentation des im November 1990 von der Bundestagsfraktion der Grünen und der Humanistischen Union durchgeführten Fachgesprächs zur Kirchensteuer.

– richtig. Niemand ist berechtigt, mit dem Geld der Steuerzahler nach eigenem Gutdünken umzugehen wie mit seinem Privatvermögen. Warum gilt dieser Maßstab aber nicht auch für die Kirchen? Ein Bericht des Bundesrechnungshofs über das Finanzgebaren der Herren Bischöfe dürfte der öffentlichen Aufmerksamkeit sicher sein – aber dazu wäre einiges Personal erforderlich, das sich eine Erschwerniszulage redlich verdient hätte! Der eine oder andere wird mir jetzt entgegenhalten wollen, die Kirche solle doch eine private Vereinigung sein, deren Finanzgebaren keiner öffentlichen Kontrolle unterliegen dürfe. Das stimmt natürlich, aber ist es nicht die Kirche selbst, die mit Zähnen und Klauen ihren Status als steuerberechtigte Körperschaft des öffentlichen Rechts verteidigt? Ich schlage vor, sie einmal beim Wort zu nehmen.

Die Chronik von Verfehlungen und Skandalen läßt sich wahrlich bis ins Unendliche fortsetzen. Es ist am Ende einer langen Kette der Fall Drewermann und seine Behandlung in den Medien, der mich durchaus zuversichtlich stimmt. Die Bereitschaft zur Kritik am Klerus nimmt zu. Die geistige und weltliche Macht der Herren Wetter und Meisner schwindet, zwar sehr langsam, aber sie schwindet. Das muß auch Ayatollah Dyba, der Glöckner von Fulda, erkennen. Mit seinem Einfluß geht es wie mit dem Anteil der Kirchenmitglieder an der Bevölkerung: abwärts.

Unterliegen wir aber keiner Fehleinschätzung: Die genannten Herren und ihr Chef in Rom sind nicht nur reich (die Katholische Kirche in Deutschland ist mit der amerikanischen die reichste der Welt) – sie verfügen auch über ein dichtes Netz von Hilfskräften in den Medien – ja sogar über zahlreiche Medien selbst.

Die meisten Menschen lesen nicht die großen überregionalen Zeitungen, sondern nur ihr Regionalblatt. Wer die – oft reichlich komplizierten – Eigentumsfragen klärt, wird feststellen, daß nicht wenige dieser Organe direkt oder auf verschlungenen Wegen kirchlich gebunden sind. Auf diese Weise lassen sich Nachrichten unterdrücken oder aufbauschen und nicht zuletzt Leserbriefkampagnen – so zum § 218 – nach Bedarf steuern. Auch in den öffentlich-rechtlichen Medien üben Kleriker nach wie vor einen erheblichen Einfluß aus. Die Verbannung des Kabarettisten Matthias Richling wegen seiner Papst-Persiflage spricht eine deutliche Sprache – sie ist mittlerweile 2000 Jahre alt.

Ich sprach eingangs von zwei Herangehensweisen bei der Umsetzung unserer Überzeugungsarbeit. Die eine habe ich genannt, die Wahrnehmung des öffentlichen Wächteramts und den zähen Kampf, über die Medien die Menschen zu erreichen.

2. Es gibt aber noch die andere, nach meiner Auffassung mindestens ebenso wichtige Arbeit, die jedoch viel Geduld und einen langen Atem erfordert. Wir müssen viel mehr als bislang an den Alltagserfahrungen der Menschen anknüpfen. Oberflächlich betrachtet mag es so scheinen, als habe die Kirche gerade hier ihre größte Stärke.

– Ist sie nicht die gesellschaftliche Kraft, die im sozialen Bereich jene Lücken auffüllt, die der auf Wirtschaftswachstum ausgerichtete Staat hinterläßt?

– Ist nicht – insbesondere die katholische Kirche – immer wieder in der Lage, den Eckpunkten des menschlichen Lebens jenen Glanz und jene Würde zu verleihen, die einer mißmutig dreinblickenden und kalten Republik so fremd geworden ist? Ob Geburt, Eintritt in die Welt der Erwachsenen, Heirat, Geburt der eigenen Kinder, und schließlich der Tod: Es ist noch immer die Kirche, die sich an diesen Schnittstellen des Lebens den Schein der Unentbehrlichkeit zu geben versteht. Oder ist es mehr als nur der Schein?

Ihre wirkliche Kraft und Bedeutung schöpft die Kirche aus dieser Aufgabe, das Bedürfnis der Menschen nach einer im Übermenschlichen verankerten Sicherheit zu befriedigen – nicht aber aus einem archaischen Papstkult. Fragen wir uns einmal ganz unvoreingenommen, so ist es diese Sehnsucht, dieses Verlangen nach Halt und Geborgenheit, welches jene Zwiespältigkeit im Verhältnis des Einzelnen zur Kirche hervorruft, die für unsere Gesellschaft so charakteristisch geworden ist. Der Liebe Gott als Racheonkel und Allianz-Mann in einer Person – nicht wirklich geliebt, aber gut geeignet als Reserve für den Notfall, den man besser nicht durch Entzug der materiellen Zuwendung ungnädig stimmt.

Ich habe in kirchenkritischen Kreisen bisweilen den Eindruck, daß der Erklärung für die noch immer vorhandene tiefe Verankerung klerikalen Denkens in der Bevölkerung eine unzureichende Gewichtung der verschiedenen Ursachen zugrundeliegt. Es wird das breite Bedürfnis unterschätzt, in einer Welt der Unsicherheit an eine Gottheit zu glauben, die mehr Schutz verspricht, als die weltlichen Instanzen zu gewähren imstande sind. Die moralische Erpressung durch den Klerus als Quelle seiner Macht nimmt bei der Erklärung dem gegenüber noch immer einen zu großen Stellenwert ein.

Ich sprach eben von der nur scheinbaren Stärke der Kirche – trotzdem mußte ich das weit vorhandene Bedürfnis nach Glaubensinhalten eingestehen. Wie löst sich dieser Widerspruch auf? Prüfen wir einmal gemeinsam die Frage, ob denn die Kirchen die genannten Bedürfnisse der Menschen wirklich befriedigen. An dieser Stelle möchte ich hervorheben, daß ich hier nicht von den Gläubigen spreche, die im Dienst für ihre Mitmenschen gute Dienste leisten, sondern von den bürokratischen, von den Menschen weit entfernten klerikalen Machtapparaten. Haben sich diese Obrigkeiten jemals ernsthaft um den Menschen selbst und seine Bedürfnisse gekümmert, und tun sie das gegenwärtig? Sind sie den angetragenen Wünschen und Bedürfnissen gerecht geworden, oder unternehmen sie etwa den Versuch, dies zu tun?

Begleiten wir einmal die Lebensabschnitte des Menschen, jene Eckpunkte des Lebens, an denen sich, wie eingangs angemerkt, die Kirchen festgesetzt haben.

– Taufe: Wessen Wünsche werden bei der Taufe, der Aufnahme des unmündigen, meist schreienden, Säuglings in die Kirche erfüllt? Gewiß die der Eltern und Anverwandten, die besonders in ländlichen Gebieten an überkommenen Ritualen festhalten wollen. Die Kinder selbst werden nicht gefragt, die Bevormundung fängt schon beim Kleinkind an – bis zur Beisetzung wird sich daran nichts mehr ändern.

– Heirat: Die Nüchternheit der „Zeremonie" auf dem Standesamt läßt ganz gewiß viele Wünsche offen. Was tut aber die Kirche für Brautpaare? Sie werden mit einem – von ihnen selbst gut bezahlten – Ritual abgespeist, aber bei den Problemen des Alltags im Stich gelassen. Spätestens bei der Unterbringung der lieben Kleinen im kirchlichen Kindergarten werden die Eltern feststellen müssen, daß einer von beiden (natürlich die Frau) den Beruf aufgeben muß, weil die Öffnungszeiten absichtlich so gelegt werden, daß die Mütter nicht einmal halbtags arbeiten können. Die wirtschaftliche Not vieler junger Familien, ihre enorme Verschuldung und letztlich ihr immer labiler werdender Zusammenhalt können nicht losgelöst werden von den vielfältigen Pressionen, Frauenerwerbstätigkeit zu verhindern und das traditionelle Bild der durch die heimische Mutter wohlversorgten und vom erwerbstätigen Vater ernährten Familie aufrecht zu erhalten.

– Tod: Die Verdienste vieler Ordensschwestern und anderer Gläubiger bei der Betreuung von Todkranken werde ich nicht geringschätzen. Wie aber steht es um die Haltung des Klerus zum menschenwürdigen Sterben? Es ist vor allem die katholische Kirchenhierarchie, die sich verbissen gegen eine humane Sterbehilfe wehrt und Leiden als gottgewollte Prüfung ansieht. Diese Kritik möchte ich aber nicht als Blanko-Unterstützung für den Sterbepapst aus Augsburg verstanden wissen, der anders als die Humanistische Union den medienwirksamen Effekt bisweilen mehr liebt als die Seriosität.

Die Beispiele für das Versagen des Klerus bei der Hilfe für den Menschen in seiner alltäglichen Not lassen sich nach Belieben fortsetzen. Nehmen wir nur den gesamten Bereich Sexualaufklärung, Schwangerschaftsabbruch und Familienplanung. Zu dem Elend vieler Menschen, besonders von Frauen, trägt die klerikale Unbarmherzigkeit viel bei. Es ist selbstverständlich Unsinn, die Kirche für alle Übel dieser Welt verantwortlich zu machen, der eine oder andere Antiklerikale schießt hier immer mal wieder über das Ziel hinaus. Aber eine Feststellung darf ich mir doch erlauben: Ginge es den Kirchen um den realen Menschen und nicht um eine menschenferne Ideologie, so würde sie sich anders verhalten. Sie würde auch mit ihren Mitarbeitern anders umgehen. Als zweitgrößte Arbeitgeberin der Republik verweigern die Kirchen bis heute den Gewerkschaften und den Beschäftigten die Mitbestimmungsrechte. Geschiedene Kindergärtnerinnen, die ohne Trauschein mit einem anderen Mann zusammenleben, müssen mit Disziplinarmaßnahmen bis hin zur Entlassung rechnen. Angesichts des Monopols der Kirchen im karitativen Bereich werden sie es sehr schwer haben, einen anderen Arbeitsplatz zu finden.

Sie sehen also: Es ist das Versagen in der Alltäglichkeit, auf das wir Kritikerinnen und Kritiker der Kirchen immer und immer wieder hinzuweisen haben. Wie innerlich ausgezehrt muß ein Klerus sein, der nur noch mit staatlichen Geld und Zwangsmitteln seine Vereinsmoral durchsetzen kann?

Wollen wir die Trennung von Staat und Kirche durchsetzen, so haben wir – wie bereits ausgeführt – das Recht und die Pflicht, über die Medien ein Wächteramt auszuüben. Ohne das aktive Gespräch mit den Menschen, das gänzlich unideologische Anknüpfen an die Bedürfnisse des Alltags und das alltägliche Versagen des Klerus bleibt aber eine Tätigkeit, die sich im medienwirksamen Aktionismus erschöpft, allzu oberflächlich. Ebenso verfehlt ist es, sich in gleichgesinnten Kleingruppen einzuigeln und die Schlechtigkeiten der Welt im Allgemeinen und der Kirchen im Besonderen zu bejammern. Erheblich mehr Erfolg ist zu erwarten, wenn wir mit der innerkirchlichen Opposition reden und gemeinsame Perspektiven entwickeln. Die von Christa Nickels und mir organisierte Anhörung zur Kirchensteuer, aus der die Broschüre der Humanistischen Union entstanden ist, hat hier einen ermutigenden Anfang gemacht. Ideologische Verkrustungen müssen überwunden werden. Auch die Konfessionslosen und Atheisten sollten sich ihre Perestroika gönnen.

Die politische Auseinandersetzung bedarf der Zuspitzung. Sie sollte an zwei Fragenkomplexe anknüpfen, bei denen der erste allgemein bekannt ist, während der andere erst noch im öffentlichen Bewußtsein verankert werden muß:

1. an den Schwangerschaftsabbruch als Ausdruck des Machtanspruchs des Schwarzen Blocks;

2. an die Verfassungsdiskussion: Die Auseinandersetzung über die im Einigungsvertrag festgelegte Reform des Grundgesetzes bietet uns eine willkommene Gelegenheit zu vielen Gesprächen, in denen wir unsere durchaus populären Reformvorstellungen öffentlich bekanntmachen müssen. Nach Lage der Dinge ist es durchaus möglich, daß ein Volksentscheid über das – binnen zwei Jahren nach dem Einigungsvertrag zu überarbeitende – Grundgesetz stattfindet. Diesen Zeitraum sollten wir nutzen, um das vorhandene Unbehagen über die Privilegien der Kirche in die Reformdiskussion einfließen zu lassen.

Eine solide Grundlage für diese Arbeit ist der Verfassungsentwurf des Kuratoriums für einen demokratisch verfaßten Bund deutscher Länder, dessen Vorschlag für eine Kirchenverfassung auf die Initiative der Humanistischen Union zurückgeht. Der Entwurf sieht eine strikte Trennung von Staat und Kirche vor. Der Konfessionsunterricht wird gestrichen, ebenso die Kirchensteuer und die Militärseelsorge und die anderen Relikte der Allianz von Thron und Altar. Leider ist es nicht gelungen, auch den Status der Kirchen als Körperschaften des öffentlichen Rechts zu streichen. Der Verfassungsentwurf trägt selbstverständlich die Züge des Kompromisses, mit dem wir aber gut leben können und dessen Umsetzung ein gewaltiger Fortschritt wäre.

Ich möchte Sie an dieser Stelle ermuntern, sich mit Nachdruck für eine Änderung der Weimarer Kirchenverfassung einzusetzen, die 1949 vom Grundgesetz kooptiert wurde. Lassen Sie sich nicht durch den Hinweis auf die angeblich fehlenden Durchsetzungschancen einschüchtern. Das ist häufig genug ein probates Mittel, kritischen Bürgerinnen und Bürgern den Schneid abzukaufen. Erkennen Sie die Möglichkeiten einer breiten öffentlichen Debatte im Rahmen der Diskussion über die Verfassungsreform.

In den Verfassungsberatungen wird die Erweiterung demokratischer Teilhaberechte eine wichtige Rolle spielen. Sollte es gelingen, Volksbegehren und Volksentscheide oder wenigstens Ansätze für direkte Demokratie in der neuen Verfassung festzuschreiben, stünde ein wirksames Mittel zur Verfügung, die Menschen direkt zu fragen, ob sie das Kirchensteuersystem behalten wollen und ob sie noch immer für die Staatsleistungen aufkommen wollen, die der letzte Kaiser des Heiligen Römischen Reiches Deutscher Nation während der napoleonischen Kriege auf Kosten der Kirche den Reichsfürsten zuerkannt hat. Ich möchte aber auch darum bitten, die Landsverfassungen, die gegenwärtig in den neuen Bundesländern ausgearbeitet werden, nicht aus den Augen zu verlieren. Die entsprechenden Passagen aus den vorliegenden Entwürfen lesen sich wie Wunschzettel der Bischöfe und ihrer Juristen, die dabei sind, eine überaus erfolgreiche Lobbypolitik zu betreiben. Hier ist Eile geboten, um das Schlimmste zu verhüten.

Es ist bezeichnend, daß diese Einflußnahmen – ebenso wie beim Einigungsvertrag und der in ihm festgeschriebenen Kirchensteuergesetzgebung für die neuen Bundesländer – im Stillen verlaufen. Diese Geheimdiplomatie ist auch notwendig. Ich bin davon überzeugt, daß sich bei einer offenen Abstimmung der Bevölkerung nicht der hier in Fulda ansässige Militärbischof durchsetzen wird, sondern die freidenkenden Geister, von denen sich einige hier in diesem Raum versammelt haben.◻

Horst Herrmann
Die Kirchen überleben nur mit unserem Geld!

Was allein über das sogenannt Metaphysische der institutionalisierten Religion zu sagen ist? Entgegen allen Sonntagspredigten und Fensterreden sind nicht lebendige Menschen „sündig", sondern die Kirche wurde an ihnen schuldig. Schon deswegen haben kirchliche Geistigkeit und Moral ihren Tod verdient. Deswegen stirbt die Kirche. Wiederbelebungsversuche sind vergeblich (1).

Die Hirten kämpfen zur Zeit um ihr Überleben. Sie wissen genau, daß sie eigentlich nichts mehr unter uns zu suchen haben. Ihre Klientel schrumpft, und schon bald wird sich der Schafstall ausgedünnt haben. Zurück bleibt nur noch der harte Kern der Unverbesserlichen und Uneinsichtigen. Das soll uns nicht stören. Ärgerlich wird es für unsereinen nur, wenn eine längst abgestorbene Geistigkeit Ansprüche für Leistungen erhebt, die sie nicht erbringt.

Ich nenne hier keine detaillierten Zahlen. Wer genau wissen will, wieviel uns die teuerste Kirche der Welt noch immer kostet, kann dies nachlesen (2). Ich spreche heute über die sogenannten Gründe, die die Kirchen für ihre Beutelschneiderei anführen. Zum Beispiel die „Seelsorge", die alles in allem mindestens die Hälfte der Kirchensteuereinnahmen verschlingt. „Seelsorge" heißt eine Fülle von Normen vermitteln, mit einer Masse von Sündenängsten belasten, ein bißchen Erlösungsgeschwätz anbieten, geschäftsmäßig Angst und Hoffnung in einem machen. Christen sind dem Anspruch nach hoffende, in Wirklichkeit bewußt in Angst gehaltene Menschen. Daß für einen solchen „Dienst am Menschen" in Deutschland Milliarden aufgewendet werden, ist ein Skandal. Daß nicht nur Kirchengläubige zahlen, sondern auch Atheisten für die Ausbildung weiterer Theologen etwa eine Milliarde pro Jahr mitbezahlen, ist einmalig auf der Welt. Die Politiker aller Parteien rühren, obgleich unter anderen Heinrich Böll sie vor 15 Jahren mahnte (3), noch immer keinen Finger; Kirchenfinanzierung ist kein Wahlkampfthema. Und wer vorgibt, Subventionen abbauen zu wollen, klopft bestimmt nicht an Kirchentüren. Wir sollten uns diese Politiker namentlich einprägen. Wenn der Tag X kommt, dürfen sie nicht sagen, sie hätten nichts gewußt. Sie leisten es sich ungestraft, in einem Land mit über 15 Millionen Kirchenfreien die beiden Beutekirchen mit dem Geld aller zu bedienen. Das ist Demokratie auf deutsch.

Die Hirten plärren ebenso ungestraft weiter: So sind beispielsweise Kleriker „nicht von dieser Welt", wenn es sich lohnt, und „mitten in dieser Welt", wenn es sich auch lohnt. Ihre Argumentationen richten sich ausnahmslos auf den jeweiligen Zeitgeist aus. Und während Kirchenvertreter ständig unerbetene Ratschläge erteilen, wie es andere zu machen haben, nehmen sie sich selbst von diesen Ratschlägen aus. Die Menschenrechte mußten gegen die Kirche erkämpft werden; Oberhirten verweigerten und verweigern nachweislich alle diese Rechte. Keine neuzeitliche Freiheit hat Heimatrecht in der Kirche. Das vatikanische „Lehramt" stellt sich außerhalb der allgemeinen Rechte und über diese, ja es erhebt den ungeheuerlichen Anspruch, über Verletzung oder Nichtverletzung demokratischer Grundrechte nach eigenem Gusto zu befinden. Und das „Lehramt" in dieser Stadt, vertreten durch den gegenwärtig von den Medien weit überschätzten Herrn Dyba, macht es ihm nach: So wird einer zum lieben, weil gehorsamen Sohn Roms. Herr Wojtyla und seine Knechte...

Die Hirten spielen falsch. Die angeblich wahre Kirche kann keine Demokratie kennen: Nähme sie diese ernst, gäbe sie sich selbst auf. Hirten, die keine Gelegenheit auslassen, der Welt „Moral" zu predigen, bleiben verdächtig stumm, wenn es um die kirchliche Unmoral der Vergangenheit wie der Gegenwart geht. Kirche ist nicht von vornherein ein Synonym für Moral, für Frieden oder für Gerechtigkeit. Oft genug ist das Gegenteil wahr. Glaubenssätze bleiben blutige Wahrheiten. Kein einziges Dogma ist unschuldig; jedes kostete Menschenopfer. „Glaubenssätze" sind „wahr", wenn ihre Unwahrheit erst nach relativ langer Zeit festgestellt werden kann.

Eine Organisation, die sensibel gegen sich selbst, aber unbarmherzig gegen alle ist, die neue Erfahrungen zu artikulieren wagen, bleibt träge, satt und unnütz. Was der Politik der Oberhirten nützt und deren Gegner schädigt, macht einen Krieg „gerecht". Die Haltung derer, die Frieden predigen, ist nach innen wie nach außen aggressiv. Unfriede ist konstitutiv für die Organisationsform Kirche. Und derlei

Horst Herrmann
Professor für Religionssoziologie an der Universität Münster; bis 1981 Professor für katholisches Kirchenrecht. Autor von *Die Kirche und unser Geld* und zahlreicher anderer kirchenkritischer Bücher.

sollen alle Demokraten mitfinanzieren? Jedenfalls sind nicht nur die 50 Millionen, die das Bundesverteidigungsministerium Jahr für Jahr an die „Militärseelsorge" verschwendet (um u.a. Altarkerzen und Meßwein zu kaufen), eine skandalöse Fehlinvestition. Auch wenn die Militärpfarrer eines Tages aufgeben müssen, möchte ich nicht, daß mit Hilfe meiner Steuern eine aggressive Institution überlebt.

Mit Störern wird die Kirche seit eh und je „fertig". Sie kann keine schwarzen Schafe brauchen; ihr genügen die weißen, die keine Fragen stellen. „Gläubige" sind immer „Gehorsame". Gottesfeinde aber mußten nichts erfinden, was Gotteskinder nicht seit Jahrhunderten praktizierten. Daß eine Organisation, die damit prahlt, die wahre Hochreligion zu vertreten, so viele Kulturen niedermachte, muß allen Menschen guten Willens zu denken geben.

Wer es immer noch nicht glauben will oder wer es bewußt verschwiegen bekommt: Geld spielt gerade in der Kirche die entscheidende Rolle. Wer dies nicht einsieht, ist noch lange nicht zum Wesen der Institution vorgedrungen. Wer sich, wie beispielsweise Eugen Drewermann, um „die Menschen" in seiner Kirche (der Zukunft) kümmern will, ohne die Kirche als Leichnam zu betrachten, der nur noch in einem goldenen Sarg vor sich hinstinkt, hat nicht viel von Religion verstanden. Ich bin gespannt, wie lange es dauern wird, bis auch die Drewermann'sche Theologie auf die Beine gestellt wird. Eine Bemerkung am Rand, nur zur Erinnerung: Dem Kollegen Drewermann, der gleich alt ist wie ich, wurde auf den Tag genau erst 16 Jahre nach mir die kirchliche Lehrerlaubnis entzogen. Offenbar war meine Theologie ein wenig gefährlicher.

Alle Theologen, die von Geist faseln, klammern nicht ohne Grund die Basis ihres Geistes aus: das Geld. Sie meinen, unsereins merke nicht, daß sich Orthodoxie in Geld umsetzen läßt und Geld in Rechtgläubigkeit. Das war schon immer so. Es sind erhebliche Zweifel angebracht, wenn es um die sogenannten jahrhundertealten Besitzansprüche der Kirche geht. Meist handelt es sich um unrecht erworbenes Gut.

Im übrigen ist jede Theologie die intellektuelle Form einer Therapie für Krankheiten und Bedürfnisse, die es ohne Kirche gar nicht gäbe. Da Schultheologen von Amts wegen eine Maulkorb-Existenz führen, ziehen befreite Menschen den Dialog mit „Ketzern" vor. Unwürdig bleibt freilich der bundesdeutsche Zustand, die Schultheologie und den „Religionsunterricht" mit Milliarden aus öffentlichen Mitteln zu bedienen. Das Bündnis zwischen Thron und Altar ist hierzulande eben noch lange nicht überholt. Beide Seiten scheinen gut daran zu verdienen.

Die Repräsentanten der organisierten Religion wollten immer alles haben, was andere schon hatten, und sie wollten es noch sicherer haben. Alle Dogmen, alle Rechtssätze, alle Morallehren der Kirche verfolgen diesen Zweck. Mit der Angst vor dem Jenseits, also mit spezifischen Glaubensgründen, kann heute freilich kaum mehr jemand dazu bewogen werden, sein Geld an die Kirche zu geben. Daher ist gegenwärtig die „Caritas" im Gespräch. Dr. Dyba spricht in einem Interview denn auch in aller Schläue davon, daß niemand mehr für die geborenen Kinder tue als seine Kirche (4). Wer habe denn mehr Kindergärten und Kinderhorte als sie?

Dieser Oberhirte weiß entweder nicht, was er sagt, oder er verschweigt die Wahrheit. In beiden Fällen ist die Konsequenz beschämend. Etikettenschwindel aber machen sich noch immer gut im Pferch. Die lautere Wahrheit klingt völlig anders: Kirchliche Caritas ist wesentlich fremdfinanzierte Caritas oder gar keine, und den Hauptteil an den Einnahmen kassieren die „Seelsorger" selbst. Für öffentliche soziale Belange geben sie einen verschwindend geringen Bruchteil ihrer Einnahmen aus der Kirchensteuer aus, und die Sozialeinrichtungen, die sie die „ihren" nennen, werden meist zu 80–100 Prozent aus öffentlichen Mitteln finanziert. Verständlich, daß Bischöfe über diese Tatsachen entweder nicht Bescheid wissen – oder lügen.

Bischöfen wie Pfarrern stünde es allerdings frei, vor der eigenen Tür zu kehren und sich sozial zu betätigen. Sie haben genug Menschen unter sich: die Arbeitnehmerinnen und Arbeitnehmer im Kirchendienst. Es könnte sich Tag für Tag erweisen, daß die Kirche auch sozial denkt und handelt, wenn es um ihre eigenen Belange geht – und nicht um bloße Fensterreden.

Beim großen Gewinn handelt es sich um eine nachweisliche Realität. Die „große Zahl" und der „katholische Einheitsglaube" sind ebenso nachweislich getürkt. Von Hirten kann vieles verlangt werden, nur das eine nicht: Verzicht auf die eigenen geldwerten Vorzüge. Wer die Kirche kennt, weiß, daß Reformen nicht Dogmen, Moralsätze, Riten oder Organisationsformen betreffen können, sondern Geldbeschaffungssysteme. Italien und Spanien, um zwei besonders „katholische" Beispiele zu nennen, sind der Bundesrepublik in diesen Fragen mittlerweile weit voraus. Sie zogen die Konsequenzen (5). Deutschland hingegen wird auch im gemeinsamen europäischen Haus vor allem die Hauskapelle finanzieren, und der Rest der Welt lacht.

Die Welt, geistig und materiell ausgebeutet von einer Organisation, die selbst keinerlei Originalität aufwies, hat sich in dieser Kirche zutiefst getäuscht und zieht zunehmend ihre Konsequenzen. Neuzeitliche Menschen fühlen sich durch die Fakten der Kriminalgeschichte und -gegenwart beschmutzt. Eine Organisation wie die Kirche bleibt hilflos anachronistisch. Zwar wird es noch dauern, bis es als Schande gilt, sich öffentlich zur Kirche zu bekennen. Solange wird es noch als christlicher gelten, die Millionen Toten, die auf dem Gewissen der Kirche lasten (hätte sie denn eins!), zu ignorieren, als sie zu nennen und zu ehren. Vielleicht muß noch mehr passieren, bis auch der letzte Christ sich dafür entscheidet, die Geschichte des Grauens abzubrechen, um ein freier Mensch zu werden. Doch die nachkirchliche Zeit ist schon da. Und es ist höchste Zeit, auch auf finanzpolitischem Sektor Konsequenzen zu ziehen. □

1 Zum Ganzen vgl. H. Herrmann, Die sieben Todsünden der Kirche. Ein Plädoyer gegen die Ausbeutung der Menschen (Goldmann-TB München 1992).
2 Details bei: H. Herrmann, Die Kirche und unser Geld. Daten–Tatsachen–Hintergründe (Hamburg 1990).
3 H. Böll, Vorwort. Ein theologischer Annäherungsversuch, eine fiskalisierte Mystik und eine Friedhofsverwaltung, in: P. Rath (Hrsg.), Die Bannbulle aus Münster (München–Hamburg 1976), S. 12.
4 Interview „Die Welt im Gespräch", in Die Welt vom 18.11.1991.
5 H. Herrmann, Die Kirche und unser Geld, S. 241–246.

Zahlen zur finanziellen Verflechtung von Staat und Kirche:

1. Kirchensteuer:

Einnahmen 1989: ca. 13.858 Mio. DM

Ausgaben (lt. kirchl. Angaben):

Pfarrer etc.	60–70 %	(rk: 60 %, ev.: 70 %)
Sachkosten, Verwaltung	ca. 10 %	
Kirchenbauten	ca. 10 %	
„Schule u. Bildung"	ca. 10 %(rk)	(ev. insgesamt
	ca. 10 %(rk)	nur ca. 10 %)

davon Ausgaben für <u>öffentliche</u> soziale u. Bildungsaufgaben:
r.k. Kirche: 8–9 %,
ev. Kirche: 7 %

Summe der Aufwendungen für öffentliche soziale Leistungen: ca. 1000 Mio. DM

2. Öffentlicher Finanzierungsanteil an kirchl. Sozialeinrichtungen (Unterhalt):

Kindergärten (in Bayern):	80 %	(Kommune u. Freistaat je 40 %)
Schulen (in Bayern):	90 %	(Grund-, Haupt- u.Sondersch. sogar 100 %)
Krankenhäuser:	100 %	(nur Investitionen u.Bauten; die laufenden Kosten sind aus den Kassensätzen zu decken):
Altenheime:	100 %	(ähnlich wie Krankenhäuser).

3. Öffentliche Finanzierung *inner* -kirchl. Einrichtungen:

kirchlicher Religionsunterricht an öffentlichen Schulen (bundesweit):	3600 Mio.DM
Priester- und Theologenausbildung an Universitäten sowie Unterhalt von kirchlichen Fachhochschulen (+ Univ. Eichstätt)	1100 Mio.DM
Staatszuschüsse entsprechend Konkordaten	640 Mio.DM
Seelsorge an öffentlichen Einrichtungen (Militär, Polizei, Gefängnis, Krankenhaus)	130 Mio.DM
Denkmalschutz für Kirchenbauten (nur Bund und Länder)	270 Mio.DM
Ausgaben öffentlicher Rundfunkanstalten für rein kirchliche Sendungen	300 Mio.DM
Steuereinnahmen-Einbuße infolge unbeschränkter Abzugsfähigkeit der Kirchensteuer (lt. Subventionsbericht der Bundesreg.)	3200 Mio.DM
Zwischensumme	**9240 Mio.DM**

Nicht enthalten sind die Subventionen von Kommunen und Kreisen, von der Bundesanstalt für Arbeit für ABM-Stellen sowie vom Bundesamt für den Zivildienst, das 80 % der Kosten von Zivildienstplätzen trägt. (Die Verbände sparen durch Zivis jährlich 2,2 Mrd. Kosten; Caritas und Diakonisches Werk profitieren davon zu 40 %.)
Die Aufstellung zu 3. muß zwangsläufig unvollständig bleiben, da man unmöglich alle Haushaltsposten nach versteckten Zuschüssen an die Kirchen durchforsten kann. - Die Daten beziehen sich auf die frühere Bundesrepublik und West-Berlin. Stand: 3.3.91 **Gerhard Rampp, bfg Augsburg.**

Johannes Neumann
Tun die Kirchen wirklich soviel Gutes?
Eine kritische Bestandsaufnahme christlicher Sozialarbeit

Vorbemerkung: Meine Ausführungen richten sich nicht gegen die Menschen, die im Rahmen der kirchlichen Sozialarbeit sich um andere Menschen mühen und oft bis zur physischen und psychischen Erschöpfung arbeiten. Aber dieser Einsatz ist nicht auf Christen beschränkt, denn in den christlichen Wohlfahrtseinrichtungen arbeiten nicht nur überzeugte Christen.

Und ein weiteres: Diese Ausführungen richten sich nicht gegen einzelne Organisationen und Institute der christlichen Wohlfahrtspflege. Aus meiner beruflichen Arbeit weiß ich, wieviel Gutes durch diese Einrichtungen getan wird. Aber ich weiß auch um die Gefahren, die von der Monopolisierung bestimmter sozialpflegerischer Bereiche ausgehen. Gefahren für die Gesellschaft, Belastungen für die Betroffenen sowie für die dort Tätigen und – so seltsam es klingen mag – auch für die Kirchen selbst. Darum klage ich nicht an, sondern stelle fest, wie die Situation auf dem Markt der Wohlfahrtspflege aussieht.

Diese Darstellung ist aber sowohl eine Anfrage an die Gesellschaft, an die staatliche und kommunale Politik, als auch an die kirchlichen Wohlfahrtseinrichtungen. Vor allem aber frage ich die nichtkirchlichen Gruppen, die sich darüber Gedanken machen sollten, wie es denn aussieht, wenn sie Einrichtungen dieser Art in Anspruch nehmen müssen. Zum allergrößten Teil sind sie nach der derzeitigen Lage darauf verwiesen, Einrichtungen kirchlicher Träger in Anspruch zu nehmen.

1.: Am 14. August 1991 stand in der Frankfurter Rundschau eine Glosse mit der Überschrift „Bei der Steuer endet die Frömmigkeit". Der Autor dieses zunächst lediglich referierenden Berichts schloß seine Ausführungen mit folgender Feststellung:

„Für jene Ex-Christen indessen, die 1991 massenfluchtartig die Großkirchen verlassen haben, geht die Rechnung langfristig nicht auf. Nehmen die Kirchen nämlich auf Dauer nicht mehr Milliarde um Milliarde ein, so werden sie sich von einem Teil ihres sozialen Engagements lossagen müssen. Evangelische oder katholische Krankenhäuser, Altenheime, Diakoniestationen oder Kindergärten sind dann nicht mehr zu finanzieren. Um den sozialen Status Quo aufrecht zu erhalten, muß der Staat einspringen. Er wird es wohl nur mittels einer Steuererhöhung tun können. Wer dann schon aus der Kirche ausgetreten ist, hat nichts mehr, womit er diese Erhöhung kompensieren kann."

Auch dieser Autor ist dem von den Kirchen eifrig verbreiteten Märchen, die Kirchensteuern würden die kirchliche Wohlfahrtspflege finanzieren, auf den Leim gegangen. Die Kirchen werden auf allen Ebenen und in jeder Form ihrer Publikationen nicht müde, wie etwa in dem katholischen „Staatslexikon" unter dem Stichwort „Deutscher Caritasverband" zu behaupten: „Die Caritas finanziert ihre Arbeit in der Regel durch Mitgliedsbeiträge, öffentliche und kirchliche Sammlungen, Erträge aus Vermögen, allgemeinen Spenden, Lotterien und Wohlfahrtsbriefmarken, Kirchensteuermittel und staatlichen Zuwendungen sowie durch Leistungsentgelte (Bd. 2, ⁷1986, 1–4; hier 3). Zunächst werden also die Mitgliedsbeiträge genannt, die den verschwindend geringsten Anteil an der Finanzierung dieser Institution haben; sodann die Erträge aus Vermögen, die beträchtlich sein dürften; die allgemeinen Spenden, die wir alle durch die jährlichen Haus- und Straßensammlungen kennen sowie durch die Aufrufe für „Misereor" und „Adveniat".

Der Lexikonartikel nennt als Quellen der Finanzierung des Caritasverbandes, also der kirchlichen Wohlfahrtspflege, schließlich die Kirchensteuermittel und danach die staatlichen Zuwendungen, die beträchtlich sind und die auf vielerlei „Rechtstiteln" beruhen. Zum Schluß werden die Leistungsentgelte genannt. Diese sind es jedoch, die den größten Anteil bei der Finanzierung der kirchlichen Wohlfahrtsverbände ausmachen.

Allgemein ist hier zunächst einmal festzuhalten, daß die beiden Monopolkirchen vom Staat direkt die Gehälter für Bischöfe und Landesbischöfe, Domkapitel und Kirchenräte, Militär-, Polizei- und Anstaltsgeistlichkeit, für die Religionslehrer, die Theologischen Fakultäten mit ihren Professoren und die kirchlichen Hochschulen sowie für die kirchlichen Privatschulen und deren Lehrkörper erhalten. Dazu kommen Zuschüsse für die Pfarrerbesoldung, für den Unterhalt der Kirchen aufgrund der verschiedensten Rechtstitel und dgl.. Allein an *direkten* Leistungen erhielten in den alten Bundesländern die Kirchen im Jahr 1990 mehr als 9 Milliarden DM (H. Herrmann, 1990, 72ff.).

Jede Bürgerin und jeder Bürger, also auch die aus der Kirche Ausgetretenen, die Atheisten und Konfessionslosen, sowie die religiös anders Ausgerichteten, finanzieren durch ihre *normale Steuer* die kirchlichen Institutionen mitsamt ihren Funktionären ebenso wie die kirchlichen Wohlfahrtsinstitutionen mit. Dies ist, selbst wenn die Kirchen im sozialen Bereich allgemeine Aufgaben *partiell* übernehmen, ein *unerträglicher* Zustand.

Die *Leistungsentgelte,* d.h. die Einnahmen, welche die Nutzer, wer immer sie im konkreten Fall auch sein mögen, an die betreffenden Sozialeinrichtungen zu zahlen haben, machen tatsächlich den größten Teil der Einnahmen der Wohlfahrtseinrichtungen aus.

Doch bevor wir auf die einzelnen Dienstleistungsbereiche eingehen, sollten wir noch folgendes bedenken:

Der weltliche Unternehmer, der eine Dienstleistung anbietet, will dabei einen mehr oder weniger großen Profit machen. Er will davon leben, möglichst gut leben und eine möglichst gute Dienstleistung anbieten, damit sein Service zunehmend angenommen wird und sein Umsatz steigt. Das gilt für private Kindergärten ebenso wie für private Krankenhäuser, Altenheime, Sanatorien und dgl..

Die Kirchen und ihre Wohlfahrtsinstitutionen sind in diesem Bereich Unternehmer wie andere auch, auch wenn sie es stets leugnen und betonen, alles dies geschehe allein und ausschließlich aus Liebe zu den Menschen und in Erfüllung des christlichen Liebesgebotes. Über die Bedeutung dieses Liebes-

Johannes Neumann

geb. 1929 in Königsberg/Pr., Studium der Philosophie, Geschichte, Psychologie und Theologie (Dipl.theol. 1954), danach Studium der Rechtswissenschaft und Kanonistik (Dr.iur.can. 1963). Von 1966 bis 1977 o.Professor für Kirchenrecht an der Universität Tübingen, deren Rektor er 1971/72 war. Nach Verzicht auf die kirchliche Lehrerlaubnis seit 1978 Professor für Rechts- und Religionssoziologie in Tübingen. Arbeitsschwerpunkte: Verfassungsrechtliche und institutionelle Probleme der Kirchenorganisation, Grenzfragen zwischen Religion und Gesellschaft. Veröffentlichungen u.a.: Menschenrechte – auch in der Kirche? (1976), Staat – Gesellschaft – Kirche (1978), Grundriß des katholischen Kirchenrechts (1981). Seit 1982 Sprecher des Forschungszentrums für Lebenswelten behinderter Menschen. Verheiratet, zwei Kinder.

gebotes für den christlichen Alltag in der geschichtlichen Entwicklung wäre viel zu sagen. Wir können das hier nicht verfolgen. Es sei nur angemerkt, daß die christliche Caritas zunächst einmal ein Vorsorgeunternehmen für die eigene Seligkeit war und keineswegs altruistisch gehandhabt wurde (J. Neumann, 1991a, 76f.). Bereits in Ägypten und Griechenland wie auch in der römischen Kaiserzeit und dann vor allem im Islam, gab es Krankenhäuser und Hospitäler (Jetter 1987, 18f., 29). Dem Christentum allerdings blieb es vorbehalten, die ideale Brauchbarkeit der Caritas, also der Nächstenliebe, für die Missionierung rasch entdeckt und konsequent eingesetzt zu haben[1]). Ihre heutige Form haben Caritas und Diakonie (die bis 1965 ehrlicher „Innere Mission" hieß) als verbandsmäßige Monopole erst seit der Mitte bzw. dem Ende des 19. Jahrhunderts entwickelt.

Die Christliche Caritas unterscheidet sich allerdings von allgemeiner menschlicher Nächstenliebe und von der Sorge des Menschen um Menschen *grundlegend* dadurch, daß sie nicht vorbehaltlos getätigt, sondern stets mit der – oftmals ausdrücklich formulierten – Absicht der Missionstätigkeit gekoppelt wird. Nach dem weitgehenden Zusammenbruch der kirchlichen Infrastruktur in Mitteleuropa zum Ende des 18. und zu Beginn des 19. Jahrhunderts setzten die Kirchen auf die Wohlfahrtspflege als strategisches Instrument zu umfassender Einflußnahme auf Familie, Gesellschaft und Staat (A. Rauscher, 1973, bes. 14, 19ff., 72ff. u.a.; K. Gabriel / F.-X. Kaufmann, 1980, 79, 212). So, wie die Kirche im Mittelalter dem Arzt zur Pflicht gemacht hat, zuerst die Seele zu heilen und lediglich nachrangig den Leib zu pflegen, so will – vor allem die katholische Kirche auch heute – durch die Kindergärten, die Krankenhäuser, die Behinderteneinrichtungen und natürlich auch durch die Altenheime *missionieren*. Das ist gerade in jüngster Zeit immer wieder nachdrücklich formuliert und betont worden. Das neu formulierte Gesetzbuch der katholischen Kirche verpflichtet nicht nur alle Menschen „kraft göttlichen Gesetzes" den wahren Glauben anzunehmen und zu bewahren (c. 748 § 1), sondern versteht die „ganze Kirche ihrer Natur nach missionarisch und das Werk der Evangelisierung ist als grundlegende Aufgabe des Volkes Gottes anzusehen...." (c. 781). Darum geht es der christlichen Wohlfahrtspflege letztendlich nicht – nur – um die Rettung vor Krankheit, Hunger und Not. Diese hat die Kirche bis in die Gegenwart hinein ganz bewußt als Prüfungen und Strafen Gottes durchaus akzeptiert und ihnen ihre eigene Bedeutung zugewiesen. Es ist ein bekannter Kunstgriff der religiösen Agitatoren, vor allem monotheistisch-patriarchaler Provenienz, Verheerungen und Nöte – insbesondere solche, die durch Machtansprüche oder Tollheiten der Herrschenden verursacht worden sind – als Strafe Gottes für die Sünden bzw. den ungenügenden Glauben auszugeben[2]). Insbesondere die monotheistischen Religionen machen sich die Notlagen des Menschen nutzbar für die Missionierung und damit dienstbar ihren finanziellen Interessen[3]).

Die kirchliche Missionstendenz motiviert also die kirchliche Sozialarbeit, wie umgekehrt die tatsächliche caritative Wirksamkeit der Kirche noch ein Restansehen verleiht. Der katholische Kirchensoziologe Karl Gabriel (1990, 580) stellt für die derzeitige Situation fest, daß allein „der doppelte Bezug zur seelsorglichen und pastoralen Innenseite wie zur caritativen Außenseite verfaßter Kirchlichkeit", die „stets prekäre Sinnhaftigkeit distanzierter Kirchenmitgliedschaft" der Masse der Getauften aufrecht erhält. Mit anderen Worten: Ohne die – vom Staat bzw. den Beitragszahlern finanzierte – caritativ-diakonische Wirksamkeit hätten die Kirchen noch weniger Bedeutung und Ansehen in der bundesdeutschen Gesellschaft, als es derzeit der Fall ist. Sie verdanken ihre gesellschaftliche Bedeutung den von ihnen besetzten sozialpolitischen Positionen, deren Kosten andere, vor allem die Steuerzahler und Beitragszahler, zu tragen haben.

Andererseits ist jedoch auch der Sozialstaat aus vielen Gründen sowohl in eine moralisch-soziale als auch politische Krise geraten: Zum einen wachsen mit den Kosten die Tendenzen, die Schwächsten von den ökonomischen Entwicklungen abzuhängen. Darüber hinaus werden – eben deshalb – die Möglichkeiten des Sozialstaats, die gesellschaftliche Integration zu stabilisieren, immer geringer. In dieser Situation nun versucht der immer unwirksamer werdende Sozialstaat die – wie Gabriel es formuliert (S. 581) – „soziale Volkskirche" in der institutionellen Gestalt von Caritas und Diakonie zwischen sich und die Bedürftigen zu schalten: Weil der (bedürftige) Bürger bei der Entgegennahme sozialer Dienstleistungen nun nicht auf die Repräsentanten des Staates, sondern die der Kirche trifft, werden Unzufriedenheit und Enttäuschung der Betroffenen vom Staat ab- und hin auf die – formal nicht verantwortlichen – Vertreter der kirchlichen Organisationen gelenkt. Das ist eine für die Kirchen keineswegs beneidenswerte Lage. Aber sie bringt Geld in die Kassen und, durch die daraus sich ergebende Abhängigkeit sowohl des Staates als auch der einzelnen Gruppen und Individuen der Gesellschaft von der Kirche, auch politische Macht.

Als Reaktion gegen den weitverbreiteten Ruf nach Abschaffung des *staatlichen Einzugs* der Kirchensteuer (den der Artikel 137 Abs. 6 der Weimarer Reichsverfassung in der Übernahme durch Artikel 140 GG gar nicht kennt) haben die Kirchen, vor allem die katholische – aber keineswegs allein sie – die Gegenrechnung aufgemacht. So rechnet F. Spiegelhalter (1990a, 245–249) allen finanziellen Aufwand, einschließlich der kirchlichen Sammlungen für die Missionsländer (Adveniat, Misereor) und Osteuropa, Investitionskosten, Zinsen, ererbte Kapitalien, Risiko-Übernahme inklusive eines (behaupteten) Wirtschaftlichkeitsvorsprungs (gegenüber den öffentlichen Einrichtungen) und dgl. zusammen und erklärt, die (katholische Kirche) subventioniere die Sozialdienste und damit „den Staat" mit 20 Milliarden DM im Jahr. In seinem Büchlein kommt er dann für die *gesamte* „freie" Wohlfahrtspflege auf 26 Milliarden DM (1990b, 31). Mit einer Kühnheit, bei der selbst ausgebuffte Investmentberater rot würden, werden angeblicher Substanzabbau und nichtbewilligte (weil offenbar zu hoch angesetzte) Fördermittel ebenso in die Rechnung aufgenommen, wie Vermögenseinbußen durch – angeblich zu niedrig festgesetzte – Pflegesätze. Wie können da wohl die nicht von Kirchensteuern subventionierten Konkurrenten mithalten? Selbstverständlich werden die Spendenmittel für Not- und Katastrophenhilfe, die von den Spendern, Gläubigen wie Ungläubigen gegeben und vom Staat mit Steuerabsetzbarkeit, also Steuerausfall für ihn, „belohnt" werden, in diese „Subventionsrechung" einbezogen. Hier werden die Dinge in einer unglaublichen Weise auf den Kopf gestellt. Das Büchlein ist ein Pamphlet der Anmaßung und eine einzige Verdrehung der Tatsachen. Es kann hier in dem ganzen Ausmaß seiner Unverfrorenheit nicht dargestellt werden. Für die aggressive katholische Politik aber ist bezeichnend, daß die Caritas für sich beansprucht, von 26 Milliarden DM an „Subventionen" für die öffentliche Wohlfahrtspflege alleine 20 Milliarden DM (= 77%) aufzubringen. Verschwiegen wird auch, daß dem Staat durch die Anrechnung der Kirchensteuer auf die Einkommensteuer ein Steuerausfall von etwa 2,8 Milliarden DM entsteht und überdies – wie oben dargelegt – die Kirchen direkt und indirekt mit vielen Milliarden aus Steuermitteln unterstützt werden.

Trefflich schreibt der Generalvikar von Köln, Feldhoff: „Kaum eine Kapelle in diesen Sozialeinrichtungen wäre ohne Kirchensteuerzuschuß finanzierbar" (1990, 552). So also scheinen die Kirchensteuermittel verwandt zu werden, die in die Wohlfahrtspflege fließen. Denn in der Tat, in allen Krankenhäusern und Heimen öffentlicher Träger werden Millionen von DM aufgewandt für Kapellen und Gottesdienst, oft sogar einschließlich der Finanzierung des geistlichen Personals als kommunale Bedienstete. Alles dies wird wiederum aus allgemeinen Steuermitteln finanziert, also auch aus den Steuern jener, die den Kirchen nicht angehören. Alle diese Leistungen der öffentlichen Hände für die Kirchen und ihre Verbände überschweigt der „Finanzierungsexperte". Da fließen mehr als 26 Milliarden in die kirchlichen Kassen! Dann von einer Subventionierung der öffentlichen Wohlfahrtspflege durch die „freien" (Interessen-)Verbände zu reden, ist eine Unverfrorenheit!

2.: Bei der von den Kirchen nachdrücklich geforderten *Schwangerschaftskonfliktberatung* wird das Ziel der Missionierung von den Kirchen, insbesondere der katholischen Kirche, ungeniert und offensiv vertreten. (Bischof H.J. Spital 1987, 32-43).

In den „Richtlinien der deutschen Bischöfe für die katholischen Beratungsstellen hinsichtlich der Beratung nach § 218 Abs. 1 Nr. 1 StGB" vom 30. 08. 1982 heißt es darum ausdrücklich: „Das Ziel der Beratung ist,... (die Schwangere) zur Fortsetzung der Schwangerschaft und zur Annahme des Kindes zu ermutigen.... Es ist – **insbesondere aus der Sicht des Glaubens** – darzustellen, daß niemand über das Lebensrecht des ungeborenen Kindes verfügen darf." (Hervorhebung im Text von J.N.). Daraus folgert der katholische Arzt A. Görres (München 1987, 30): „Beratung **muß immer** (Hervorhebung von J.N.) ein Licht, ein Verständnis der Werte vermitteln". Er schließt daran die gewagte Behauptung, kirchliche Beratung tue das „nicht als Indoktrination", sondern als Angebot.

Weil diese Stellen eine Beratung mit klarer Zielsetzung anbieten, werden sie offenbar vom Staat auch finanziell bevorzugt unterstützt. So will das Land Baden-Württemberg die Fördermittel für die 95 staatlich anerkannten Beratungsstellen der freien Träger um 2 Millionen auf 8 Millionen DM jährlich aufstocken (Südwestpresse vom 04. 09. 91). Auch in diesem Geschäftsbereich fließen also reichlich *Steuermittel* in kirchliche Kassen. Dort allerdings unterliegen sie *selbstverständlich* nicht der staatlichen Kontrolle. Der Rechnungshof hat dank des kirchlichen Selbstbestimmungsrechtes in kirchlichen Journalen nichts zu suchen.

Von den in Baden-Württemberg staatlich geförderten 95 Beratungsstellen für diesen Zweck werden 40 von der Caritas, 35 vom Diakonischen Werk, 12 von Pro Familia und 8 von der Arbeiterwohlfahrt getragen.

In den neuen Bundesländern dagegen, in denen die Christen nach wohlwollenden Rechnungen insgesamt nur auf 36% der Einwohner kommen, haben Caritas und Diakonie die meisten derartigen Beratungsstellen. Auch das DRK, das in den alten Bundesländern im Beratungswesen nicht tätig ist, hat dort solche Stellen eröffnet. Dagegen haben Arbeiterwohlfahrt und Pro Familia mit erheblichen Zulassungsschwierigkeiten zu kämpfen.

Nur am Rande sei erwähnt, daß die kirchlichen Beratungsstellen trotz dieses Geldsegens ihre Mitarbeiterinnen keineswegs angemessen entlohnen, diese vielmehr oft als sogenannte Honorarkräfte beschäftigt werden. Das hat nicht zuletzt für die Kirchen auch den Vorteil, daß diese Mitarbeiterinnen jederzeit entlassen werden können, wenn sie sich nicht an die sehr rigiden Richtlinien halten (können oder wollen). Über die von allen Seiten auf sie einstürmenden Anforderungen und Pressionen gibt Luzie Schüller (1990, 428–433), systemkonform zwar, aber deutlich Auskunft. Sie bestätigt einmal mehr, daß die Introjektion der kirchlichen Moralvorstellungen in die Schwangeren wesentliche Aufgabe und zentrale Schwierigkeit darstellt.

Mittels dieser Beratungsstellen haben die Kirchen alle Beteiligten in der Hand: Den Staat, über die politischen Parteien, denen es schwerfallen dürfte, diese legalisierte Indoktrination zurückzuweisen; die sozialen Berufe, die sich der kirchlichen „Ethik" voll unterwerfen müssen; und schließlich diejenigen Menschen, die bei diesen Stellen um Hilfe und Rat nachsuchen *müssen*; dort sind sie dann gezwungen, ihre Entscheidung gegen die kirchlichen Vorgaben zu begründen.

Dieser Grundanspruch auf ungehemmte Indoktrination der Klientel gilt jedoch nicht nur für diese Beratungsstellen, sondern für *alle* wohlfahrtspflegerischen Tätigkeiten in kirchlicher Trägerschaft. Davon ist jede und jeder in dieser Republik betroffen, denn jede und jeder kann einen Kindergartenplatz für die Kinder, einen Platz für die alten Eltern oder für sich im Altersheim oder in einer sonstigen sozialen Einrichtung benötigen. Und in diesen Einrichtungen ist dann der Ort der Missionierung. Denn, laut Arbeitsvertrag, ist jede kirchliche Mitarbeiterin und jeder kirchliche Mitarbeiter Missionarin bzw. Missionar. Wollen sie das nicht, haben sie keinen Platz in diesem System. Es geht also zutiefst nicht um das fachlich-professionell beförderte Wohl der Menschen, es geht vielmehr um ihr Heil, denn ohne die Kirche gibt es – auch heute offenbar – kein Heil!

Und wir könnten ergänzen: ohne Geld keine Kirche, also auch: ohne Geld kein Heil! Darum ist Geld essentiell für die Kirche. Im sozialen Engagement geht es um einträgliche Marktanteile, deren Kosten von den allgemeinen Steuerzahlern und den Nutzern zu tragen sind, nicht von den Kirchen!

3.: Das theoretische Konstrukt für die Besetzung strategischer Positionen im sozialpolitischen Feld in der Bundesrepublik Deutschland heißt *„Subsidiaritätsprinzip"*. Dieser von den Liberalen im 19. Jahrhundert formulierte Begriff meint, der kleineren sozialen Einheit, also der Familie vor dem größeren Verband, der Kommune vor dem Staat, dürfen Aufgaben, die ihr zukommen und die sie zu leisten vermögen, nicht von der höheren Instanz aus der Hand genommen werden. Im Gegenteil: Die jeweils höhere Einheit müsse die niedere Einheit in Stand setzen, ihre originären Aufgaben zu erfüllen. Von den Liberalen übernahmen die Politiker des katholischen Zentrums diesen Begriff, und von ihnen (U. Neumann, 1984, 71) gelangte dieses Prinzip in die katholische Soziallehre[4]) als „oberster sozialphilosophischer Grundsatz". Die Gesellschaft soll sich also von den Personen her, von unten nach oben, nicht von oben her, von den Behörden und Machtzentren, aufbauen. Wenn die kleineren Gemeinschaften Hilfe erhalten, wozu die größeren verpflichtet seien, dann müsse dies „als Hilfe zur Selbsthilfe" geschehen (A. Rauscher, 1989, 387). Roman Herzog, Präsident des Bundesverfassungsgerichts, zweifelt demgegenüber an der methodischen Klarheit, der inhaltlichen Eindeutigkeit und der formalen Handhabbarkeit dieses Prinzips. Viele der anstehenden Probleme können wegen des Zwangs zur Entweder-Oder-Entscheidung mittels des Subsidiaritätsprinzips eben nicht gelöst werden (1975, 2595; 1987, 3565). Bei der Frage, welche Gemeinschaft die größere bzw. kleinere sei, setzen die katholischen Sozialtheoretiker nämlich oft nicht an der Mitgliederzahl der in Betracht kommenden Gemeinschaft an, sondern gehen davon aus, welche von ihnen der menschlichen Persönlichkeit „näher" stehe und damit ihrer, als Daseinszweck verstandener, „Vervollkommnung" mehr diene; diese soll dann die kleinere Gemeinschaft sein, die den Vorrang verdiene. Die Folge dieser Art von Auslegung sei nicht nur eine naheliegende Bevorzugung der Kirchen und der kirchlichen Untergliederungen, sondern überhaupt die Unbrauchbarkeit des Prinzips als Abgrenzungsregel; denn „Nähe zur Persönlichkeit" ist ein „so vager Begriff, daß auf ihn eine auch nur halbwegs brauchbare Aufgabenverteilung nicht aufgebaut werden kann" (1987, 3565).

Vor allem aber, das auf der *katholischen* Interpretation eines Naturrechts beruhende Subsidiaritätsprinzip setzt in Wahrheit eben gerade nicht bei der Familie oder der Nachbarschaft an, sondern geht bewußt unreflektiert von der Kirche bzw. dem sogenannten „freien" Träger*verband* als der kleineren Gemeinschaft aus. Dabei wird vorsätzlich verdeckt, daß sowohl Kirche als auch „freier" Träger*verband* segmentäre Monopole besitzen und selbst gegenüber kommunalen und erst recht familialen Vergesellschaftungen eben gerade nicht diejenigen Gemeinschaften sind, die der menschlichen „Persönlichkeit" näherstehen.

Die (katholische) Kirche hilft sich dabei mit dem anmaßenden Trick, daß sie – etwa bezüglich des Elternrechts – die Rechte des Individuums zwar einfordert, im gleichen Atemzug jedoch den Einzelnen verpflichtet, ihren Normen und Geboten gehorsam zu sein. Insofern können die Eltern sich auf ihr Erziehungsrecht nur dann berufen, wenn sie es gemäß dem göttlichen Gebot, also entsprechend den Vorschriften der Kirche, anwenden. Da nun die Kirche gebietet, daß Kinder (katholischer) Eltern katholische Kindergärten und katholische Schulen besuchen *müssen*, können die Eltern gar nichts anderes als dem Gebot der Kirche willfahren. Sie müssen überdies sogar noch katholische Kindergärten und Schulen von der öffentlichen Hand einfordern. Dies heißt also, der katholische Kindergarten ist für katholische Eltern die einzige gewissensmäßig zulässige Form der außerhäuslichen Kinderbetreuung. Deshalb nimmt die Kirche den Elternwillen – auch gänzlich ungefragt – in ihrem Sinne wahr, wenn sie katholische Kindergärten fördert und betreibt. Die (katholischen) Eltern haben – nach katholisch-kirchlicher Auffassung – keine andere Wahl (c. 739 des kirchlichen Gesetzbuches von 1983).

Die Handhabung des Subsidiaritätsprinzips durch die Kirche(n) überspielt die in Art. 4 des Grundgesetzes verankerte Freiheit des Glaubens und Gewissens dadurch, daß den Eltern ebenso wie dem Individuum die Wahrnehmung dieser Freiheit schlichtweg untersagt wird, sofern diese sie nicht im Sinne der Kirche handhaben. Nach der herrschenden juristischen Lehre wird diese, im konkreten Fall verfassungswidrige Auslegung als durch das sogenannte Verbandsgrundrecht geschützt angesehen. Mit diesem Trick der Umetikettierung wird eine verfassungswidrige Handhabung in ein Grundrecht verfälscht! Darum ist es zwar richtig, aber tatsächlich nicht hinreichend, wenn Roman Herzog sagt, das Subsidiaritätsprinzip in seiner Konkretion könne nur derjenige soweit treiben, wie die katholische Kirche dies tut, der auch das katholische Naturrecht bejaht. Dies sei jedoch den reformatorischen Kirchen verwehrt (1987, 3571). Dessen ungeachtet jedoch wird das Subsidiaritätsprinzip auch von den Kirchen und Wohlfahrtsverbänden reformatorischer Bekenntnisse und von evangelischen Juristen auf der Grundlage des katholischen Naturrechtslehre extensiv – und im Grunde dem eigenen Bekenntnis zuwider – formuliert und durchgesetzt. Dabei steht sowohl seine extensive Interpretation als auch erst recht seine tatsächliche Handhabung – wie eben dargelegt – in eindeutigem Widerspruch zur Verfassung der Bundesrepublik Deutschland. Das Interesse auch der evangelischen Kirchen und ihrer Verbände, an den dadurch eröffneten finanziellen Ressourcen ist offensichtlich so verführerisch, daß sie nicht nur über verfassungsrechtliche, sondern auch bekenntnismäßige Bedenken hinwegsehen.

4.: Gehen wir jetzt der Frage nach: Wer arbeitet im Sozialbereich was und wieviel?

Beim Versuch, diese Fragen zu beantworten, stoßen wir auf erhebliche Schwierigkeiten: Die Sozialaufgaben sind bekanntlich Sache der Kommunen und der Länder, sie sind überdies unterschiedlichen Ressorts zugeordnet. Die Mittel werden in diesem System teilweise sowohl von den örtlichen Kostenträgern direkt als auch von den überörtlichen Kostenträgern verteilt. Kostenträger aber sind Länder, Landkreise und Kommunen, die Arbeits- und Sozialministerien, das Familienministerium und die Bundesanstalt für Arbeit ebenso wie die Krankenkassen und Versicherungen je nach Lage des Einzelfalls. Die Verteilungswege sind also vielfältig sowohl bezüglich ihrer Quellen als auch ihrer Adressaten.

Auf der anderen Seite stehen die Bundesarbeitsgemeinschaften der Freien[5]) Wohlfahrtspflege, die ihrerseits in Landesarbeitsgemeinschaften agieren. Die Bundesarbeitsgemeinschaft gibt seit 1970 in unregelmäßigen Abständen Gesamtstatistiken heraus. Darin sind jedoch nur die Gesamtzahlen der Einrichtungen und der Plätze nach Sachgebieten gegliedert dargestellt. Die Aufwendungen, Einnahmen oder Umsätze werden ebensowenig genannt, wie die einzelnen Teilbereiche den sechs Wohlfahrtsverbänden (Arbeiterwohlfahrt, Diakonisches Werk, Deutscher Caritasverband, Deutscher Paritätischer Wohlfahrtsverband, Deutsches Rotes Kreuz, Zentralwohlfahrtsstelle der Juden in Deutschland) nicht zugeordnet werden. In die finanziellen Dimensionen und ökonomischen Konstellationen dieses gewaltig wachsenden Marktes soll offensichtlich niemand, auch nicht die öffentlichen Geldgeber, Einblick erhalten.

Im Bereich der sogenannten *freien* Wohlfahrtspflege hat zwischen 1970 und 1990 das Personal um 97% zugenommen. Seither stagnieren die Mitarbeiterzahlen. In dem genannten Zeitraum hat die Anzahl der Heime für alte Menschen um 30%, das Personal um 190% zugenommen. Bei den Heimen für Behinderte haben die Einrichtungen ihre Kapazität um 254% und ihr Personal um 294% vergrößert. Die letztere Zahl steht für einen immensen Nachholbedarf (Gesamtstatistik der Einrichtungen der freien Wohlfahrtspflege 1990, 38). In diesen Bereichen haben der Staat und die Gesellschaft erhebliches versäumt und nachzuholen, und dies trotz der sogenannten freien Wohlfahrtsverbände, insbesondere der kirchlichen, die sich gerne als Anwälte der Benachteiligten ausgeben.

4.1: Entsprechend der Personalvermehrung sind auch die Ausgaben der öffentlichen Träger gewaltig gestiegen. So wuchsen die Ausgaben für *Kindergärten*

von 2050 Millionen DM im Jahr 1984 (= 100%)

auf 2847 Millionen DM im Jahr 1987, also um 797 Millionen DM = 38%.

Dabei ist es bezeichnend, daß die Kosten für Maßnahmen, die die öffentlichen Träger direkt durchführten, um ganze 4%, nämlich um 45 Millionen DM stiegen, während die öffentlichen Träger, also die Geldgeber, für die Kindergärten der „freien" Wohlfahrtsverbände um 80% mehr, nämlich 746 Millionen DM, zulegen mußten. Dabei ist die Zahl der Kindergärten im Bereich der „freien" Wohlfahrtspflege nur um 401 Einheiten = 2,4% und die Zahl ihrer Beschäftigten um 58 Personen = 0,06% gestiegen. Rechnet man die Zuschüsse der öffentlichen Träger pro hauptamtlicher Beschäftigter der „freien" Träger zusammen, so ergibt das 192.603,– DM für jede beschäftigte Person in diesem Bereich für das Jahr 1987 (Statistisches Jahrbuch 1989, 415). Das ist keine kleine Summe. Sie zeigt, welche Beträge in diesem Markt umgesetzt werden. Es lohnt sich!

Der Gesetzgeber hat in § 5 Abs. 3 des Jugendwohlfahrtgesetzes die öffentlichen Träger dahingehend gebunden, daß sie überall dort, wo Einrichtungen der „freien" Träger oder der Kirchen vorhanden sind, von eigenen Maßnahmen abzusehen haben. In diesem Zusammenhang werden die Kirchen ausdrücklich als „Träger der freien Jugendhilfe" bezeichnet. Die gleiche Vorrangigkeit gewährt das Bundessozialhilfegesetz in § 10 den Kirchen und „freien Wohlfahrtsverbänden".

Deshalb kann es nicht wundern, wenn von den insgesamt 24.476 *Kindergärten* in der Bundesrepublik im Jahr 1986 insgesamt 16.667 Kindergärten (= 68%) von den Kirchen und „freien" Trägern „gehalten" werden. Sie verteilen den Markt unter sich wie folgt:

59% der Kindergärten der sogenannten „freien" Träger sind die örtlichen Pfarrgemeinden, also die Kirchen direkt sowie sonstige Religionsgesellschaften des öffentlichen Rechts.
17,2% werden vom Deutschen Caritasverband,
9,6% vom Diakonischen Werk,
7,0% von juristischen Personen und Vereinen,
3,2% vom Deutschen Paritätischen Wohlfahrtsverband
2,5% von der Arbeiterwohlfahrt und
1,4% vom Deutschen Roten Kreuz betreut.

Damit sind 58,4% aller Kindergärten in der Bundesrepublik im genannten Jahr in direkter oder indirekter kirchlicher Trägerschaft (Statistisches Bundesamt, Fachserie 13: Sozialleistungen Reihe 6.3, 1986, Stuttgart–Mainz 1988, 18ff.).

Rechnen wir die Zuschüsse der öffentlichen Träger des Jahres 1986 auf die verschiedenen Träger um, so entfielen

714,5 Mill.DM auf die Kirchengemeinden,
208,3 Mill.DM auf den Deutschen Caritasverband,
116,2 Mill.DM auf das Diakonische Werk,
84,7 Mill.DM auf Vereine und andere juristische Personen,
38,7 Mill.DM auf den DPWV
30,2 Mill.DM auf die AWO und
17,5 Mill.DM auf das DRK.

Im Kindergartenbereich sind somit die kirchlichen Einrichtungen mit 58,4% marktführend; darum darf wohl von einer monopolartigen Dominanz gesprochen werden, wobei die Kosten *allerdings voll* von den öffentlichen Trägern, nämlich den Ländern und den jeweiligen Kommunen, sowie von den Nutzern, nämlich den Eltern, getragen werden. Nehmen wir als Beispiel eine badische Kleinstadt mit überwiegend katholischer Bevölkerung und einer eindeutigen CDU-Mehrheit. Hier wandte die Stadt 4,9 Mill. DM im Jahr 1991 für den Bau bzw. Ausbau von Kindergärten auf, wobei kein Unterschied gemacht wurde zwischen den Kindergärten in kommunaler und kirchlicher Trägerschaft. In beiden Fällen beträgt für den laufenden Unterhalt der Zuschuß des Landes 30% und der der Stadt 35%. Der Rest wird aus den Gebühren abgedeckt. Darüber hinaus leistet die Stadt einen jährlichen Sachkostenzuschuß von 300,- DM pro Kind, was sich nochmals mit etwa 274.500,- DM zu Buche schlägt, wovon 129.300,- DM den kirchlichen Kindergärten zufließt. Zuschüsse aus den Kirchensteuern sind bei diesem Modell nicht nötig!

In anderen Bundesländern müssen teilweise die Träger für einen eventuellen Abmangel aufkommen. Sehr häufig wälzen sie jedoch die Fehlbeträge auf die Eltern, also die Nutzer, ab.

Zuschüsse aus den Kirchensteuern dienen tatsächlich häufig dazu, die kirchlichen Einrichtungen gegenüber denen, die lediglich von den öffentlichen Haushalten bzw. den Nutzungsgebühren leben müssen, attraktiver zu machen. Aus Kirchensteuermitteln werden also Konkurrenzvorteile gegenüber den Einrichtungen der öffentlichen oder anderer privater Träger finanziert.

Bei den *kirchlichen Privatschulen* ist dies offensichtlich und wird auch mit entwaffnender Offenherzigkeit von den kirchlichen Trägern eingeräumt.

Nutznießer davon sind jedoch oft – wie im Privatschulbereich exemplarisch – nicht die Armen und Entrechteten, sondern ein saturiertes Bürgertum, das im Falle der kirchlichen Privatschulen seine Kinder nicht in die öffentlichen Schulen schicken will, weil sie dort womöglich mit Ausländern, Asylanten und Asozialen Kontakt bekommen könnten. Auf diese Weise werden durch die privaten Schulen in kirchlicher Trägerschaft oft die öffentlichen Schulen – ganz übrigens nach US-amerikanischem Vorbild – zu Schulen der Unterschicht und der Randgruppen deklassiert.

4.2: Nehmen wir nun – gewissermaßen als Kontrollgruppe – die ***Altenheime***. Hier ist interessant, daß zwar die Gesamtzahl der Einrichtungen zwischen 1988 und 1990 nur um 3% angestiegen ist, jedoch die Zahlen der Einrichtungen wie der Plätze der öffentlichen Träger von 13,2% auf 12,7% (bei den Plätzen von 17,8 auf 17,1%) zurückgegangen sind. Der Markt scheint gesättigt, doch konnten die sogenannten „freigemeinnützigen" Träger ihre Einrichtungen um 150 Einheiten und damit ihren Anteil von 57,4% auf 57,8% leicht steigern. Auch die Anzahl der *privat-gewerblichen Einrichtungen* stieg von 29,4% auf 29,6% um 77 Heime (Altenpflegerin + Altenpfleger 1991, Nr. 4/5)

Welcher Berechnungszeitraum, ob für das Jahr 1989 oder 1990, welche Berechnungsart, ob nach Anzahl der Einrichtungen oder der Plätze, auch angewandt wird, in jeden Fall halten die „frei-gemeinnützigen" Verbände mehr als die Hälfte aller Anteile dieses Marktes. Die Fachzeitschrift „Altenpflegerin + Altenpfleger" formuliert diese Entwicklung daher zutreffend wie folgt: „Bei den Platzzahlen haben die 'freigemeinnützigen Einrichtungen' einen Zuwachs von rund 15.000 Plätzen zu verzeichnen und konnten ihren Marktanteil von 66,3 auf 66,9% ausweiten. Der Zuwachs der Heimplätze im Bereich privatgewerblicher Leistungsanbieter beträgt 4000 und führt zu einem Anstieg des Anteils an den Gesamtplätzen von 15,9% auf 16,0%. Nach einem ausgeprägten Marktanteilzuwachs in der Vergangenheit ist somit eine Konsolidierung eingetreten, ..." (Nr. 4/5, 1991)[6]).

4.3: Von den am 31. 12. 1988 in der Bundesrepublik Deutschland existierenden 3.069 *Krankenhäusern* wurden

von öffentlichen Trägern	1.059 Häuser	= 34,5%
mit	336.447 Betten	= 50,0%
unterhalten.		
Die „Freigemeinnützigen" hatten	1.035 Krankenhäuser	= 33,7%
mit	233.694 Betten	= 34,7%

Unter den „Freigemeinnützigen" hat der Caritasverband den Löwenanteil

nämlich	534 Krankenhäuser	= 52,0%
mit	128.903 Betten	= 55,0%

Der Caritasverband alleine hält also 17,4% der Krankenhäuser und 19,1% der Krankenhausbetten.

Privaten Unternehmen gehörten	975 Krankenhäuser	= 31,8%
mit	102.693 Betten	= 15,3%
In den Krankenhäusern wurden	1984 ca. 33,1 Milliarden DM	
	1985 = 35,0 Milliarden DM	

umgesetzt. Es ist bekannt, daß die Krankenhäuser zwar unter chronischer Geldnot leiden, andererseits jedoch die Patienten die Krankenhäuser durch ihre Zahlungen, sei es über die Krankenkassen oder direkt, finanzieren. Gesundheitsservice gibt es nicht zum Nulltarif – auch wenn es die Kassen zahlen und wenn die Einrichtungen von den Kirchen unterhalten werden. Kirchensteuermittel fließen dort nicht hin!

Anzunehmen also, die Kirchen würden in Krankenhäuser, Kindergärten, Altenheime, Sozialstationen und Behinderteneinrichtungen ihre Kirchensteuer oder gar ihr Vermögen hineinbuttern, wäre ein grandioser und naiver Irrtum. Im Gegenteil: hier ist im Sozialstaat ein Markt mit riesigen Umsätzen entstanden, der aus den Pflegesätzen auch die Investitionen finanziert. Diese aber fließen dem Eigentum der Einrichtungen zu. Wie aber kommt es nun, daß die kirchlichen Haushaltspläne dennoch, wenn auch verhältnismäßig kleine Beträge, für soziale Belange ausweisen? Sind diese Zahlungen vielleicht die entscheidenden Zuschüsse, die das deutsche Sozialwesen weltweit so führend sein lassen?

Was die Sozialleistungen aus den Kirchensteuern anlangt, so haben wir oben darauf schon hingewiesen, daß damit sehr häufig Kirchen oder sonstige, den ausschließlichen Interessen der Kirche dienende Einrichtungen finanziert werden. Wir stoßen hier jedoch noch auf eine weitere Überraschung: Die Kirchen haben bekanntlich nicht zuletzt im Zusammenhang mit der Diskussion um die Kirchensteuer immer wieder darauf hingewiesen, daß dank ihres Einsatzes und ihrer immensen Zuschüsse der deutsche Sozialstaat alle anderen überflügelt und eben wegen der aus den Kirchensteuern finanzierten Sozialleistungen der beste der Welt sei. Doch auch dies gehört ins Reich der Fabeln: Eine im Auftrag des Bundesministeriums für Jugend, Familie und

Gesundheit erstellte Untersuchung für das Jahr 1989 verglich die (formalen) Standards in der Altenhilfe der Bundesrepublik Deutschland mit drei Nachbarländern, nämlich Dänemark, den Niederlanden und der Schweiz.

Diese vergleichenden Zahlen zeigen, daß die Situation der Altenpflege im internationalen Vergleich des Ist-Bestandes in der Bundesrepublik Deutschland mit alternativen Soll-Zahlen auf der Basis von Bedarfsmeßziffern des benachbarten Auslandes, einen erheblichen Bedarf offenbaren – siehe Abb. 1:

Wenn wir den Versorgungsstand Dänemarks übernehmen würden, bräuchten wir 532.000 Plätze, würden wir den der Niederlande übernehmen, hätten wir einen Bedarf von 776.000 Plätzen und selbst die Schweiz, die bei uns ja immer etwas als sozial rückständiges Land belächelt wird, hat tatsächlich gegenüber unseren 351.100 Plätzen noch 559.000 Plätze anzubieten, d.h. wir bräuchten 207.900 (= 59%) Altenheim- und Pflegeplätze mehr.

Der Sozialstaat Deutschland schneidet im internationalen Vergleich auch keineswegs überwältigend gut ab, wenn es um die Zahl der Beschäftigten im sozialen Dienstleistungsbereich geht. Obwohl das deutsche soziale Netzwerk, vor allem dank der angeblich hohen Zuschüsse von seiten der Kirchen aus den Kirchensteuermitteln, als vorbildlich hingestellt wird, ergibt sich hinsichtlich der sozialen Dienstleister im Vergleich zu allen Beschäftigten der jeweiligen Volkswirtschaft für Deutschland das Bild von Abb. 2.

Hinsichtlich der Versorgungsdichte stehen wir somit – noch hinter den USA, Frankreich und Großbritannien – an sechster Stelle!

Auch hinsichtlich der Gehälter und der wöchentlichen Arbeitszeit der im Sozialbereich Tätigen ergibt sich, daß die Arbeitsbedingungen und die Bezahlung in der Bundesrepublik Deutschland offensichtlich nicht optimal sind.

Das besagt zweierlei: Zum ersten, daß unser Sozialsystem bei der Bereitstellung konkreter Hilfsangebote keineswegs so gut ist, wie viele glauben. Im Bereich der Kindergärten und der Krabbelgruppen sind wir geradezu ein Entwicklungsland. Zum zweiten offenbart dies, daß andere Länder, in denen die kirchlichen Verbände nicht so privilegiert sind wie bei uns, durchaus eine bessere soziale Versorgung zu bieten haben.

Es hat den Anschein, daß die Mitwirkung der sogenannten freien Wohlfahrtsverbände doch nicht die Geheimwaffe ist, um eine Volkswirtschaft und ein Gemeinwesen tatsächlich auf einen optimalen sozialpolitischen Leistungsstand zu bringen (Neumann, 1991b, 59).

Die Kirchen haben sich im Markt der sozialen Dienstleistungen monopolartige und rechtlich wie finanziell privilegierte Positionen geschaffen. Sie finanzieren sie aus öffentlichen Geldern, also aus den Zahlungen aller Steuerzahler, bzw. zu Lasten aller Beitragszahler. Wenn, wie im Kindergartenbereich, 58% der Kindergärten von den Kirchengemeinden, dem Deutschen Caritasverband und dem Diakonischen Werk „gehalten" werden, und wenn die „freigemeinnützigen Verbände" 67% der Altenheime und der Deutsche Caritasverband allein 19% der bundesdeutschen Krankenhausbetten stellt, ist der Sozialstaat von diesen Einrichtungen in einer gefährlichen Weise abhängig. Er ist von ihnen erpreßbar. Es geht also gar nicht um die Kirchensteuer, die die Kirchen in das Sozialsystem einbringen, sondern um ihre Institutionen, die sie mit

Abb. 1: Vergleich des Ist-Bestandes (1983) professioneller/institutioneller Altenhilfe in der Bundesrepublik mit alternativen Soll-Zahlen auf der Basis von Bedarfsmeßziffern des benachbarten Auslandes:

Elemente des (institutionellen) Hilfesystems	Ist-Bestand BRD alt	alternative Soll-Bestände gemäß Richtzahlen aus		
		Dänemark	Niederlanden	Schweiz
1. Altenheim und Pflegeplätze	351.100[1]	532.000	776.300	559.000
2. VZK in Alten- und Pflegeheimen	109.000[2]	400.000	350.000	200.000
3. Tagespflegeheimplätze	250[3]	26.600	14.800	3.000
4. VZK in ambul. sozialpfleger. Diensten Heimhelfer	20.000[4]	25.300 216.000	142.000	36.600
5. Ausbildungsplätze für Altenpfleger	5.000		31.000	

VZK = Vollzeitkräfte
1) Vgl. W. Rückert, Hilfe- und pflegeabhängige Deutsche ...
2) Unter der Annahme, daß 31 VZK auf je 100 Plätze entfallen; Ende 1981 waren es 30; vgl. weiter oben.
3) Stand 1980; vgl. Dillmann, Duttlinger, Ketter, Roesener: Planungshilfen für Tagespflegeheime in der Bundesrepublik. Schriftenreihe des Instituts für Krankenhausbau der TU Berlin, Band 7, 1982, S. 254.
4) Vgl. weiter oben, S. 133 im Jahre 1981 in frei-gemeinnützigen Gemeindekrankenpflegestationen., Sozialstationen und Dorfhelferinnenstationen 12.691 Vollzeit- und 10.964 Teilzeitkräfte beschäftigt; dies entspricht etwa 18.000 VZK, deren Zahl sich bis 1983 auf etwa 20.000 erhöht haben dürfte.

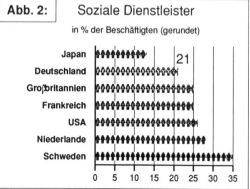

Abb. 2: Soziale Dienstleister
in % der Beschäftigten (gerundet)

staatlichen Geldern und Beitragsmitteln finanziert haben. Und es geht um das Personal und seine qualifizierte Ausbildung, die sie ebenfalls über den Steuer- und Beitragszahler finanzieren.

Die Kirchen haben seit Beginn dieser Republik ihre Positionen strategisch und konsequent ausgebaut. Dies mit einem doppelten Ziel: Zum einen, um durch Kindergärten, Krankenhäuser und Altenheime die Menschen zu indoktrinieren; sie nennen es Mission bzw. Zeugnis geben für das Wort Gottes. Sicherlich ist nicht auszuschließen, daß in Krankenhäusern und Altenheimen auch die ein oder andere Erbschaft einzuheimsen ist (Spiegelhalter 1990b, 19).

Zum anderen aber, um auf diese Weise eine politisch-strategische Fortifikation für die kirchlichen Interessen zu etablieren. Dabei geriet die Kirche ihrerseits in eine inhaltliche Abhängigkeit von der staatlichen Sozialpolitik. Sie ist dort, wo sie sich darauf einläßt – und das tut sie überall – Erfüllungsgehilfin für die staatlichen sozialpolitischen Planungen und Maßnahmen. Sie begegnet dem dadurch, und das gilt für sie weithin als Rechtfertigung dieses ambivalenten Zustandes, daß sie die missionarische Dimension dieses ihres Tuns betont.

Die Tatsache, daß in fast allen sozialpolitischen bedeutsamen Bereichen von den Kirchen und den „Freien Wohlfahrtsverbänden" über die Hälfte der Kapazitäten und das dazugehörige Personal gestellt wird, kann nicht von heute auf morgen verändert werden. Und zwar nicht etwa deshalb, weil der Staat die Kosten nicht (mehr) tragen könnte, sondern allein aus dem Grund, weil die Kirchen sich – vor allem in den letzten 45 Jahren – konsequent in den Besitz von Grund und Gebäuden gebracht haben. Sie haben den Boden meist zu Vorzugspreisen in besonders günstigen Lagen erhalten. Sofern sie die Kosten für die Gebäude nicht voll ersetzt bekamen, erhielten sie erhebliche Zuschüsse. Sie sind heute also Eigentümer dieser Einrichtungen, die sie zum größten Teil aus Mitteln erworben haben, die ihnen die öffentlichen Hände zu Lasten aller – auch der konfessionslosen – Steuerzahler zur Verfügung gestellt haben. Die Kirchen haben das öffentliche Wohlfahrtswesen buchstäblich mit öffentlichen Mitteln aufgekauft. Und das Schönste: Niemand hat es gemerkt! Alle haben nach dem Grundsatz des „Schlesischen Schwans" gehandelt: „Hör' ich das Böse, denk' ich nicht hin!"[7])

Der Zusammenbruch des deutschen Wohlfahrtswesens wird nicht stattfinden, sollten die Kirchen einmal in die Lage kommen, ihre Steuern selbst eintreiben zu müssen, – wovon die Verfassung in Art. 137 Abs. 8 der Weimarer Reichsverfassung (gemäß Art. 140 GG) ausgeht.

Die Kirchen finanzieren heute keineswegs den Sozialstaat, am wenigsten über ihre Kirchensteuern, vielmehr haben sie ihn aufgekauft! Dieser Aufkauf zu Niedrigstpreisen, wenn überhaupt welche gezahlt wurden, hat nun in den neuen Bundesländern noch ungeheurere Dimensionen angenommen. Dort noch unverblümter als in den alten Bundesländern treten die kirchlichen Einrichtungen als diejenigen auf, die sich allein und ausschließlich auf soziale Hilfe und menschengerechte Wohlfahrtspflege verstehen: Lebenshilfe, Arbeiterwohlfahrt und vor allem Pro familia werden – mit staatlicher und kommunaler Hilfe – aus dem „Geschäft" gedrängt, erhalten oft gar nicht die Möglichkeit, sich am Wettbewerb zu beteiligen. Die Sachsen- und Slavenmission der

90er Jahre des 20. Jahrhunderts hat sich zum Wohlfahrtsimperialismus gemausert!

Dabei geraten alle diejenigen in äußerste Schwierigkeiten, die sich als Klienten oder Mitarbeiter den religiösen Vorgaben und den ethischen Normierungen der traditionellen Kirchen nicht ein- bzw. unterordnen (wollen). In den neuen Bundesländern verstehen sich etwa 40% der Bevölkerung ausdrücklich nicht als Christen (FAZ vom 27. 10. 1990)[8]. Bundesweit ist wohl von 36% Protestanten, 34% Katholiken und 30% Nichtchristen auszugehen (FR vom 14. 11. 90). Diese Tatsache wird von den Kirchen und den mit ihnen liierten Politikern vorsätzlich und konsequent übersehen. Es gibt Hinweise darauf, daß sie sogar expresse leugnen, daß auch diese Menschen, als Bürger wie als Personen, ein Gewissen haben und sich aus vielem ein Gewissen machen, mehr als es vielleicht manche der sogenannten „Gläubigen" tun. Die Formel, daß nur der Gott-Gläubige ein Gewissen habe und nur er Verantwortung kenne, wird immer wieder in die – politische – Debatte geworfen. Die humanistisch gebildeten, agnostisch denkenden Menschen sind auf sich und ihre eigene Verantwortung zurückgewiesen. Sie sind es gewohnt, sich mit den Fragen ihrer Zeit und ihres Lebens konsequent und vorbehaltlos auseinanderzusetzen. Das läßt sie vielleicht manchmal skrupelös erscheinen, ist aber lediglich Ausdruck ihres empfindsamen Gewissens.

Und genau hier liegt nun auch ihre soziale und soziologisch bestimmbare Schwäche: Als Individualisten verstehen sie sich als Menschen, die auf ihr eigenes Gewissen zurückgeworfen sind. Entsprechend ihrem eigenen Fühlen und Wissen sind sie gesellschaftlichen Zusammenschlüssen, Parteiungen und Vergesellschaftungen abhold. Hier liegt nun ganz deutlich die Stärke der etablierten Kirchen. Sie sind – allen Abbröckelungserscheinungen der Gegenwart zum Trotz – immer noch Massenphänomene und Volksereignisse. Diese Großorganisationen können imponierend auf sich aufmerksam machen. Eine Bischofskonferenz mit einer farbigen Prozession zum Abschluß ist allemal attraktiver als ein Kongreß von Humanisten und Atheisten in seiner Nüchternheit und der Behutsamkeit seines Auftretens.

Dabei gäbe es durchaus Ansätze für eine Zusammenarbeit mit einer menschlichen, einer humanistischen Konzeption von Sozialarbeit und Sozialpolitik. Manches im Kontext der Diskussionen um die Betreuung von Asylanten, Drogensüchtigen und sonstigen Randgruppen ist von der Caritas, der Diakonie oder anderen Verbänden der freien Wohlfahrtspflege in die Diskussion gebracht worden. Nicht von den Kirchen, wohl aber von ihren Verbänden. Ich will damit sagen, daß es durchaus Berührungs- und Kooperationsmöglichkeiten gibt zwischen einer Wohlfahrtspflege „aus dem Glauben an Gott" und einer solchen „aus dem Glauben an den Menschen". Es ist an der Zeit, sich offensiv um einen sachlichen Dialog mit diesen Institutionen zu bemühen. Es geht hierbei um die Rechte jener, die nicht von den Kirchen und ihrer Doktrin bevormundet werden wollen, wenn sie in sozialer Not sind. Dabei handelt es sich um keine geringe Zahl von Menschen unserer Gesellschaft: immerhin etwa ein Drittel! □

Anmerkungen

1 In den vom Islam eroberten Städten des Vorderen Orients und Spaniens errichteten die Muslime (Armen-)Schulen, Krankenhäuser und Spitäler, an denen Ärzte tätig waren. Somit erweisen – auch bezüglich des Aufbaus des Sozialwesens – die historischen Tatsachen die von den Christen aufgestellte Behauptung von der durchgängigen humanitären und sozialen Bedeutung der christlichen Nächstenliebe zumindestens als eine tendenziöse Darstellung.

2 So bezeichnete Rabbi Elieser Schach den Holocaust als Strafe Gottes, etwa für die Mißachtung des Sabbat oder für das Essen von Schweinefleisch (Frankfurter Rundschau vom 29.12.1990). Auch den deutschen katholischen Bischöfen war nach dem Zusammenbruch Nazi-Deutschlands nichts anderes eingefallen, als festzustellen: Es müßten nun alle leiden, weil einige (sic!) gottlos gehandelt hätten und den Lehren der Kirche (sic!) nicht gefolgt seien. – Papst Pius XII., der den Krieg als einen Kreuzzug gegen den gottlosen Bolschewismus verstanden hatte, sagte in einer Ansprache vom 20.10.1939: "Die Not der Gegenwart ist eine Rechtfertigung des Christentums, wie sie erschütternder nicht gedacht werden kann" (in: Papst Pius XII.: Gerechtigkeit schafft Frieden, hg. v. W. Jussen, Hamburg 1946, 142).

3 Beispielsweise bringt Prälat J. Hofmeier (1989, 349) den Missionsauftrag etwa des Kindergartens auf folgende Formel: „Der kirchliche Kindergarten gewinnt um so mehr sein eigenes, sein spezifisches Profil, je konsequenter er das Erziehungskonzept verwirklicht, das sich am christlichen Menschenverständnis ausrichtet.... dadurch erfüllt er die unausgesprochenen (sic!) Erwartungen der Gesellschaft, die in der Pluralität von Wertangeboten nach Leitbildern für gelingendes (sic!) Menschsein Ausschau hält....". Der Bischof von Rottenburg, Walter Kasper, führte bei einem Pressegespräch am 26.06.1991 mit der Redaktion der Südwestpresse aus: Vom Staat „wünscht sich der Bischof mehr wirtschaftliche Unterstützung. Diese tiefgreifende Umbruchsituation, der sich die katholische Kirche gegenüber sehe, mache es unerläßlich, sich so intensiv wie möglich um die Bereiche **Ehe** und **Familie** zu kümmern; nur so könne **man den empfindlichen Defiziten bei der Weitergabe des christlichen Glaubens begegnen....**" (Südwestpresse vom 27.06.1991: Hervorhebungen im Zitat von J.N.) Hier wird also ganz ungeniert die Finanzierung nicht kirchlicher Sozialarbeit, sondern auch kirchlicher Seelsorge – selbstverständlich im Interesse der Gesellschaft – gefordert. Josef Voß (1990, 419) macht deutlich, was das heißt, wenn in den Arbeitsvertrags-Richtlinien des Deutschen Caritas-Verbandes in §1 formuliert wird: „Die Caritas ist eine Lebens- und Wesensäußerung der katholischen Kirche." Er schreibt dazu: „Wo immer Mitarbeiterinnen und Mitarbeiter im Sinne der Caritas in der Praxis klar ihre Lebensorientierung vertreten, hat das Verkündigungscharakter, das muß nicht immer ausdrücklich ausgesprochen und nachvollzogen werden .... Darum ist es wichtig und notwendig, daß in den Caritasdiensten auch immer Formen entwickelt und praktiziert werden, den Glauben miteinander zu teilen, Einladungen zum Gebet, zum Gottesdienst gegeben sind, ... Es muß deutlich werden, daß es sich hier nicht einfach nur um Erwartungen an Mitarbeiterinnen und Mitarbeiter handelt, ...". – Das dürfte wohl deutlich genug sein!

4 Lehramtlich ist dieser Grundsatz in der Enzyklika „Quadragesimo Anno" von 1931 in Nr. 79 wie folgt formuliert: „Wie dasjenige, was der Einzelmensch aus eigener Initiative und mit seinen eigenen Kräften leisten kann, ihm nicht entzogen und der Gesellschaftstätigkeit zugewiesen werden darf, so verstößt es gegen die Gerechtigkeit, das, was die kleineren und untergeordneten Gemeinwesen leisten und zum guten Ende führen können, für die weitere und übergeordnete Gemeinschaft in Anspruch zu nehmen; zugleich ist es überaus nachteilig und verwirrt die ganze Gesellschaftsordnung. Jedwede Gesellschaftstätigkeit ist ja ihrem Wesen und Begriff nach subsidiär; sie soll die Glieder des Sozialkörpers unterstützen, darf sie aber niemals zerschlagen oder aufsaugen."

5 Es gehört zu den sprachlichen Besonderheiten, daß die Okkupanten des öffentlichen Wohlfahrtswesens sich als „freie" Wohlfahrtspflege bzw. als „freie" gemeinnützige Verbände bezeichnen. Sie sind in der Tat „frei" von staatlicher Kontrolle, müssen jedoch nach staatlichen Richtlinien handeln. Andererseits unterliegen sowohl ihre Klienten als auch ihre Mitarbeiter – zumindest bei den kirchlichen Institutionen – unfreimachenden Reglementierungen.

6 Das Statistische Bundesamt kennt für März 1989 andere Zahlen, die jedoch in der Tendenz ähnlich sind. Danach existierten 6608 Einrichtungen mit 511.447 Plätzen. Davon wurden von den öffentlichen Trägern 19%, von den privat-gewerblichen Trägern 17% und von den „frei-gemeinnützigen" Trägern 64% unterhalten. (Statistisches Bundesamt VII D–S: März 1990.) Wie schwierig die Zahlen im einzelnen zu deuten sind, mag sich daraus ergeben, daß in der gleichen Aufstellung des Statistischen Bundesamtes drei Blätter andere, wenn auch tendenziell ähnliche Taten liefern. Danach hätten die öffentlichen Träger 15%, die privat-gewerblichen 32,6% und die „frei-gemeinnützigen" Träger 53% der Einrichtungen unterhalten.

7 Friederike Kempner. Das Genie der unfreiwilligen Komik. Der Schlesische Schwan. Hg. v. G.H. Mostar, Heidenheim 51953, 73:
Arglos und harmlos / durchs Leben hin,
kommt mir das Böse / nicht in den Sinn!
Arglos und harmlos, glücklich ich bin –
hör' ich das Böse, denk' ich nicht hin!

8 Richard Puza (Die Kirchen und die deutsche Einheit, in: ThQ 171, 1991, 188) beziffert, unter Bezugnahme auf das Sekretariat der beiden Bischofskonferenzen 1990, die Zahl der Katholiken in den neuen Bundesländern auf 700.000 Gläubige (=3,6%) und 21% Protestanten. Das würde bedeuten, daß 75% der Bevölkerung kirchlich nicht gebunden sind.

Literaturverzeichnis

Erbstösser, Martin, Die Kreuzzüge. Eine Kulturgeschichte. Gütersloh 1980.

Feldhoff, Norbert, Die Kirchensteuer und die sozialen Dienste der Kirche, in: Klerus-Blatt 70, 1990, 252.

Gabriel, Karl, Verbandliche Caritas im Postkatholizismus, in: Caritas 91, 1990, 575–584.

Gabriel, Karl und **Kaufmann**, Franz-Xaver (Hg.), Zur Soziologie des Katholizismus, Mainz 1980.

Görres, Albert, Kirchliche Beratung – Eine dringende Antwort auf Symptome und Ursachen seelischer Krisen, in: Kirchliche Beratungsdienste. Studientagung 1986 der Herbst-Vollversammlung der Deutschen Bischofskonferenz (Arbeitshilfen Nr. 51), Bonn 1987, 5–31.

Herrmann, Horst, Die Kirchen und unser Geld. Daten–Tatsachen–Hintergründe, Hamburg 1990.

Herzog, Roman, Subsidiarität und Staatsverfassung, in: Der Staat 2, 1963, 399ff.

Ders., Subsidiaritätsprinzip, in: Evangelisches Staatslexikon, Stuttgart ^{2}1975, 2591–2577.

Ders., Subsidiaritätsprinzip, in: Evangelisches Staatslexikon II, ^{3}1987, 3564-3571.

Hofmeier, Johann, Der Kindergarten in der Pfarrgemeinde, in: Klerus-Blatt 69, 1989, 345–349.

Jetter, Dieter, Das europäische Hospital. Von der Spätantike bis 1800, Köln 21987.

Junge, Hubertus, Aufbruch oder Rückzug? Stellung und Auftrag der Caritas im heutigen Sozialstaat, in: Herder-Korrespondenz 45, 1991, 126–131.

Kempner, Friederike, Der Schlesische Schwan. Das Genie der unfreiwilligen Komik, hg. v. G.H. Mostar, Heidenheim 1953.

Kutha, Bernd-Otto, Recht auf Caritas – Recht der Caritas, in: Caritas, 90, 1989, 507–512.

Manderscheid, Hejo, Verflechtung zwischen kirchlicher Sozialarbeit oder staatlicher Sozialpolitik, in: Caritas, 92, 1991, 59–68.

Neumann, Johannes, Ursprünge und sozialpolitische Motive der Wohlfahrtspflege in Württemberg, dargestellt an den Anfängen dreier Behindertenheime, in: Baden-Württemberg. Eine politische Landeskunde, Teil II, hg. v. Hans-Georg Wehling und Dieter Langewiesche, Stuttgart–Berlin–Köln 1991, 76–109 (=1991a).

Ders., Mitarbeitergewinnung für soziale Dienste, Vortrag vor dem Unterausschuß des Landesausschusses des Diakonischen Werks der evangelischen Kirche Württemberg (Msk März 1991).

Ders., Anmerkungen zur Sozialstaatsproblematik, in: Was ist uns die Kirche wert? Dokumentation eines Fachgesprächs zur Kirchensteuer, hg. v. der Humanistischen Union, bearbeitet von Christa Nickels und Jürgen Roth, München 1991, 59–68 (1991b).

Neumann, Ursula, Liberale Wurzeln des politischen Katholizismus im Deutschland des 19. Jahrhunderts, 2 Bde. (Msk Tübingen 1984).

Rauscher, Anton, Subsidiaritätsprinzip, in: Staatslexikon, hg. von der Görres-Gesellschaft, Freiburg u.a. V 71989, 386–388.

Ders., (Hg.), Entwicklungslinien des deutschen Katholizismus, München–Paderborn–Wien 1973.

Rückert, W., Die Situation der Altenpflege im internationalen Vergleich. Schriftenreihe des Bundesministers für Jugend, Familie, Frauen und Gesundheit, Band 123, Stuttgart u.a. 1989, 131–158.

Schüller, Luzie, Berufliche Mitarbeit in der Schwangerschaftskonfliktberatung, in: Caritas 91, 1990, 428–433.

Seeber, David, Caritas: Herausforderungen durch die neuen Bundesländer, in: Herder-Korrespondenz 45, 1991, 109–112.

Spiegelhalter, Franz, Was die Freie Wohlfahrtspflege dem Staat erspart, in: Caritas 91, 1990, 245–249 (1990a).

Ders., Der dritte Sozialpartner, Freiburg 1990 (= 1990b).

Spital, H.J., Kirchliche Beratung im Spannungsfeld von Seelsorge und Kirche in der heutigen Welt, in: Kirchliche Beratungsdienste. Studientagung 1986 der Herbst-Vollversammlung der Deutschen Bischofskonferenz (Arbeitshilfe Nr. 51), Bonn 1987, 32–43.

Statistisches Bundesamt (Hg.), Sozialleistungen, Fachserie 13, Reihe 6.3, 1986, Stuttgart–Mainz 1988.

Dass., VII D-S März 1990.

Statistisches Jahrbuch 1989 für die Bundesrepublik Deutschland, hg. v. Statistisches Bundesamt, Stuttgart 1989.

Voß, Josef, Caritas als Wesensäußerung der Kirche im Zusammenhang gesellschaftlicher und sozialpolitischer Herausforderungen, in: Caritas 91, 1990, 405–419.

„Staat und Kirche trennen"

In Fulda: Der „Erste Atheistenkongreß der Nachkriegszeit"

FULDA. Die „strikte Trennung von Staat, Religion und Kirche" ist das erklärte Ziel des „Internationalen Bundes der Konfessionslosen und Atheisten" (IBKA), der am Wochenende in Fulda mit knapp 150 Teilnehmern den „ersten Atheistenkongreß der Nachkriegszeit" veranstaltete. Die geringe Teilnehmerzahl stört den IBKA, der selbst nur über „einige hundert Mitglieder" verfügt, nicht. Er versteht sich unter Hinweis auf mehr als 17 Millionen Menschen in Deutschland ohne Religionszugehörigkeit sogar eher als „Sprachrohr einer schweigenden Masse".

Deutschlands organisierte Atheisten und Konfessionslose sehen sich nach dem Fuldaer Treffen „im Aufwind". Sprecher dieser Gruppierungen wie auch der Freidenker und Agnostiker berichteten von steigenden Mitgliederzahlen. Bis Mitte der 70er Jahre seien die Organisationen „völlig überaltert" gewesen, doch jetzt würden sich ihnen „wegen fehlender Zukunftsperspektiven" immer mehr jüngere Menschen anschließen.

Angesichts von jährlich mehr als 300 000 Austritten bei der evangelischen und katholischen Kirche in Deutschland sowie der Entwicklung eines „zeitgemäßen IBKA-Programms mit professionellen Management" erwarten die Kirchenfreien bei ihrem „Kampf" um die Trennung von Staat und Kirche zusätzlich eine positive Resonanz von den Menschen, „die sich längst von der Kirche als Institution gelöst, aber noch keine Konsequenzen gezogen haben".

Die deutsche Einheit sehen die Atheisten und Konfessionslosen als „große Chance eines Neubeginns", weil in den neuen Bundesländern nur jeder vierte den beiden großen christlichen Kirchen angehöre. Scharfe Kritik übte der IBKA aber an deren „Remissionsierungs- und Christianisierungsaktionen", die sich bereits in der „Übernahme alter Strukturen" manifestiere. So gebe es etwa in den neuen Bundesländern nur zwei „218-Beratungsstellen" von „pro familia", dagegen jedoch „mit eindeutigem Auftrag" fast 50 des katholischen Caritasverbandes.

Überhaupt sollte die Einführung der Kirchensteuer in der Ex-DDR juristisch überprüft werden, weil ein entsprechender Passus im Einigungsvertrag „verfassungswidrig sei", erklärte Sprecher Frank Schütte. Die großen Kirchen in der Bundesrepublik würden vom Staat und durch das Grundgesetz vor Kritik geschützt und „genössen so etwas wie Naturschutz". Eine Trennung von Kirche und Staat würde etwa bedeuten, daß religiöse Seelsorge wie die Militärseelsorge („50 Millionen DM jährliche Steuergelder auch von Moslems, Juden und Konfes-

Weitere Nachrichten aus HESSEN auf Seite 21

sionslosen"), die Hochschulausbildung der Priester oder die Renovierungskosten der Kirchen nicht mehr ganz oder teilweise vom Staat aus Steuergeldern finanziert werde.

Außerdem wendet sich der IBKA gegen den Einfluß religiöser Moralvorstellungen in Politik und Gesellschaft, wie er zur Zeit in der Diskussion um den Schwangerschaftsabbruch und die Haltung zur Homosexualität zum Ausdruck komme.

Die Kritik und Forderungen der Atheisten und Konfessionslosen — von denen ein Teil im voraus bekannt war — sind in katholischen Kirchenkreisen während der in Fulda tagenden Bischofskonferenz „eher gelassen" aufgenommen worden. Gegenüber Journalisten bezeichnete der für deftige Vergleiche bekannte Fuldaer Erzbischof Johannes Dyba unter Hinweis auf die jüngsten Zusammenbrüche totalitärer atheistischer Staaten die Kirchenfreien sogar als „Abtrünnige, die einer verlorenen Ideologie nachhingen".

G. WEIGAND-ANGELSTEIN

Wilfried Breyvogel
Militärseelsorge im vereinigten Deutschland

1. Zwei Sichtweisen

Zu unserem Thema existieren zwei Sichtweisen: a) eine der Kirche verbundene, kirchlich-loyale Sicht und b) eine dem Prinzip der Trennung von Kirche und Staat verpflichtete, kritische Sicht. Während die erste ein Maximum an Einflußmöglichkeiten der Kirche mit Hilfe des Staates favorisiert, ist für die zweite Position die Loslösung aller kirchlichen Handlungen von staatlichen Zwangsinstitutionen wie Schule, Militär und Gefängnis die notwendige Voraussetzung der Gewährleistung der Grundrechte auf Meinungs- und Religionsfreiheit.

In der wissenschaftlichen Literatur wird die erste Position – neben Kirchenrechtlern beider Konfessionen – z.B. durch die Arbeit von Steuber (1972), Absolvent der Führungsakademie der Bundeswehr (Bw), vertreten (Dissertation an der Ludwig-Maximilians-Universität, München, betreut von Prof. Dr. H. Maier). Auf der anderen Seite existiert eine Tradition kritischer Arbeiten; maßgeblich sind hier Erwin Fischer (1964), Hans-Werner Bartsch (1967) und in polemischer Schärfe Hans-Dieter Bamberg, dessen Arbeit parallel zu meiner Publikation im *Jahrbuch für Kritische Aufklärung* IV (1970) erschien.

Während sich die erste Position zu ihrer Legitimation auf modifizierte Formen des Staatskirchenrechts bezieht, versteht sich die zweite Position in der Tradition der in Deutschland zwar schmalen, aber seit dem Bauernkrieg vorhandenen demokratischen Forderung nach der Trennung von Thron und Altar.

2. Die rechtliche Situation und ihre Voraussetzungen

Die rechtliche Situation der Militärseelsorge ist für beide Kirchen gesondert zu betrachten. Für den katholischen Strang sind zwei Vorgaben maßgeblich: Das Reichskonkordat zwischen dem Vatikan und der nationalsozialistischen Regierung vom 20. 7. 1933 und das Urteil des Bundesverfassungsgerichts vom 26. 3. 1957 im (sog.) ‚Konkordatsprozeß'.

Das Reichskonkordat lautet in Art. 27: „Der Reichswehr wird für die zu ihr gehörenden katholischen Offiziere, Beamte und Mannschaften sowie deren Familien eine exemte Seelsorge zugestanden."

Bis in die sprachlichen Formulierungen (‚zugestanden') ist hier der Charakter des Zugeständnisses noch nachempfindbar. Die katholische Kirche erhält eine aus der übrigen Seelsorge herausgehobene Sonderstellung in der staatlichen Zwangsinstitution Reichswehr. Der Begriff ‚exemte' Seelsorge meint, herausgenommen aus der kirchlichen Verwaltung und aus den das gesamte

Wilfried Breyvogel

geb. 1942, Privatdozent, Dr.phil., ist Akad. Oberrat am Fachbereich Erziehungswissenschaften der Universität Essen und Vorsitzender des Instituts für Jugendforschung und Pädagogische Praxis e.V. in Essen. Zahlreiche Publikationen zur Sozialgeschichte der Erziehung und zur Jugendforschung, u.a. *Land der Hoffnung, Land der Krise. Jugendkulturen im Ruhrgebiet 1900–1987*. (Ausstellungskatalog, zusammen mit Heinz-Hermann Krüger)

Land überziehenden Kirchengemeinden: Der Priester/Pfarrer als der Staatsbeamte auf Zeit, dienstrechtlich dem Verteidigungsminister unterstellt.

Die Bundesregierung, die sich zur Rechtsnachfolgerin des 'Dritten Reiches' erklärte, setzte von Anfang an auf die Gültigkeit dieses Reichskonkordats und erhob am 12. 3. 1955 gegen das Land Niedersachsen beim Bundesverfassungsgericht (BVG) Klage wegen der Einrichtung der Volksschulen als 'Gemeinschaftsschulen' beider Bekenntnisse. Der Antrag der Bundesregierung gegen das Gesetz über das öffentliche Schulwesen in Niedersachsen vom 14. 9. 1954 wurde zwar zurückgewiesen, die „völkerrechtliche Weitergeltung" des Reichskonkordats allerdings im Urteil vom 26. 3. 1957 bestätigt (vgl. F. Giese/F.A.v.d. Heydte (Hg.): *Der Konkordatsprozeß*, IV. Teilband, München 1959, S. 1669 ff., bes. 1692).

Damit war die seit Prozeßbeginn vorhandene Unsicherheit über die Rechtsgrundlage auch der Militärseelsorge wieder beseitigt. Die längst begonnene faktische Durchsetzung konnte weiterbetrieben werden.

Blicken wir nochmals auf das Jahr 1933 zurück: Die gegenwärtigen Zugeständnisse und damit auch die Rechtsqualität des gesamten Vertragswerks können nur aus der besonderen politischen Situation verstanden werden.

Während der gesamten Zeit der Weimarer Republik gab es Verhandlungen. Es gab den Entwurf Delbrück 1921, den Entwurf Bergen 1922, den Entwurf des Reichsinnenministeriums von 1926; alle scheiterten sie daran, daß im Reichstag keine Mehrheit der katholischen Hauptforderung nach der Bekenntnisschule zugestimmt hätte. Daher war die Ausschaltung des Parlaments eine entscheidende Vorbedingung für den Abschluß des Reichskonkordats. Hitler gab aus politisch taktischen Erwägungen gegen den Willen seiner Minister den katholischen Forderungen anstandslos statt. In der entscheidenden Kabinettssitzung vom 14. 7. 1933 äußerte er, er sehe drei große Vorteile. Das Reichskonkordat widerlege die Behauptung, der Nationalsozialismus sei kirchenfeindlich. Statt dessen verpflichte es die Bischöfe auf den Staat, und das bedeute eine rückhaltlose Anerkennung des derzeitigen Regiments. Drittens sei die Vernichtung der Zentrumspartei mit Abschluß des Konkordats als endgültig zu bezeichnen (vgl. *Der Konkordatsprozeß*, III. Teilband, S. 1007ff.). Der Vatikan ließ sich seinerseits zur Auflösung aller nicht rein kirchlich-religiösen Vereine (wie z.b. der Gewerkschaften) und auf ein Verbot der politischen Betätigung aller Geistlichen verpflichten. Damit war der politische Katholizismus – das Zentrum war in vielen Städten des Rheinlands und des Ruhrgebiets die stärkste Fraktion – ausgeschaltet.

In seiner unverblümten Art hatte Hitler einer Abordnung der Diözesankonferenz bereits am 26. 4. 1933 mitgeteilt: „Es droht eine schwarze Wolke mit Polen. Wir haben Soldaten notwendig, gläubige Soldaten. Gläubige Soldaten sind die wertvollsten. Die setzen alles ein." (Zit. nach H. Müller: *Katholische Kirche und Nationalsozialismus*, München 1965, S. 130.) Zusammengefaßt ist das Reichskonkordat nur durch die Scheinlegalität des nationalsozialistischen Regimes gedeckt, wie Bracher (1956) überzeugend nachwies.

In der Nachkriegsgeschichte der EKD entwickelte sich früh eine Polarität zwischen einem restaurativen und einem pazifistischen Flügel, der sich um Martin Niemöller und die Bekennende Kirche gruppierte.

Eine wichtige Entscheidung fiel, als am 13. 1. 1949 Otto Dibelius mit 110 Stimmen gegen 26 für Martin Niemöller zum ersten Vorsitzenden der EKD gewählt wurde. Bereits 1953 trat die Dienststelle Blank an die Kirchen mit der Frage heran, ob und in welcher Weise sie die Seelsorge an den Soldaten wahrzunehmen gedächten. Ab 1953 war eine Kommission unter Leitung von Landesbischof Bender und dem Beauftragten des Rates der EKD und späteren Militärbischof Kunst mit der Erstellung des Vertrages beschäftigt.

Als seine mögliche Form 1956 bekannt wurde, setzte starke innerkirchliche Kritik ein. Der Protest meldete sich auf einer außerordentlichen Synode der EKD zu Wort, die v.a. auf Wunsch der Kirchen der DDR wegen der Vorbereitung der allgemeinen Wehrpflicht und des Militärseelsorgevertrags (MSV) einberufen wurde. In einem am 29. 7. 1956 angenommenen Ausschußbeschluß heißt es: „Der Rat der EKD hat beschlossen, endgültige Maßnahmen zur Ordnung der Militärseelsorge nicht zu treffen ...". Der Beschluß sollte „beachtet" werden und „keine neuen Tatsachen geschaffen werden, die die EKD in dieser Sache binden". (Vgl. *Junge Kirche*, 17. Jg. (1956), S. 335.)

Unter „bewußter" Mißachtung – so Gollwitzer – dieses Synodalbeschlusses unterzeichneten der Ratsvorsitzende Dibelius sowie der Leiter der Kirchenkanzlei Brunotte den Militärseelsorgevertrag am 22. 2. 1957 in Bonn. Militärbischof Kunst war ebenfalls bereits ohne Befragen der Synode ernannt; seit dem 1. 3. 1956 arbeitete das evangelische Kirchenamt für die Bundeswehr.

Damit war die Synode überspielt, die Aufrüstungspolitik der BRD anerkannt und der Versuch des pazifistischen Teils der Synode, über die Evangelische Kirche die Einheit Deutschlands wenigstens in ihrem Bereich zu bewahren, unterlaufen. Denn die organisatorische Einheit der damals noch gesamtdeutschen Synode bedeutete, daß die Stimmen der Kirchen der DDR an der Ratifizierung beteiligt waren. Erst 1959 wurden diese, nachdem sie heftigem

Druck aus der DDR ausgesetzt waren, von der EKD aus der Verantwortung für den Militärseelsorgevertrag entlassen.

Der DDR-Regierung reichte das nicht. Sie verlangte von den Landeskirchen in der DDR die vollständige Loslösung von der EKD. Bis 1969 hielt die Einheit der EKD. Dann gaben die Landeskirchen der DDR ihren Widerstand auf, lösten sich von der EKD und bildeten den Bund der Evangelischen Kirche (BEK).

Der Militärseelsorgevertrag (MSV) war der erste Vertrag in der Geschichte der EKD, der in seiner Gültigkeit über Ländergrenzen hinaus ging. Es war der erste Vertrag, in dem die EKD wie ein Völkerrechtssubjekt behandelt wurde. Daher fehlt ihm auch die Kündigungsklausel. Als Rechtssubjekt reichte die EKD zum erstenmal in ihrer Geschichte an die katholische Kirche und das Reichskonkordat heran. Das waren die Gründe, die die nachträgliche Zustimmung der Synode der EKD bewirkten, und es kann nicht überraschen, daß der MSV die gleiche hierarchische und autokratische Struktur enthält wie das Reichskonkordat. Denn das Reichskonkordat war auch für die organisatorische Gestaltung die schon vorhandene maßgebliche Vorgabe.

Die Leitung der Militärseelsorge war aus der Kontrolle der Landeskirchen in die Hand der „Ein-Mann-Führung" gelegt. Dies war eine unumgängliche Bedingung von seiten des Staates. Der Militärbischof, der u.a. „für die Seelsorge für evangelische Kriegsgefangene(!) zuständig ist" (Art. 12 Abs. 5 MSV), wird vom Rat der EKD ernannt. „Vor Ernennung tritt der Rat ... mit der Bundesregierung in Verbindung, um sich zu versichern, daß vom staatlichen Standpunkt aus gegen den für das Amt vorgesehenen Geistlichen keine schwerwiegenden Einwendungen erhoben werden" (Art. 11 Abs. 1 MSV; vgl. Art. 27 Abs. 2 Reichskonkordat).

Für 1500 Soldaten wird ein Geistlicher berufen. Er wird gemeinsam vom Militärbischof und der Gliedkirche ausgewählt und nach dreimonatiger Probezeit als Staatsbeamter auf Zeit eingestellt (Art. 18). Äußerlich soll die Unabhängigkeit dadurch hergestellt sein, daß der Militärgeistliche aus der militärischen Hierarchie genommen ist, er ist auf „gute Zusammenarbeit" den Kommandeuren beigeordnet, trägt Zivil. Im Manöver, wo „eine Situation besonderer menschlicher Aufgeschlossenheit" geschaffen ist (Militärbischof Kunst), trägt er den grauen Feldanzug ohne Rangabzeichen. Der Staat trägt die Kosten der Militärseelsorge (Art. 2 Abs. 2). Sie machen zur Zeit ca. 50 Millionen DM aus. Das Kirchensteueraufkommen der Soldaten wird zu zwei Drittel der Militärseelsorge, ein Drittel der Landeskirche zugeführt. Das direkt dem Verteidigungsministerium unterstellte ‚Kirchenamt für die Bundeswehr' wird von einem Generaldekan geleitet. Er und die ihm zugeordneten Militärdekane (anfangs sechs) sind Staatsbeamte auf Lebenszeit.

3. Der Anspruch des Soldaten auf Seelsorge und die Freiheit des religiösen Bekenntnisses nach Art. 4 GG

Die Einrichtung der Militärseelsorge wird von beiden Kirchen mit dem Anspruch des Soldaten auf Seelsorge in seiner besonderen Situation begründet. Deshalb müsse ihm der Geistliche auch in der Armee nahe sein. Diese Argumentation stellt die Absichten des Art. 4 GG allerdings auf den Kopf.

Denn im historischen Prozeß ist Art. 4 gerade gegen staatskirchliche Übergriffe erstritten worden. Die Gewährleistung der Religionsfreiheit erfordert vom Staat gerade das Freihalten jedes institutionellen Raums wie Schule, Heer, Strafvollzug von religiösen Zwängen. Durch Art. 4 GG sollte sichergestellt sein, daß es dem Staat um den Schutz religiöser und weltanschaulicher Minderheiten wie allgemein um den Schutz des freien Bekenntnisses jedes einzelnen und gerade nicht um den Schutz großkirchlichen Wirkens innerhalb staatlicher Institutionen geht. Daher gefährdet das Arrangement des Staates mit den Großkirchen eher die Freiheit des religiösen und weltanschaulichen Bekenntnisses, als es sie sicherstellt. Es ist geradezu eine Umkehr des Sinns des Art. 4 GG, wenn der Staat allein Geistliche beider Großkirchen zu Beamten macht und damit die religiös gebundene Tätigkeit mit staatlich autorisiertem Charakter versieht.

Verfassungsrechtlich kommt hinzu, daß Art. 141 der Weimarer Verfassung (WV) (zusammen mit Art. 136–139) in das GG übernommen wurde. Er lautet: „Soweit das Bedürfnis nach Gottesdienst und Seelsorge im Heer, in Krankenhäusern, Strafanstalten oder sonstigen öffentlichen Anstalten besteht, sind die Religionsgesellschaften zur Vornahme religiöser Handlungen zuzulassen, wobei jeder Zwang fernzuhalten ist." Dadurch ist gewährleistet, daß die Kirchen auch im Heer zuzulassen sind, d.h. daß sie einen Anspruch auf ein Zugangsrecht von außen, aus den bestehenden Gemeinden heraus, besitzen. Daraus läßt sich aber kein Anspruch auf Einrichtung einer ständigen Militärseelsorge herleiten, die von staatlichen Beamten auf Zeit durchgeführt wird, deren Kosten bis zur Bezahlung von Kultgerät und zur Stellung von Dienstfahrzeugen vom Staat getragen werden.

Die Formulierung: „Das Bedürfnis nach Gottesdienst und Seelsorge" (Art. 141 WV) würde auch die Einrichtung des lebenskundlichen Unterrichts, der seit je die Haupttätigkeit der Militärgeistlichen ausmacht, verbieten. Da er in der Dienstzeit anzusetzen ist, handelt es sich um eine verdeckt zwanghafte Zuführung der Soldaten.

Nach Abwägung all dieser Argumente kommt daher Erwin Fischer zu dem berechtigten Schluß: „Wenn (daher) der Staat in Art. 2 Abs. 2 MSV den organisatorischen Aufbau der Militärseelsorge aus Staatskosten übernommen hat, so ist dies verfassungswidrig. Auch die Begründung zu Art. 1, daß der Soldat häufig die zur freien Religionsausübung notwendigen kirchlichen Einrichtungen des zivilen Bereichs nicht in Anspruch nehmen könne, rechtfertigt es nicht, daß der Staat eine Aufgabe, wenn auch nur in organisatorischer Hinsicht, übernommen hat, die ihm nicht zusteht." (Fischer 1964, S. 225)

4. Die gegenwärtige Situation

Reichskonkordat und Militärseelsorgevertrag sind nach dem Beitritt der Länder der ehemaligen DDR zum GG auch in den neuen Bundesländern geltendes Recht. Der Einigungsvertrag sieht dazu keine Sonderregelung vor.

Der Bund der Evangelischen Kirchen hat sich allerdings zunächst sehr strikt geweigert, den MSV zu übernehmen. In einem Beschluß der Konferenz der Kirchenleitungen des BEK vom 12. 1. 1991 wird folgende Regelung festgeschrieben:

1) Die Seelsorge an den Soldaten wird von den Ortskirchengemeinden wahrgenommen.
2) Die Tätigkeit erfolgt nebenamtlich ohne staatlichen Auftrag.
3) Es werden Arbeitskreise in den Gliedkirchen gebildet.
4) Die Soldaten nehmen an den Angeboten der Ortsgemeinde teil. Sie können sich auch innerhalb der Einrichtungen zu Andacht und Gebet zusammenfinden. Dazu erhalten die Geistlichen Zugangsrecht und entsprechende Raumangebote.
5) Nach einer Frist von 34 Jahren sollen die unterschiedlichen Regelungen verglichen werden.

Angesichts der geschlossenen Verweigerung der Kirchen in den neuen Bundesländern hat der Bundesminister der Verteidigung durch Schreiben vom 6. 5. 1991 für allerdings nur zwei Jahre diese Übergangsregelung gestattet und den Gemeindepfarrern Zugangsrecht eingeräumt.

Wir sind damit im Zentrum der gegenwärtigen Auseinandersetzung angelangt, und ich möchte abschließend einige Thesen des Probstes Heino Falcke, Erfurt, vorstellen, die die Kritik des BEK präzise ausdrücken.

1. Falcke geht von einem grundlegenden friedensethischen und verteidigungspolitischen Dissens zwischen Kirche und Militär aus.

2. In der Welt der „Massenvernichtungsmittel, des wachsenden Gegensatzes von Arm und Reich und der Umweltzerstörung stehen wir um des Überlebens willen vor der Aufgabe, den Krieg als Institution der Konfliktlösung zu überwinden. Im Konziliaren Prozeß haben sich die Kirchen diesem Ziel verbündet. Sie tun es aus der Hoffnung des messianischen Friedensreiches, das in Christus schon unter uns angebrochen ist und uns in Dienst nimmt. Dies macht die Kirche zum Anwalt der Überlebensvernunft und läßt sie nach Wegen des Übergangs zu einer lebensfähigen Welt und zu einer ‚Kultur des lebensgerechten Miteinanders' suchen."

3. „Die evangelischen Kirchen des Kirchenbundes haben eine ‚Absage an Geist, Logik und Praxis der Abschreckung' ausgesprochen. Sie haben in der ökumenischen Versammlung für Gerechtigkeit, Frieden und Bewahrung der Schöpfung eine ‚vorrangige Option' für den gewaltfreien Friedensdienst getroffen. Sie haben die seelsorgerliche Beratung der Wehrpflichtigen, die vor der zu fällenden Entscheidung stehen, die Verweigerung des Wehrdienstes ‚ein deutlicheres Zeugnis des Friedensgebotes unseres Herrn' genannt. ... Dieses Friedenszeugnis läßt sich nicht in Gestalt des MSV institutionalisieren."

4. In der 4. These fordert Falcke daher statt eines Militärbischofs einen Beauftragten für die Friedensdienste der Soldaten.

5. In der 5. These versagt er sich jeder Form berufsethischer, d.h. am Beruf des Soldaten orientierter ‚Gesamterziehung', sprich Lebenskunde.

6. In der 6. These geht er auf die Erfahrungen in der ehemaligen DDR ein. „...für die Kirchen in den Neuen Bundesländern (ist) der Grundsatz der Freiwilligkeit von entscheidender Bedeutung für eine offene, unverstellte Begegnung zwischen Soldaten und Kirche. Der Dienst der Kirche darf sich daher nicht über militärische Kommandostrukturen vermitteln. ... Er bleibt

ein freies (d.h. in der Regel praktisch freizeitliches) Angebot, das freie Beteiligungsbereitschaft wecken möchte.

Der reformatorische Grundsatz *sine vi sed verbo* (ohne Gewalt, sondern durch das Wort) macht sensibel auch gegenüber indirektem institutionellem Anpassungsdruck. ☐

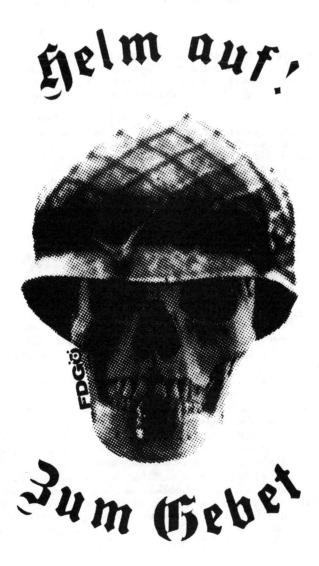

Edgar Baeger
Pflichtfach Religion/Ethik/Lebenskunde an öffentlichen Schulen?

Vom Standpunkt nicht konfessionell gebundener Menschen aus betrachtet, soll die Schule dazu befähigen, sich mit Weltanschauungen und Religionen unvoreingenommen zu beschäftigen. Die hierzu erforderlichen naturwissenschaftlichen, philosophischen und historischen Kenntnisse müßten in der Schule vermittelt werden. Niemals jedoch sollte es in einem demokratischen Staat, zumal bei dem heute immer stärker zunehmenden Trend zu einer multikulturellen Gesellschaft, als Aufgabe eines Schulsystems betrachtet werden, im Sinne einer bestimmten weltanschaulichen, politischen oder religiösen Ideologie Kinder und Jugendliche zu indoktrinieren. Ich möchte ganz besonders betonen: Diese Aussage bedeutet auch, daß schulische Indoktrination in einer atheistischen Weltanschauung ebenso verwerflich wäre wie Indoktrination im Sinne sonstiger religiöser oder politischer Lehren.

Vergleicht man mit einer solchen Zielvorstellung die politische Wirklichkeit in der Bundesrepublik Deutschland, dann ist festzustellen: **Das öffentliche Schulsystem in der Bundesrepublik Deutschland ist ein ideologisiertes Schulsystem.**

Während in der jetzt untergegangenen DDR eine politische Ideologie – der Marxismus-Leninismus – durch das dortige Schulsystem als Staatsideologie der Jugend vermittelt werden sollte, wurde in der Bundesrepublik Deutschland das öffentliche Schulsystem in ideologischer Hinsicht weitestgehend zwei speziellen Religionsgesellschaften ausgeliefert: Den beiden christlichen Großkirchen. Das Wehgeschrei, das sich regelmäßig auf kirchlicher Seite erhebt, wenn man deren Lehren als 'Ideologie' bezeichnet, beruht nur darauf, daß nicht zur Kenntnis genommen wird, was der Begriff 'Ideologie' bedeutet, nämlich

1. ein an eine soziale Gruppe, eine Kultur o.ä. gebundenes System von Weltanschauungen, Grundeinstellungen und Wertungen,

2. eine weltanschauliche Konzeption, in der Ideen der Erreichung politischer und wirtschaftlicher Ziele dienen. [1]

Ganz offenkundig treffen beide Definitionen auf die organisierte Religion zu. Bei Punkt 2. denke man nur an die ganz unverhohlen nach Weltmacht strebenden katholischen oder islamischen Fundamentalisten.

Den beiden christlichen Religionsgesellschaften – katholische und evangelische Kirche (alle anderen spielen in diesem Zusammenhang eine sehr untergeordnete Rolle) – kommt also in der Bundesrepublik Deutschland das Privileg zu, ihre Ideologie im öffentlichen Schulsystem auf Kosten des Staates in Form eines 'ordentlichen Schulfaches' verbreiten zu dürfen. Dieser Unterricht, der als einziges Schulfach grundgesetzlich verankert ist, ist ein entscheidender Mechanismus für die Selbstreplikation dieser religiösen Lehren. Von frühester Kindheit an wird hier eine Jugend zu Lasten anderer naturwissenschaftlicher, philosophischer Weltauffassungen und Wertsysteme in einem bestimmten Lehrsystem indoktriniert. ('Von frühester Kindheit an' ist keineswegs übertrieben, wenn man berücksichtigt, daß in vielen Ländern der Bundesrepublik auch das Kindergartensystem weitestgehend konfessionalisiert ist, selbstverständlich bei minimaler finanzieller Eigenbeteiligung der christlichen Kirchen.) Der Staat übernimmt die Bezahlung der Lehrer für diesen Verkündigungsunterricht. Er besorgt die Ausbildung dieser Lehrer und unterhält dafür die theologischen Fakultäten an den Universitäten. Das Bundesland Bayern, Paradebeispiel für den Staats-Kirchen-Filz, geht sogar so weit, auch 21 Lehrstühle an bayerischen Universitäten für das erziehungswissenschaftliche Studium in den Fachgebieten Philosophie, Pädagogik und Gesellschaftswissenschaften nur mit Professoren zu besetzen, deren katholisch-kirchliche Geisteshaltung gewährleistet ist.

Doch nicht genug damit, daß der Staat, der nach einem Urteil des Bundesverfassungsgerichtes weltanschaulich neutral zu sein hat und (so wörtlich) „eine Heimstatt für alle Staatsbürger" [2] sein sollte, das öffentliche Schulsystem in den Dienst einer Ideologie stellt, er geht noch darüber hinaus. Vom Standpunkt christlicher Politik aus betrachtet, hat das für die Replikation des Christentums so hervorragend funktionierende deutsche Schulsystem eine Schwachstelle: Kein Schüler kann zur Teilnahme am Religionsunterricht gezwungen werden, wenn die Eltern oder (bei Religionsmündigkeit) die Schülerin oder der Schüler dieses nicht wünschen. Insofern ist der Religionsunterricht eben kein ordentliches Schulfach, wie die Verfasser des Grundgesetzes glaubten ausdrücklich betonen zu müssen, sondern eine außerordentliche (weil ideologische) Veranstaltung. Dieses erkennend, haben christliche Politiker in vielen Parteien schon frühzeitig eine Gegenstrategie erdacht, deren Verfassungswidrigkeit und deren infame Konstruktion von fast allen Interessenverbänden der Konfessionslosen und Atheisten sträflich verkannt wurde: Diese Konstruktion heißt 'Ethikunterricht'. Erstmals etabliert wurde dieses Fach in der bayerischen Landesverfassung und wird dort als „Unterricht über die allgemein anerkannten Grundsätze der Sittlichkeit" bezeichnet. In der Verfassung von Rheinland-Pfalz firmiert das Fach als „Unterricht über die allgemein anerkannten Grundlagen des natürlichen Sittengesetzes". Im Saarland, in Hessen und Baden-Württemberg wird ein derartiger Unterricht als 'Ethikunterricht' bezeichnet und über das Schulgesetz eingeführt. In Niedersachsen gibt es zwei derartige Fächer: 'Werte und Normen' und 'religionskundlicher Unterricht', wobei die Kultusbürokratie ganz offenkundigen Druck zugunsten des ersten Faches ausübt.

Die rechtliche Konstruktion ist aber in allen Fällen die gleiche. Die entsprechende Passage in den Gesetzestexten lautet immer sinngemäß: „Für Schüler, die am Religionsunterricht nicht teilnehmen, ist ein Unterricht über ... einzurichten."

Eine derartige Konstruktion ist jedoch eindeutig die Konstruktion eines **Ersatzfaches** für den Religionsunterricht. Hier wird de facto eine Religionspflicht an den Schulen etabliert. Schüler, die dieser Pflicht zum Besuch eines Religionsunterrichtes nicht nachkommen wollen, werden jetzt zum Besuch dieses Ersatzfaches **verpflichtet**. Die Formulierung 'Ersatzfach' ist nicht etwa eine Wortschöpfung des Referenten, der hieran eine Argumentation festmachen möchte, sondern wurde ganz offen von den Kultusbürokratien, den Politikern und den Kirchen gebraucht. So hieß es etwa im Schulgesetz von Baden-Württemberg bis zum 1. 8. 1983:

„Das Kultusministerium ist ermächtigt, für Schüler, die am Religionsunterricht nicht teilnehmen, *ein Ersatzfach* einzurichten." § 100 (4)

In einem Schreiben des rheinland-pfälzischen Kultusministeriums an die CDU-Politikerin Frau Dr. Laurien wird an mehreren Stellen der 'Ethikunterricht' als Ersatzunterricht bezeichnet. Die evangelische Akademie Arnoldshain in Hessen schrieb auf eine Einladung über eine Tagung zum Thema 'Ethikunterricht' wörtlich: „Seine Einführung (d. 'Ethikunterrichts'. E.B.) wurde von allen gesellschaftlichen Gruppen befürwortet (übrigens eine glatte Lüge. E.B.), sein Ersatzfachstatus von den Kirchen gefordert." Die Belege ließen sich noch beträchtlich erweitern.

Nun kann ein Gesetzgeber nur dann eine Ersatzleistung von seinen Bürgern fordern, wenn eine Originalpflicht besteht, der nachzukommen die Betreffenden sich weigern. Für atheistische Schüler, für die ein atheistischer Weltanschauungsunterricht nie existierte, kann eine Originalpflicht zu dessen Besuch niemals vorgelegen haben, und diese Schüler zum Besuch eines christlichen Religionsunterrichtes verpflichten zu wollen, wäre wohl der Gipfel christlicher Dreistigkeit. Mit der Einführung eines Ersatzfaches für Schüler, die an einem Religionsunterricht nicht teilnehmen, wird jedoch offenkundig eine Quasiverpflichtung zum Besuch eines Religionsunterrichts institutionalisiert – m.E. der größte Angriff auf die Religions- und Weltanschauungsfreiheit, der in der Bundesrepublik Deutschland je unternommen wurde.

Die Schwere dieses Verfassungsbruches nicht erkannt zu haben, ist vielen Verbänden der Konfessionslosen heute noch vorzuhalten. Aber nicht nur das: Ganz offenbar haben viele Menschen, die keiner Religionsgemeinschaft angehören, bislang nicht begriffen, in welch niederträchtiger Weise sie und ihre Kinder hierbei von christlichen Politikern diffamiert werden. Menschen, die religiös erzogen werden, unterstellt unser Staat die Fähigkeit zu ethisch-sittlichem Verhalten; den Kindern nichtreligiöser Menschen glaubt er aber zwangsweise(!) Unterricht über die Grundlagen der Sittlichkeit erteilen zu müssen. Man versuche sich einmal vorzustellen, welches Wehklagen über Christen in Not der Vatikan erheben würde, würden etwa in einem islamischen Staat die Kinder einer katholischen Minderheit zum Besuch eines Sittenunterrichts gezwungen, weil sie (selbstverständlich!) nicht am Koranunterricht teilnehmen würden.

Wäre nicht spätestens hier der Punkt erreicht, an dem hierzulande nichtkonfessionell gebundene Menschen ihrerseits die Frage aufwerfen müssen, wer ihnen bzw. ihren Kindern eigentlich Moral und Sittlichkeit beibringen möchte? Etwa Politiker und Kleriker, die Religionsgesellschaften angehören, deren Kirchengeschichte durchzogen ist von unzähligen Verbrechen gegen die Menschlichkeit? Ich erlaube mir nur stichwortartig hinzuweisen auf die Sachsenkriege Karls 'des Großen', die 'Heidenkriege' der sächsischen Kaiser, die Kriege der Päpste, die Kreuzzüge, die Feldzüge der Deutschordensritter gegen die Slawen, die Ketzerverfolgungen, die Inquisition, die Judenverfolgung, den Antisemitismus Luthers, den Kreuzzug gegen die Stedinger Bauern, die Hugenottenverfolgung, die Verbrechen der spanischen und portugiesischen Konquista, den dreißigjährigen Krieg, die Hexenverbrennungen, die Kriegspredigten während des ersten und zweiten Weltkrieges, das Paktieren mit den faschistischen Diktatoren (Franco, Mussolini, Hitler, Pavelic), die Diffamierung der Frauen, die Rechtfertigung der Sklaverei und viele andere. [3]

Die an den Idealen der Aufklärung und einer wissenschaftlich fundierten Weltanschauung orientierten Menschen haben allen Grund, jeden ihnen von Christen zugedachten Unterricht über 'Werte und Normen', über 'Ethik' und 'Sittlichkeit' entschieden zurückzuweisen. „Ihre Grundrechte und Freiheiten und die durch das Evangelium geforderte Würde der Person hat die abendländische Menschheit nur im Ringen gegen den erbitterten Widerstand der katholischen Kirche erreicht," schreibt beispielsweise Franz Klüber, ehemals Professor für katholische Soziallehre. [4]

Nun ist es zwar der christlichen Lobby gelungen, ihren Verkündigungsunterricht an deutschen Schulen im Grundgesetz abzusichern, die Einrichtung des 'Ethikunterrichtes' indes kann sich in keiner Weise auf die Verfassung stützen (daß die bayerische Landesverfassung in diesem Punkt grundgesetzwidrig ist, verwundert ohnehin nicht). Hier vergreifen sich christliche Politiker vielmehr an Menschen anderer Weltanschauung, bzw. an Menschen, die sich vom Christentum lösen wollen.

Ein derart dreister Verstoß gegen fundamentale Grundrechte unserer Verfassung, wie es der seitens der christlichen Politik vorangetriebene 'Ethikunterricht' darstellt, wird gegenüber nicht informierten Menschen oft damit gerechtfertigt, der Religionsunterricht sei laut Grundgesetz ein 'ordentliches Lehrfach', und damit sei die Etablierung eines Ersatzfaches für nicht am Religionsunterricht teilnehmende Schüler rechtens. Tatsächlich bedeutet dieser Begriff jedoch nur, daß der Staat sich verpflichtet hat, den Religionsunterricht einzurichten und zu finanzieren und daß für ihn die üblichen Unterrichtsbedingungen gelten, als da sind: Versetzungsrelevanz, Aufsicht und Unterrichtsdisziplin, Leistungsnachweise. Da das Grundgesetz die Abmeldemöglichkeit vom Religionsunterricht garantiert, kann aus dem Begriff 'ordentliches Lehrfach' niemals eine Verpflichtung zum Besuch eines solchen Unterrichtes abgeleitet werden und damit auch niemals die Berechtigung zu einer Ersatzkonstruktion.

Teilweise wird für die Akzeptanz des 'Ethikunterrichts' geltend gemacht, dieser Unterricht könnte für die teilnehmenden Schüler doch sehr interessant gestaltet werden und verletze, wenn er sachlich und inhaltlich nicht religiös geprägt sei, auch keine religiösen Gefühle. Ich habe festgestellt, daß diese Argumentation bei Lehrern weit verbreitet ist (Motto: Unterricht ist nie schlecht!). Die beste mir bekannte Antwort darauf gab der Jurist Rainer Prewo mit einem sehr treffenden Vergleich: Angenommen, unser Gesetzgeber beschlösse ein Gesetz, demzufolge nicht konfessionell gebundene Menschen an Sonntagen gemeinnützige Aufgaben übernehmen (etwa Krankenbetreuung,

Mithilfe in Alters- und Pflegeheimen u. dgl.) oder aber eine Abgabe für soziale Dienste entrichten müßten, und zwar als Kompensation für die Zeit, die religiös gebundene Menschen für Gottesdienste und Kirchenveranstaltungen aufwenden bzw. als Äquivalent für deren Abgaben zur Kirchensteuer. Ein solches Gesetz wäre für jeden demokratisch denkenden Bürger offenkundig verfassungswidrig, denn die Nichtzugehörigkeit zu einer Religionsgesellschaft darf nie zu Kompensationsforderungen führen. Es kommt also nicht darauf an, welcher Art eine Kompensation ist, sondern darauf, ob für die Einführung einer solchen überhaupt eine Begründung hergeleitet werden kann, die vor der Verfassung Bestand hat.

Die christliche Politik gibt sich nicht die geringste Mühe, zu verbergen, daß der 'Ethikunterricht' einzig und allein als Mittel gegen die zunehmenden Abmeldungen vom Religionsunterricht eingeführt wurde bzw. wird. So schrieb beispielsweise (um nur ein Beispiel zu zitieren) das bayerische Staatsministerium für Unterricht und Kultus in einem Schreiben vom 27. März 1972 ganz offen: „Nachdem die Zahl der Schüler, die gem. Art. 137 Abs. 2 BV am Rel.U. nicht teilnehmen, in jüngster Zeit zugenommen hat, hat das Staatsministerium das Staatsinstitut für Schulpädagogik ... beauftragt, einen Lehrplan für einen Ethikunterricht gem. Art. 137 Abs. 2 BV zu erarbeiten." Wir können daher feststellen: Ohne die Einrichtung des verfassungswidrigen 'Ethikunterrichts' wäre der kirchliche Religionsunterricht an unseren Schulen bereits weitgehend bankrott. Die Segnungen des privilegierten kirchlichen Verkündigungsunterrichtes sind den Christen heutzutage offenkundig so wenig einsichtig, daß die für diesen Unterricht aufgewendete Zeit nur noch als **Zusatzbelastung** empfunden wird. Empört weisen diese Musterchristen und ihre politischen Vertreter in Diskussionen zu diesem Thema stets auf die geringere Stunden**belastung** für nichtkonfessionell gebundene Schüler hin. Daß sie damit alles über die Qualität ihres religiösen Bewußtseins offenbaren, stört diese Zeitgenossen wenig. Doch denke man bei Gelegenheit einmal darüber nach, wohin wir kämen, würden Eltern, die ihren Kindern privat Unterricht zuteil werden lassen, den sie für erzieherisch wertvoll halten – beispielsweise zum Erlernen eines Musikinstruments – fordern, jetzt müsse der Gesetzgeber aber dafür sorgen, daß andere Kinder mit derselben Stundenzahl 'belastet' werden.

Wenn ein Staat sein Schulsystem in den Dienst einer bestimmten Ideologie stellt und zur Absicherung dieses Vorhabens auch vor Verfassungsbrüchen nicht zurückschreckt, dann nimmt es nicht wunder, daß auch bei der praktischen Durchführung des 'Ethikunterrichts' keinerlei Respekt vor der Weltanschauung Andersdenkender vorhanden ist. So erteilen, trotz aller Dementis, immer wieder Religionslehrer oder Lehrer mit strenger kirchlicher Bindung diesen Unterricht – für Schüler, wohlgemerkt, die entweder nicht der christlichen Religion angehören oder mit ihr nichts mehr zu tun haben wollen. Ein evangelischer Kirchenrat formulierte in einer Sendung des Süddeutschen Rundfunks mit kaum noch überbietbarer Unverfrorenheit: Wenn einer „seiner" Religionslehrer 'Ethikunterricht' erteile, so befreie er diesen in dieser Zeit von der Verpflichtung zur Erteilung von Religionsunterricht, und damit handele es sich bei diesem Lehrer ja um keinen Religionslehrer mehr. Und die evangelische Akademie Arnoldshain titelte auf ihrer Einladung, ganz in diesem Geiste: „Ethikunterricht: Auftrag und Chance der Kirche?" mit der Untergruppe: „Ethikunterricht: Wertorientierung – religiöse Unterweisung!" (für nichtchristliche Schüler – wohlgemerkt!).

Professor Horst Herrmann zitierte in einer Schrift des Elternbundes Hessen aus dem Entwurf der hessischen Rahmenrichtlinien für den 'Ethikunterricht', der u.a. „Handeln nach ethischen Grundsätzen auf der Grundlage der christlichen und humanistischen Tradition" oder die „Vermittlung der traditionellen Gehalte im Christentum und Humanismus" zu seiner Zielsetzung macht, was dann bei den Unterrichtsinhalten zu Begriffen wie „Versöhnung mit Gott", „Erfüllung der Gesetze Gottes", „Nächstenliebe", „christlicher Erfahrungskontext" und ähnlichen Wortschöpfungen aus dem klerikalen Vorratslager führt.[6] Bei vielen Formen praktisch durchgeführten 'Ethikunterrichts' geht man kaum fehl, wenn man dem 'Ethikunterricht' zusätzlich auch noch die Absicht einer Zwangsmissionierung unterstellt.

Ich habe wiederholt kritisch angemerkt, daß die Verbände der Konfessionslosen und Atheisten allzulange dem 'Ethikunterricht' nicht mit der Entschiedenheit entgegengetreten sind, die dieser christliche Anschlag auf die Religionsfreiheit verdient hätte. Soweit ich sehe, gibt es zwei Gründe, die hierzu beigetragen haben:

Der erste Grund ist eine Fehleinschätzung: Freigeistige Verbände glaubten (und glauben teilweise noch heute), der 'Ethikunterricht' ließe sich zu einem Vehikel für einen Unterricht über humanistische, philosophische und naturwissenschaftliche Weltanschauungen ausbauen, und den Verbänden würde (ebenso wie den Kirchen beim Religionsunterricht) eine Gestaltungsmöglichkeit bezüglich dieses Unterrichts und ein Mitspracherecht bezüglich des Lehrpersonals eingeräumt – eine geradezu fahrlässig naive Fehleinschätzung christlicher Politik. Zu keinem Zeitpunkt lag dergleichen jemals in der Absicht der Befürworter eines 'Ethikunterrichts'. Dort, wo man auf freigeistiger Seite glaubte, auf diesem Wege voranzukommen, spielte man tatsächlich die Rolle des nützlichen Idioten, der mit bescheidensten Zugeständnissen hinreichend lange ruhiggestellt werden konnte, bis das Projekt 'Ethikunterricht' etabliert war. Diese Gefahr laufen auch heute noch alle Verbände, die mit 'religionskundlichem' oder 'lebenskundlichem' Unterricht experimentieren. Sie werden irgendwann feststellen, daß die Kultusbürokratie zunächst daran interessiert ist, einen derartigen Unterricht zu einem Pflichtersatzfach bei Nichtbesuch eines Religionsunterrichts zu machen, ggf. über finanzielle Anreize für die Träger. Außerdem gibt es nicht den geringsten Schutz dagegen, daß die Kultusbürokratie ihrerseits dann ein weiteres Ersatzfach 'anbietet'. Ist das einmal geschehen, dann werden vielfältige Verwaltungsmechanismen in Gang gesetzt, um eine Präferenz zugunsten des von der Bürokratie veranstalteten Ersatzfaches zu erreichen. Im nervenzehrenden Kleinkrieg mit den 'Apparatschiks' der Kultusbürokratie sind aber die relativ schwachen Verbände haushoch unterlegen und haben in der Praxis keine Chance, ihre Vorstellungen durchzusetzen.

Der zweite Grund für den unzureichenden Widerstand gegen den 'Ethikunterricht' ist die enorme Schwierigkeit, ein Urteil über die Verfassungswidrigkeit dieser Veranstaltung vor dem Verfassungsgericht zu erstreiten. Die zynischen christlichen Politiker wissen sehr wohl, daß ein potentieller Kläger – etwa ein konfessionsloses Elternpaar – die gesamte juristische Instanzenleiter durchlaufen muß, bevor die Einreichung einer Verfassungsbeschwerde möglich ist. Damit nicht genug, hat die christliche Politik auch noch anderweitig vorgebaut: Es ist eine fromme Mär zu glauben, im Bundesverfassungsgericht säßen Richter, die nur aufgrund ihrer fachlichen Qualifikation und ihrer über alle Parteilichkeit erhabenen Persönlichkeitsstruktur in dieses Amt berufen wurden. Tatsächlich ist das Bundesverfassungsgericht ein politisches Gericht, und die Richtersessel werden durch Kungelei der Parteien besetzt. In den beiden mir bekannten Fällen, in denen eine gegen den 'Ethikunterricht' gerichtete Verfassungsbeschwerde den mit drei Richtern besetzten Vorprüfungsausschuß erreichte und dann auch prompt „wegen mangelnder Aussicht auf Erfolg" abgewiesen wurde, führte im einen Fall ein Richter den Vorsitz, der kurz darauf den evangelischen Kirchentag als Präsident leitete. Im zweiten Fall war der Vorsitzende ein ehemaliger CDU-Innenminister, der in diesem Amt genau das Schulgesetz mitunterzeichnet hatte, gegen das die Verfassungsbeschwerde gerichtet war. Von Befangenheit oder Entscheidung in eigener Sache kann aber selbstverständlich keine Rede sein. Nicht nur der amerikanische Präsident Reagan wußte, daß man durch entsprechende Besetzung des höchsten Gerichtes in der Politik noch entscheidende Weichen stellen kann, wenn man vielleicht eines Tages selbst keine parlamentarische Mehrheit mehr hat.

Der Verwaltungsrichter Dr. Gerhard Czermak hat in einem Kommentar (zur Weigerung eines Amtsrichters, einer Presseredaktion auf Anfrage die Zahl der Kirchenaustritte in seinem Amtsbereich mitzuteilen) zwei Sätze geschrieben, die die Situation so präzise charakterisieren, daß ich ihn wörtlich zitieren möchte: „Bei allem redlichen Bemühen unseres Richterstandes und dem insgesamt hohen Stand unserer Rechtsprechung, jedenfalls soweit er in den Fachzeitschriften einen Ausdruck findet, muß man leider feststellen: **immer dann, wenn ideologische Fragen, gar solche speziell weltanschaulich-religiöser Art, inmitten stehen, besteht Gefahr. Nicht selten werden dann die fachlichen Standards, u.a. Logik und nachvollziehbare Argumentation nach anerkannten professionellen Regeln zumindest teilweise beiseite gelassen, bis hinauf zum Bundesverfassungsgericht."** (Heraushebung E.B.) [7]

Angesichts dieser treffenden Zustandsbeschreibung sollte man darüber nachdenken, wo wirklich Gefahren für den Rechtsstaat lauern. (Ich persönlich bin nicht der Ansicht, daß dieser durch einen kommunistischen Briefträger gefährdet ist.)

Zwei Meldungen aus der ersten Hälfte dieses Jahres (1991) sollten der deutschen Öffentlichkeit sehr zu denken geben: In zwei Mittelmeerstaaten mit ausgesprochen klerofaschistischer Vergangenheit, nämlich Italien und Spanien, herrscht offenbar im Verhältnis zwischen Staat und Kirchen mehr Rechtsstaatlichkeit als in der Bundesrepublik Deutschland. In Italien entschied das höchste italienische Gericht, daß eine Teilnahme am Religionsunterricht freiwillig sei und eine Verpflichtung zum Besuch eines Ersatzfaches nicht bestehe. Ebenso wurde in Spanien durch den Erziehungsminister dem Religionsunterricht der Charakter eines Hauptfaches genommen und die Zwangsverpflichtung zum Besuch eines Ersatzfaches Ethik abgeschafft, auch hier gegen die Proteste der katholischen Kirche. [8, 9]

Schon 1974 stellte Horst Herrmann die Frage, ob die Amtskirche unser Land nicht in einer schrecklich subtilen Weise besetzt halte. [10] Heute aber darf bezweifelt werden, daß sich dieser Zustand mit Hilfe christlicher Politik noch beliebig lange konservieren läßt. Derzeit gehört bereits ein Viertel der gesamtdeutschen Bevölkerung nicht mehr den christlichen Kirchen an. Dieses Verhältnis verschiebt sich laufend weiter zuungunsten der christlichen Großkirchen. Schon um die Jahrtausendwende kann man damit rechnen, daß Katholiken, Protestanten und Konfessionslose zu etwa gleichen Teilen in der Bevölkerung vertreten sind (etwa je ein Drittel), wobei bei beschleunigter Entwicklung dieses Verhältnis durchaus auch früher erreicht werden kann. [11] Daß unter diesen Umständen weiterhin der Staat sein Schulsystem nur den christlichen Großkirchen zur Weiterverbreitung ihrer Ideologie überlassen und dieses auch noch durch die flankierende Maßnahme des verfassungswidrigen 'Ethikunterrichts' absichern kann, ist nicht sehr wahrscheinlich. Von dem politischen Verhalten der Konfessionslosen aber wird es entscheidend abhängen, **wann** rechtsstaatliche Strukturen den Staats-Kirchen-Filz im Schulbereich ablösen werden. □

1 *Duden Fremdwörterbuch*, Mannheim 1982
2 *BVerfG–Entsch.*, Bd. 19, 206 (216)
3 Deschner, K.H., *Abermals krähte der Hahn, Mit Gott und den Faschisten, 100 Jahre Heilsgeschichte*
4 Klüber, F., *Der Umbruch des Denkens in der katholischen Soziallehre*, S. 136, Köln 1982
5 Prewo, R., in: *Ethische Erziehung in der Schule*, Frankfurt 1983
6 Herrmann, H., in: *Ethische Erziehung in der Schule*, Frankfurt 1983
7 Czermak, G., in: *Materialien und Informationen zur Zeit (MIZ)*, 2/1991, S. 11
8 *MIZ*, 3/1991, S. 52 (1447)
9 *MIZ*, 2/1991, S. 61 (1393)
10 Herrmann, H., *Ein unmoralisches Verhältnis*, S. 11, Düsseldorf 1974
11 Baeger, E., in: *Was ist uns die Kirche wert?*, Humanistische Union, Schriften 18, S. 34, München 1991

Edgar Baeger

Dipl.-Ing., Professor für Elektronik und technische Informatik. Mitglied im Beirat der Humanistischen Union. Mehrere Veröffentlichungen und Rundfunkbeiträge zum Themenkreis Trennung von Staat und Kirchen – u.a.

Kirchen und öffentliche Gelder, in: Vorgänge 2/87, Enzyklika für die Freiheit der Religionskritik (zusammen mit U. Vultejus), in: Schriften der Humanistischen Union, Bd.16/1989, Plädoyer für einen weltanschaulich neutralen Staat, in: *MIZ* 3/91.

Ursula Neumann
Ewige Wahrheiten mit begrenzter Haltbarkeit
Vom Kampf der katholischen Kirche
gegen die Gleichberechtigung der Frau
bis zur Diskussion um den § 218 StGB

Hüterin der ewigen Wahrheiten will die katholische Kirche sein. Es ist deshalb nur konsequent, wenn sie in der Diskussion um den Abtreibungsparagraphen allen Andersdenkenden Verstand und Verantwortungsbewußtsein, zumeist obendrein auch noch Redlichkeit abspricht. Zwar ließe sich auch an der Frage der Abtreibung aufzeigen, daß es mit der Behauptung der unverändert gleichen Botschaft durch die Jahrhunderte so seine Schwierigkeiten hat – immerhin war lange gängige Lehre, daß der Foetus erst mit dem 40. bzw. 80. Tage beseelt und damit zum menschlichen Wesen wird. Aber in der Abtreibungsfrage gibt es noch keinen gesellschaftlichen Konsens darüber, daß es die **Frau** (und nicht der Arzt, die Beratungsstelle, der Richter) ist, der die Entscheidung zusteht, ob sie ein Kind austragen will und kann oder nicht. Ich zweifle nicht: In dem Augenblick, wo der gesellschaftliche Konsens hergestellt worden ist, daß eine Bevormundung der schwangeren Frau nicht in Frage kommt, werden sich die offiziellen und inoffiziellen Verlautbarungen der katholischen Kirche zu diesem Problem gewaltig ändern. Weil dies aber Zukunftsmusik ist, ist meine Behauptung nur eine Behauptung. Und behaupten kann man viel.

Aber ich kann mehr:

Ich kann **nachweisen**, daß es vor gar nicht langer Zeit, nämlich vor nicht einmal 40 Jahren, hier in der Bundesrepublik in der Frage der Gleichberechtigung von Mann und Frau ganz ähnlich lief wie jetzt beim § 218 StGB.

Als es um die Gleichberechtigung ging, bemühte die katholische Kirche zunächst den lieben Gott, das Naturrecht, die Natur- und Schöpfungsordnung, die heilige Schrift, die unveränderliche Lehre der Kirche seit Apostelzeiten, um die bundesrepublikanische Gesellschaft, insbesondere aber den Gesetzgeber, zu überzeugen, daß Gleichberechtigung von Mann und Frau gegen Gottes Willen sei, durch sie die Familie und kurz danach der Staat zerstört würde, und Frauen, die für die Gleichberechtigung plädierten, verblendet in ihr Unglück rennen.

Die Frage der Gleichberechtigung ist – wenigstens theoretisch – erledigt. Und damit ist auch in der Versenkung verschwunden, was zuvor „gelegen oder ungelegen", wie damals ungeheuer mutig betont wurde, verkündet, behauptet und angedroht worden war. Was damals gelegen oder ungelegen verkündet wurde, würde nämlich heute nur Ungelegenheiten machen.

Vor weniger als 40 Jahren ging es also schon einmal um die Rechte der Frauen; darum, ob frau ihr eigener Herr sei, oder ob sie bei der Eheschließung nicht nur ihren Mann, sondern auch ihren Herrn und Gebieter geheiratet habe.

Damals sollte gemäß Art. 117 GG die Gleichberechtigung von Mann und Frau im Bürgerlichen Gesetzbuch (BGB) konsequent verankert werden. Bis zum 31. März 1953 mußte der Gesetzgeber alle Bestimmungen beseitigt haben, die dem Gleichberechtigungs-Artikel 3 des Grundgesetzes zuwiderliefen.

Bis dahin galten die Paragraphen des alten BGB, wonach die verheiratete Frau sich **in allen** ehelichen und familiären Fragen der Entscheidung des Mannes zu fügen hatte: Über Wohnsitz, Anschaffungen, Ausbildung der Kinder usw. konnte der Mann bis zu diesem Zeitpunkt **allein** bestimmen (§ 1354 BGB alte Fassung). Auch finanziell war die Frau entmündigt: nicht einmal über das **von ihr** in die Ehe eingebrachte Vermögen durfte sie verfügen (§ 1363 BGB a.F.). Der Ehemann hingegen konnte auch gegen den Willen, ja ohne das Wissen seiner Frau **ihre** Arbeitsstelle kündigen (§ 1358 BGB a.F.). Schließlich war sie laut Gesetz zur Haushaltsführung verpflichtet, unbeschadet des ehemännlichen Rechts, sie zusätzlich zur Mithilfe in **seinem** Geschäft heranzuziehen (§ 1356 BGB a.F.).

Ursula Neumann
geb. 1946 in Lörrach, Studium der Theologie in Würzburg und Tübingen (Dipl.theol. 1970), berufstätig als Religionslehrerin, wissenschaftliche Assistentin und im Vorschulbereich, Ausbildung zur Ehe- und Lebensberaterin, Studium der Psychologie (Dipl.psych. 1982), Arbeit an einer psychologischen Beratungsstelle, daneben eine psychoanalytische Ausbildung, nach deren Abschluß 1986 in freier Praxis tätig. Mehrere Veröffentlichungen zu Fragen der Kindeserziehung und der sozialen Ursachen von Angst. Verheiratet, zwei Kinder.

Entgegen der Vorgabe des Grundgesetzes war dann bis zum Märzende 1953 noch nichts passiert. Genauer gesagt: Es war einiges passiert, damit nichts passiert war – vor allem in Form von trommelfeuerartigen Einsätzen der katholischen Kirche.

Die Katholiken-Lobby brachte es fertig, die Bonner Regierung jahrelang auf Kirchen-Kurs zu halten. Aber nicht diese Verschleppung des Grundgesetzauftrags, die eine offensichtliche Rechtsbeugung war, schien katholischen Kreisen als das Anstößige. Helene Weber, Bundestagsabgeordnete der CDU und damals führend in der katholischen Frauenbewegung (sie war bereits durch eine Gesetzesinitiative hervorgetreten, nach der Beamtinnen, wenn ihr Lebensunterhalt durch eine Heirat auf Dauer gesichert schien, ohne weitere Formalitäten aus dem Beamtenverhältnis zu entlassen wären) [1] beklagte, man habe „damals schon (also 1949. U.N.) hervorgehoben, daß diese Frist (bis

1953. U.N.) zu kurz sei", und bedauerte, daß keine Verlängerung „der Frist des Art. 117" erreicht wurde. [2]

Deutlicher drehte eine andere Katholikenführerin den Spieß um und stempelte diejenigen zu bösen Buben, die auf Erfüllung des Verfassungsauftrags drängten. Maria Friedemann schrieb: „Der zeitliche Druck, unter dem die Reformarbeit bereits stark leidet, ist ebenfalls durch politisch interessierte Kreise in Art. 117 Abs. 1 GG geschaffen worden. ... Man braucht damit nur die Behandlung dieser Dinge in der Deutschen Demokratischen Republik zu vergleichen, um zu wissen, wes Geistes Kind diese Bestrebungen sind." Ihr Vorschlag dagegen war: „Wir sollten uns deshalb allen Ernstes fragen, ob unsere Zeit überhaupt reif und geeignet ist, eine 'Familienrechtsreform' zu schaffen und das Recht der Ehe zu ändern." [3]

Gut Ding will Weile haben!

Das Gleichberechtigungsgesetz vom 18. Juni 1957, also über 4 Jahre verspätet, hielt immer noch fest am Stichentscheid des Vaters in Erziehungsfragen und an der Priorität der Hausarbeit vor der Berufstätigkeit der Frau. Erst das Bundesverfassungsgericht kippte den Stichentscheid am 29. 6. 1959. Und daß eine verheiratete Frau nur berufstätig sein durfte, „soweit dies mit ihren Pflichten in Ehe und Familie vereinbar" war (§ 1356 BGB in der Fassung von 1957), blieb noch bis zur Familienrechtsreform von 1976 geltendes Recht.

Heute wagt zumindest gegen die gesetzliche Gleichstellung von Mann und Frau kein katholischer Bischof und Theologe zu revoltieren. Um so lehrreicher ist der Blick auf jene Argumente, die katholische Oberhirten damals als 'natürliche Gottesordnung' zu verkaufen suchten.

Eine Familienrechtsreform unter Berücksichtigung von Art. 3 GG erfuhr durch Bischöfe und Theologen eine harsche Bewertung. Die Ablehnung auf katholischer Seite war durchgängig. Ich betone dies, um dem Einwand vorzubeugen, die Zitate, die ich im folgenden anführe, seien lediglich mehr oder minder abwegige Sondervoten. Nein: Hier bestand Übereinstimmung, vom Vorsitzenden der Deutschen Bischofskonferenz, Kardinal Frings, angefangen, bis zum letzten Theologieprofessor, der glaubte, zu dieser Frage etwas bemerken zu müssen. Mir ist nicht eine einzige Aussage eines katholischen Theologen vor 1960 bekannt, in der ohne Wenn und Aber die Gleichberechtigung von Mann und Frau in der Ehe vertreten worden wäre.

Bereits 1951/52 wurde in der **Herder Korrespondenz** über die Abschaffung des § 1354 BGB gehandelt („Dem Manne steht die Entscheidung in allen das gemeinschaftliche Leben betreffenden Angelegenheiten zu..."). Es hieß: „Dieser Vorschlag beseitigt die natürliche Ordnung der Ehe und trägt den Keim der Auflösung in sich. Der Standpunkt der katholischen Kirche zu dieser Frage ist eindeutig; die Päpste haben bis in die neueste Zeit hinein keinen Zweifel darüber gelassen, daß die Leitungsgewalt des Mannes von Gott gewollt, als göttliches Gesetz den Menschen geoffenbart und damit zu allen Zeiten verbindlich sei. ... Der Vorschlag ... steht damit im krassen Widerspruch zu den für die katholischen Christen verbindlichen Grundsätzen der Kirche." Die im Auftrag des Bundesjustizministeriums erstellte Denkschrift beseitige daher „die Autorität in Ehe und Familie" und behandle die elterliche Gewalt in einem „familienzerstörerischen Sinne" [4]. Erzbischof Joseph Otto Kolb von

Bamberg sprach 1953 von „umstürzlerische(n) Vorschläge(n) zu einer falschen Familienrechtsreform" und meinte hoffnungsfroh: „Die katholische Frau wird aber nicht in einer falsch verstandenen Emanzipationssucht jene modernen Bestrebungen unterstützen, die, um eine scheinbare Gleichberechtigung durchzusetzen, ein staatliches Schiedsgericht für alle Meinungsverschiedenheiten unter den Eheleuten vorsehen. Das hieße ja, zur Auslieferung der Familie an den Staat, zur Zerstörung einer Ordnung mitzuhelfen, die lange vor dem Staat bestand." [5] Sein Kollege aus Speyer mahnte im selben Jahr die Frauen seiner Diözese: „Laßt euch nicht den Sinn verdrehen durch Schlagworte von Gleichstellung, die in Wirklichkeit unnatürliche Gleichmacherei bedeuten. Laßt euch nicht das Herz vergiften durch die Lockung übertriebener Lebensansprüche! Laßt euch nicht abdrängen vom Weg des wahren Frauenglücks, das da ist: Dienend zu herrschen..." [6]

Beliebt waren Warnungen vor dem „falschen Begriff der Gleichberechtigung", vor der „falsche(n) Auslegung des Gleichberechtigungsgedankens", vor der Mißachtung des Grundsatzes, daß „Gleiches gleich und Ungleiches verschieden" behandelt gehöre [7] vor einer „mechanischen Gleichberechtigung" [8] und vor dem „völligen Mißverstehen des Gleichberechtigungsgrundsatzes" [9].

Kurzum: „Der Forderung um Gleichberechtigung im Bereiche des Familienrechts liegt ein systematischer Kampf gegen den christlichen Begriff der Familie zugrunde." [10]

Wie sieht nun demgegenüber die 'richtige' Familienordnung aus, und wie wird sie begründet?

Kurz gefaßt: In der 'richtigen' Ehe bestimmt der Mann, und die Frau gehört ins Haus.

Daß die Ehe eine hierarchisch geordnete Angelegenheit ist, liegt a) in der Natur der Sache und im Wesen von Mann und Frau; ist b) biblisch und in der Lehre der Kirche begründet; und c) ohne Autorität geht's überhaupt nicht.

Hören wir zunächst, was die deutschen Bischöfe in ihrem gemeinsamen Hirtenbrief vom 30. 1. 1953 dazu zu sagen hatten: „Diese (gemeint: die richtig verstandene. U.N.) Gleichberechtigung schließt darum keineswegs aus, daß rechtliche Unterschiede in der Stellung von Mann und Frau in Ehe und Familie bestehen. Solche Unterschiede sind in den natürlichen Wesenseigenschaften von Mann und Frau begründet. ... Wer grundsätzlich die Verantwortung des Mannes und Vaters als Haupt der Ehefrau und der Familie leugnet, stellt sich in Gegensatz zum Evangelium und zur Lehre der Kirche. ... Die Lehre..., um die es hier geht, ist in Gottes Wort klar bezeugt. Wer sie leugnet, verkennt und verkehrt die hohe Berufung und Verantwortung des Mannes und Vaters, dem zum Dienst der Liebe an Frau und Kindern eine Leitungsgewalt übertragen ist. ... Wer sie leugnet, verkennt auch die wahre Natur der ehelichen Liebe, die die Ordnungen des Rechtes unter den Gatten nicht aufhebt, sondern voraussetzt und erfüllt. Dies gilt für jede Ehe." Und schließlich „verlangt auch die natürliche Ordnung, daß in einer Gemeinschaft von nur zwei Personen eine Autorität die Einheit dieser Gemeinschaft gewährleistet. ... Jeder Schritt unserer Gesetzgebung und Rechtsprechung, der von dieser

Ordnung wegführte, träfe nicht nur die christliche Ehe – er träfe die Ehe überhaupt." [11]

Theologen der verschiedensten Disziplinen lieferten ihren bischöflichen Herren die entsprechende Schützenhilfe. Der Jesuit und Pastoraltheologe Hans Hirschmann, damals Mitglied der bischöflichen Kommission für die Fragen der Familienrechtsreform, sah 1953 „die Verstaatlichung der Familie" kommen und belehrte die Eltern: „Wer ... wegen der aus der Gleichberechtigung unvermeidlich folgenden Gefährdung des Kindes (!) im Konfliktsfall der Eltern eine staatliche Stelle einschaltet, verstößt gegen die Soziallehre der Kirche." Träger von Autorität, wußte der Jesuit, „können nicht Mann und Frau zugleich sein". Und da „die Autorität der Frau für alle Fragen ... kaum ernsthaft behauptet" wird, schließt Hirschmann messerscharf: „Bleibt eigentlich nur der Mann". An dessen Vorrang in Ehe und Familie wisse sich „die Kirche gebunden durch die Lehre der Heiligen Schrift". Mehr noch: Es handle sich dabei um die „unzweifelhaft von der Tradition ununterbrochen vorgetragene und darum verpflichtende Glaubenslehre" [12].

Und Klaus Mörsdorf, der damals führende katholische Kirchenrechtler, dessen Kirchenrechtshandbuch für ein paar tausend Priester Grundlage ihres Studiums war, dozierte im Jahre 1954: „Die Verteilung der Rollen zwischen Mann und Frau ist nicht willkürlich, sondern in der Schöpfungsgeschichte grundgelegt ... (die Frau) steht in einer seinsmäßigen Abhängigkeit vom Mann, dem Ersterschaffenen und Haupte der Frau. ... Das kirchliche Lehramt und die kanonistische Rechtslehre sehen in der hierarchischen Zuordnung der Gatten ein göttliches Grundgesetz der Ehe, das weder durch menschliche Gesetze noch durch Abreden der Vertragspartner abgeschafft oder abgeändert werden kann." Folgerichtig empfahl Mörsdorf der Frau, ihren Gatten „in aufrichtiger Unterwerfung zu lieben", womit er übrigens lediglich aus einer Ansprache Papst Pius' XII. aus dem Jahr 1941 zitierte [13]

Der Jesuit Albert Ziegler verbreitete sich noch 1958 in einem 500-Seiten-Opus über *Das natürliche Entscheidungsrecht des Mannes in Ehe und Familie*. Darin versucht er sich in dem wissenschaftlichen Nachweis, daß der Mann „befehlsbefähigt" und die Frau „gehorsamsgeeignet" sei, was sich so liest: „1. Mit der Abstraktion seiner Ratio und dem Durchsetzewillen seiner Willensstoßkraft kann der Mann naturhaft eindeutig besser befehlen, weniger gut gehorchen. Mit der Konkretion ihrer Intuition und dem Durchhaltewillen ihrer Willensspannkraft vermag die Frau naturhaft eindeutig besser zu gehorchen, weniger gut zu befehlen. 2. Mithin ist Befehlen eine naturhafte Sonderbefähigung des Mannes, Gehorchen eine ebensolche der Frau. 3. Mithin ist der Mann als naturhafter Träger des Entscheidungsrechtes in Ehe und Familie nachweisbar." [14]

Man glaube bloß nicht, daß solche Abstrusitäten keine weitere Beachtung gefunden hätten. Kein Geringerer als der CDU-Politiker und Jura-Professor Paul Mikat widmete Albert Ziegler noch 1960 einen zehn Seiten langen Artikel in der juristischen Fachzeitschrift *Ehe und Familie im privaten und öffentlichen Recht FamRZ*. Unter der Überschrift „Zur Problematik des natürlichen Entscheidungsrechtes des Mannes in Ehe und Familie" stimmt er Ziegler zwar nicht zu, meint aber immerhin: „Das Buch von Ziegler ... ist schon einer ruhigen und sachlichen Diskussion wert; bietet es doch ohne Zweifel eine gründliche und umfassende Bearbeitung des Problems der natürlichen Zuordnung der Geschlechter." [15]

Auch Ziegler mochte sich, Gott bewahre, nicht gegen die Gleichheitsforderung des Grundgesetzes stellen. Aber den Politikern mußte ja erst mal erklärt werden, was wahre Gleichberechtigung wirklich ist: Dem „Entscheidungsrecht" des Mannes steht das „Gehorsamsrecht" der Frau gegenüber. Und erst „in dieser gegenseitigen Berechtigung" ist nach Ziegler „echte qualitative Gleichberechtigung verwirklicht" [16].

Der Tübinger Professor für Pastoraltheologie, Franz Xaver Arnold, schwingt sich 1959 zum wahren Anwalt der Frauenwürde oder zum Anwalt der wahren Frauenwürde oder zu beidem auf. Er schreibt: „Nicht die laute Öffentlichkeit, sondern das Unscheinbare ist bezeichnend für das Wirken der Frau. Wer diese Ordnung durchbricht, entwürdigt die Frau." Konsequenterweise ist darum auch „der Schleier" das „Symbol der Frau" [17].

Eine These, die sicher auch heute noch ihre Anhänger finden dürfte.

Den Berufskatholikinnen war selbstverständlich klar, wer ihre wahren Freunde sind. Sie ließen sich durch den Sirenengesang liberaler und sozialdemokratischer Kreise nicht vom rechten Kurs abbringen. Die schon erwähnte Maria Friedemann wußte 1952 „die katholischen – und sicher auch alle anderen klar sehenden – Frauen" hinter sich, als sie „die natürliche Bestimmung und Aufgabe der Frau in der Mutterschaft" liegen sah und „die Gleichberechtigung nicht zur Erweiterung ihrer individuellen Rechte, zur Steigerung ihrer persönlichen Freiheit" mißbraucht wissen wollte [18].

Gertrude Reidick, eine Schülerin des Kirchenrechtlers Mörsdorf, publizierte 1953 gleich ein ganzes Buch über *Die hierarchische Struktur der Ehe*. Soviel Devotheit blieb nicht unbelohnt: Die Arbeit wurde umgehend von der Münchner katholisch-theologischen Fakultät preisgekrönt. Kostprobe: „Der Mann als der Ersterschaffene hat kein menschliches Haupt mehr über sich, welches sein Sein begründet. Er ist weder nach dem Weibe noch um des Weibes willen erschaffen worden. ... Haupt des Weibes aber ist der Mann. Die Frau lebt seinsmäßig, ihren geschöpflichen Fundamenten nach, aus dem Manne und um des Mannes willen. ... Die Frau, welche gegen das schöpfungsgemäße Verhältnis der Geschlechter rebelliert, das Zeichen der Abhängigkeit nicht mehr tragen und in gleicher Weise wie der Mann auftreten will, erlangt nicht etwa die Würde des Mannes, sondern geht ... der weiblichen Würde verlustig." [19]

Daß einer das Sagen haben müsse, wenn eine Gemeinschaft funktionieren soll, war ein beliebtes Argument, das wir schon aus Bischofsmund vernommen haben. Die Vorstellung, daß auch ohne 'Führer' die Handlungsfähigkeit einer Gemeinschaft gegeben ist, war fremd. Ob das nun daran lag, daß die Zeit des Faschismus erst wenige Jahre zurücklag oder daran, daß bei den katholischen Machthabern mehr oder minder bewußt die Angst umging, wenn die Leute erst merkten, daß auch **partnerschaftliche** Beziehungen funktionierten, könnten sie am Ende auch innerkirchlich auf dumme Gedanken kommen, sei dahingestellt.

Was die **Herder Korrespondenz** 1950/51 dazu meinte, ist immerhin aufschlußreich: „In Ehe und Familie kann es aber Gleichberechtigung ohne hierarchische Ordnung nicht geben. Ohne Autorität in der Familie keine Autorität des Staates. ... Bei den Massen zieht der Geist der Achtung vor der öffentlichen Autorität nur ein, wenn das heranwachsende Geschlecht die volle Autorität der Familie durchempfunden hat. Daher ist die hierarchische Ordnung der Familie ein Gebot der Vernunft. ... Innerhalb der ... Familie ist die Leitungsgewalt des Vaters eine essentielle Notwendigkeit." [20] Oder, um mit dem Moraltheologen G. Ermecke zu sprechen: „Kein Staat und keine Gemeinde, keine Schulklasse und kein Verein, kein Unternehmen und kein Betrieb kann ohne Leitung bestehen. Und was für jede Art von Gemeinschaft gilt, das sollte für Ehe und Familie nicht gelten? Wer in ihnen die Notwendigkeit einer sozialen Autorität leugnet, der zerstört sie ebenso, als wenn er als Anarchist die Staatsgewalt abschaffen will." [21].

Lassen wir den Jesuiten Hans Hirschmann die Argumente zusammenfassen. Er tat das in dem Artikel „Der Mann – das Haupt der Frau": „Diese Rechtsverhältnisse sind also nicht eine 'rein geschichtlich' gewordene patriarchalische Form der Ehe; sie sind auch nicht erst – was die hierarchische Ordnung angeht – ein Ergebnis des Sündenfalls ... Sie sind endlich nicht eine bloße Auswirkung des sakramentalen Charakters der christlichen Ehe. Vielmehr spiegeln die geschichtlichen Formen der patriarchalischen Ehe einen übergeschichtlichen Tatbestand. ... Die Kirche aber ist das Lebensprinzip der menschlichen Gesellschaft. Ihr Verständnis von Autorität und Gehorsam wirft ein klärendes Licht auf die Fragen von Autorität und Gehorsam im menschlichen Zusammenleben überhaupt. ... entfällt (gemeint: bei den Kindern. U.N.) das Erlebnis der Autorität des Vaters gegenüber der Mutter, ... so wird das zu einer erheblichen Erschwerung des rechten Verhältnisses zu jeder Autorität ... führen; entfällt das Erlebnis des Gehorsams der Mutter gegenüber dem Vater, so bringt das eine ... erhebliche Erschwerung des rechten Verhältnisses zu jeder Gehorsamspflicht im späteren Leben mit sich. ... Ein großer Teil jener unglücklichen Ehen und Familien, denen viele heute mit einer mißverstandenen Gleichberechtigung der Geschlechter helfen wollen, sind bereits das Opfer dieser Fehlentwicklung. Denn nicht das sogenannte 'patriarchalische Prinzip' ist schuld am Zerfall so vieler Ehen, sondern seine individualistische Verzerrung seit der Aufklärung, deren letzter ... Ausdruck die Forderung ist, nun endgültig die Haupt-Stellung des Mannes in Ehe und Familie im Recht zu streichen." [22]

Hier wird dem Staat unverhohlen das hierarchische Modell in der Ehe schmackhaft gemacht, sehr frei nach dem Motto aus Goethes *Faust*: Ducken sie da, folgen sie euch auch!

Nehmen wir das zum Anlaß, eine kurze Analyse der Argumente zu betreiben, die dem Staat gegenüber gebraucht werden, um ihn zur gesetzlichen Festschreibung der Vorrangstellung des Mannes zu veranlassen. Das ist deshalb lehrreich, weil sich die Argumentationsweise prinzipiell gleich bleibt, ob es nun um die Gleichberechtigung oder um das Scheidungsrecht, um die christliche Bekenntnisschule oder – wie derzeit – um die Abtreibung geht. Es ist immer dasselbe Strickmuster und erinnert an den Satz aus dem Märchen vom Hasen und Igel: 'Ick bin all do!'

Wenn das Zuckerbrot-Argument ('Du profitierst auch davon, laß uns gemeinsame Sache machen') nicht fruchtet, wird dem Staat Angst gemacht. Wenn er nicht folgsam ist, werde er schon sehen, wohin das führt. Im Falle der Gleichberechtigung: „Die Auflösung der Familie bedeutet aber die Auflösung des Staates, denn sie ist Voraussetzung für ihn." [23]

Ich habe im folgenden eine Collage aus Hirtenbriefen und 'seriösen' Theologenartikeln zusammengestellt (ich sinke dabei im Niveau nie unter die **Herder Korrespondenz**) und daraus ein fiktives Gespräch zwischen Staat und Kirche gemacht. Zitate sind am Fettdruck erkennbar.

„Und überhaupt, lieber Staat", sagt die Kirche, „hast du dich in die Familie nicht einzumischen, denn **die Familie ist unmittelbar von Gott geschaffen. ... Die Familie hat darum einen natürlichen und damit auch rechtlichen Vorrang vor dem Staat.** [24] **Dem Ursprung nach sind Ehe und Familie vor dem Staate, sie leben nach ihrer eigenen Verfassung, die Autorität des Staates ist gegenüber der Ordnung von Ehe und Familie subsidiär** [25]. **Ehe und Familie sind gottgegebene Ordnungen des menschlichen Lebens. ... Der Staat findet diese gottgegebenen Ordnungen vor. Da er sie nicht geschaffen hat, kann er sie auch nicht ändern** [26] Und außerdem: **in einem demokratischen Staate ist für eine Ehe und Familienobrigkeit des Staates kein Raum.**" [27]

„Also gut", sagt der Staat leicht genervt, „halte ich mich da raus. Sollen die Leute eben selber sehen, wie sie miteinander zurechtkommen." Er wendet sich zum Gehen.

„Hiergeblieben", ruft die Kirche. „Natürlich kannst du die gottgegebene Ordnung nicht ändern."

„Eben", sagt der Staat.

„Ja, aber du hast **sie anzuerkennen und zu schützen.**" [28]

„Das mußt du mir näher erklären", meint der Staat.

„Also, hör mal zu, das ist so: **Die Sorge für den Schutz der christlichen Ordnung in Ehe und Familie ist der Kirche übertragen.**" [29]

„Na also! Dann sorge mal schön und laß mich aus dem Spiel! Viel Erfolg!" Der Staat will endgültig gehen.

„Jetzt laß mich ausreden. **Für diese göttliche Ordnung muß ... auch der Staat eintreten. Ehe und Familie sind die Lebensgrundlagen des Volkes. Nur in der gottgewollten sittlichen Ordnung können sie sich gesund entfalten und neues Leben wecken.**" [30]

„Ach so, und was die 'gottgewollte sittliche Ordnung' ist, bestimmst du!"

„Genau!", sagt die Kirche und überhört den ironischen Unterton: „**Der natürliche(n) Ordnung (muß sich) der einzelne bei seinem Verhalten ebenso beugen wie der Staat bei seiner Gesetzgebung.**" [31]

„Also jetzt versteh' ich überhaupt nichts mehr. Zuerst heißt es, in Familienangelegenheiten hätte ich mich nicht einzumischen, und jetzt habe ich für die gottgewollte und natürliche Ordnung in Ehe und Familie einzutreten – was denn nun?"

Geduldig, wie zu einem begriffstutzigen Kind, formuliert die Kirche langsam: „**Sagt nicht die Präambel des Grundgesetzes, daß unser Volk in Verantwortung vor Gott und den Menschen sein Leben ordnen und aufbauen will? Dieser Grundsatz der Präambel verpflichtet.**" [32]

„Ach Gott, so ernst habe ich das damals doch nicht gemeint!"

„Wie du das gemeint hast, steht hier nicht zur Debatte, sondern was da steht. Es steht aber noch mehr da. Nämlich Artikel 6."

„Ja und?"

„**Damit schützt die Verfassung die vor allem vom Christentum gehütete Anschauung, daß die Eltern und vor allem der Vater für die Erziehung verantwortlich ist.**" [33]

„Wieso?", protestiert der Staat, „wieso 'vor allem der Vater'? Das steht da nicht drin!"

„Das ergibt sich, wie ich schon sagte, aus der natürlichen und göttlichen Ordnung, der du dich auch zu unterwerfen hast. Außerdem: Denk an die Präambel..."

„Und was ist, wenn ein Grundgesetzartikel mit einem anderen kollidiert, also Artikel 3 mit deiner Interpretation von Artikel 6?"

„**Hinsichtlich der Beziehung des Art. 3 Abs. 2 zu Art. 6 BGG muß deutlich herausgestellt werden, daß bei einem Widerstreit zwischen beiden Bestimmungen Art. 6 BGG als Sondertatbestand in jedem Fall den Vorzug hat** [34]. **Und überhaupt hat die Gleichstellung ... unter sinnvoller Berücksichtigung der Geschlechtsverschiedenheit und der naturgegebenen Unterschiede zwischen Mann und Frau zu erfolgen, nicht aber unter radikaler Verwirklichung der Forderung nach uneingeschränkter Erweiterung der Individualrechte der Frau. Es gilt, Gleiches gleich und Verschiedenes nach seiner Eigenart zu behandeln. Nicht Willkür, sondern lebensnahe Vernunft muß Leitstern der Reform sein. Im Bereiche der Familie haben diese Gedanken ihre besondere Bedeutung. Denn hier erhält die Verwirklichung des Gleichberechtigungsgrundsatzes Richtung und Begrenzung durch die Familienbezogenheit der Frau, durch ihre Zugehörigkeit zum Familienverband. Ehefrau und Mutter sind nicht als Individuum des allgemeinen Rechts, sondern als Glied einer vom Grundgesetz unter besonderen Schutz gestellten natürlichen Lebensordnung zu sehen.**" [35]

„Uff", sagt der Staat, „also, was heißt das konkret?"

„Das heißt: **Die Leitungsgewalt des Vaters (ist) bereits außerhalb des Rechts geltender Organisationsgrundsatz und muß daher auch im positiven Recht verankert sein.**" [36]

„Du meinst wirklich?", zögert der Staat.

„Ja. Außerdem: **Die katholischen Frauenverbände wollen die Familienautorität des Mannes auch im Gesetz ausdrücklich verankert haben.**" [37]

„Tja, da läßt sich schlecht was dagegen sagen. Und was noch?"

„**Aus schwerwiegenden Gründen ist der Vorschlag abzulehnen, die Haushaltleitungspflicht und Mitarbeitspflicht der Frau zu streichen. Der Vorrang der Ehe-, Hausfrau- und Mutterpflichten der Frau ist ein Eckpfeiler der christlichen abendländischen Kultur.**" [38]

„So sieht sie auch aus", murmelt der Staat.

Die Kirche blickt ihn scharf an und fährt fort: „**Die Hausfrau soll nicht nur zur Leitung des gemeinsamen Haushalts berechtigt, sie muß auch dazu verpflichtet sein. In der strukturierten Ganzheit der Ehe und Familie hat die Frau im Hause ihre entscheidenden Aufgaben und Pflichten; das muß das staatliche Gesetz schon aus erzieherischen Gründen klar aussprechen. Wir können es nicht hinnehmen, wenn das Gesetz die Frau von dieser 'Fessel' befreien will** [39]. **Wir verlangen eine Rechtsreform, die die Frau und Mutter der Familie wiedergibt.**" [40]

„Und wohin soll das führen?"

„Daß alle so denken wie jene **brave Mutter ... (die) mir jüngst (sagte): Politik treibe ich nicht. Meine Politik ist die gute Erziehung meiner Kinder.**" [41]

Und plötzlich bekommt der Blick der Kirche etwas Visionäres. Erschreckt weicht der Staat zurück.

„**Orientiert euer Urteil am Worte Gottes und am Wort derer, denen der Herr sagte: ‚wer euch hört, der hört mich; wer euch verachtet, der verachtet mich'** [42]. **Die Schlacht für die Familie muß gewonnen werden, wenn die Zukunft für Volk und Kirche gesichert werden soll.**" [43]

Irgendwann hat übrigens der liebe Gott seine Meinung in Sachen Gleichberechtigung geändert. Das läßt sich zeitlich sogar ziemlich genau eingrenzen. Es muß Mitte der 60er Jahre geschehen sein. Auf einen Schlag war 'der Mann als Haupt der Frau' kein Thema mehr. Warum, ist unbekannt. Es fragt auch keiner nach. Leider ist das Gedächtnis der meisten Leute genauso schlecht wie das der Kirchenmänner. Und so können sie vielleicht auch diesmal eine neue Auflage (völlig überarbeitet) ihrer ewigen Wahrheiten unters Volk bringen –, und viel zu wenige lachen.

Aber auch wenn die Kirchenmänner darauf angesprochen würden, was sie vor einer Generation noch als unumstößliche Wahrheiten verkauften, sie wären schnell mit Ausreden bei der Hand: Man müsse das aus dem historischen Kontext heraus interpretieren, nur wenn man die ‚zeitliche Bedingtheit' mitberücksichtige, werde man der Materie gerecht.

Wohl wahr! Nur bedauerlich, daß solche Einsicht prinzipiell erst post festum erfolgt. Vorher können sie den Mund gar nicht voll genug nehmen, wie glasklar Gottes Wort, wie eindeutig seine Lehre und wie unveränderlich sein Wille sei.

Die **formale** Parallelität der kirchlichen Argumentation in Sachen Gleichberechtigung und § 218 ist offensichtlich. Ihnen allen sind zur Genüge entsprechende Äußerungen bekannt, so daß ich mich auf ein einziges Zitat – von Kardinal Wetter anläßlich der Kardinalvollversammlung im April 1991 – beschränken möchte. Kardinal Wetter sagt: „Damit stellt sich auch die Frage nach der Kompetenz des Staates. Wie tolerant darf er mit sittlichen Normen und Werten umgehen? In verschiedenen Staaten ist die Abtreibung legalisiert, also in die Beliebigkeit (sic!) des einzelnen gestellt. Aber der Staat darf auch in einer pluralistisch verfaßten Gesellschaft nicht auf Moral verzichten; er muß Grundwerte, die in der Menschenrechts-Charta festgelegten Menschenrechte, verteidigen; er kann nicht frei darüber verfügen. Es handelt sich dabei um Rechte, die ihm selbst vorgegeben sind. Wenn der Staat darüber verfügt, dann verkommt er, dann verkommt er zur Diktatur." [44]

Es sind die vertrauten Taschenspielertricks: Das Wort 'Beliebigkeit' suggeriert, Frauen würden mal abtreiben und mal ein Kind austragen, ähnlich wie sie mal Reis und mal Nudeln kochen. Weiter wird durch einfaches Weglassen des besitzanzeigenden Fürworts suggeriert, daß die Normen und Werte der katholischen Kirche die Normen und Werte schlechthin seien, gerade so, als wäre der Verzicht auf die **katholische** Moral gleichbedeutend mit dem Verzicht auf jegliche Moral.

Fassen wir die formalen Parallelen zwischen der Gleichberechtigungsdebatte der 50er Jahre und der derzeitigen Diskussion um den § 218 StGB zusammen:

1. Die katholische Kirche traut den einzelnen nicht zu, daß sie für sich selbst verantwortlich handeln können.

2. Ebenso skeptisch ist sie allerdings auch gegenüber der Überzeugungskraft ihrer eigenen Argumente.

3. Deshalb: Der Staat muß her. Besser: Er muß herhalten, um **katholische** Prinzipien durchzusetzen. Der Staat hat die Funktion, die nur bedingt einsichtsfähigen BürgerInnen vor sich selbst zu schützen. Wenn er hier die Zügel schleifen ließe – so die bewährte These – gefährde er außerdem die eigene Existenz.

4. Spurt der Staat nicht wie gewünscht, wird aus dem Ruf nach ihm die Warnung vor ihm. Ungefragt macht sich die katholische Kirche zur Anwältin des überraschten Individuums, das nun ganz dringend des Schutzes vor staatlicher Bevormundung und Einmischung bedarf.

5. Daß wir in einer Demokratie und einer – horribile dictu – pluralistischen Gesellschaft leben, spielt keine Rolle. Schließlich geht es um 'die Wahrheit'. Und über die läßt sich bekanntlich nicht abstimmen. Hier kann und darf nur die Meinung der unfehlbaren Wahrheitsbesitzer zählen.

Über die formale Parallelität hinaus gibt es aber auch noch eine inhaltliche. Auf diese will ich zum Schluß eingehen.

Man täte ja der katholischen Kirche bitter Unrecht, wollte man behaupten, daß sie ein mangelndes Differenzierungsvermögen habe. Nein: Sie weiß sehr wohl zu unterscheiden. Erzbischof Dyba z.B., der mit seiner bemerkenswert geradlinigen Karriere vom obersten Glockenläuter der Nation in Sachen

Lebensschutz zum Militärbischof avancierte, lieferte dafür im März 1991 in einem Rundfunkinterview ein erhellendes Beispiel. Er sagte: „Das ist alles ein bißchen differenzierter, als daß man einfach sagt: Du darfst nicht." [45]

Allerdings ging es da nicht um den § 218. Sondern: „Ein Bomberpilot, der muß sehen, was hat er da unter sich. Wenn er unter sich Dörfer hat ..., dann muß man sagen: Halt ein, das ist nicht richtig. ... Hat er unter sich den Befehlsbunker eines Tyrannen ..., hat er unter sich eine Giftgasfabrik, dann ist das was Gutes, wenn er die vernichtet." [46]

Schwangere Arbeiterinnen, Sekretärinnen und Putzfrauen werden zwecks Schutzes des ungeborenen Lebens gebeten, rechtzeitig das Lokal zu verlassen.

Immerhin, wir wollen nicht unbescheiden sein. Vielleicht ist die Einsicht des Herrn Dyba, daß alles halt doch nicht so einfach sei und Differenzierung not tue, ausbaufähig.

Trotz dieses positiven Ansatzes kann man die Augen nicht davor verschließen: die katholische Kirche hat Probleme damit, daß in einer pluralistischen Gesellschaft argumentative Auseinandersetzung angesagt ist, mit dem Ziel, einen für alle akzeptablen Kompromiß zu finden. Im Zweifelsfall verlassen sich die Hierarchien nicht so gern auf die Überzeugungskraft der Argumente, die sie haben. Größer ist ihr Vertrauen in die 'sittenbildende Kraft des Strafrechts' – so ein Begriff, mit dem u.a. für die Beibehaltung der Strafbarkeit des Ehebruchs (§ 172 StGB a.F.) gekämpft wurde. Daß das so ist, obwohl die Kirche bei uns vom Kindergarten bis zum Hörfunk weiß Gott genug Gelegenheit hat, sittenbildend aufs Volk einzuwirken, liegt vielleicht daran, daß sie ihre Argumente selbst nicht so recht überzeugend findet. Wenn es ihr tatsächlich einzig und allein um den Schutz des ungeborenen Lebens zu tun wäre, bräuchte sie da allerdings nicht so ängstlich zu sein: Die Frauen, die Abtreibung als ideales Verhütungsmittel ansehen, dürften eine quantité négligeable sein. Eine Abtreibung ist nun wirklich nicht etwas, das frau mal erlebt haben muß. Darüber ließe sich ein Konsens gewiß herstellen.

Aber wie, wenn es beim Kampf um die Strafbarkeit der Abtreibung gar nicht **darum** ginge? Wenn die jetzige Kampagne zum angeblichen Schutz des ungeborenen Lebens nur die Fortsetzung des katholischen Kampfes gegen die **Selbstbestimmung der Frau** mit anderen Mitteln wäre? Wenn es in Wirklichkeit um die Frage ginge: Wer bestimmt über die Frau? Sie selbst oder die Patriarchen, heißen sie nun Ehemann, Arzt, Jurist oder Pfarrer?

Wohin die Reise gegen soll, zeigt die entsprechende Debatte in Polen: Das von der katholischen Kirche mit unglaublichem Druck forcierte neue Abtreibungsgesetz sieht nämlich nicht nur ein generelles Verbot der Abtreibung vor (selbst im Fall der Vergewaltigung oder – wie es gutkatholische Lehre ist – wenn durch die Schwangerschaft Gesundheit und Leben der Mutter gefährdet wäre). Darüber hinaus – und dies wird meist übersehen – würden in Polen empfängnisverhütende Mittel wie Pille und Spirale verboten, wenn dieses Gesetz in Kraft träte [47].

Und damit hätte man(n) die Frau auf elegante Weise ‚der Familie wiedergegeben' [48], wie die Bischöfe 1953 so hübsch formulierten. Die Frau wäre wieder da, wo sie als ‚Eckpfeiler der christlich-abendländischen Kultur' [49] hingehört: Im Haus. Beschäftigt mit der Aufzucht der jährlich anwachsenden Kinderschar. Dort könnte sie dann die vom nachmaligen Kardinal Höffner hochgepriesene „königliche Kraft" endlich wieder so richtig ausleben, die „in ihrer mütterlichen Hinordnung auf das Du und die Gemeinschaft, in ihrem Da und Bereitsein, in ihrem Opfern und Dienen" liegt [50]. Und sie könnte „ein Reich der Liebe ... gründen, in dem es besser ist, Königin zu sein, als in einem Reich der Macht" [51], wie der Bamberger Erzbischof wußte, ohne allerdings für sich die entsprechenden Konsequenzen zu ziehen. Und weil „die Mutter ... an sich selbst zuletzt" denkt [52], könnte frau endlich wieder nach dem Motto: „Siehe, ich bin die Magd des Herrn" (Lk 1.38) leben, dem „Ausdruck fraulich-mütterlichen Bereitseins" [53].

So wär's halt doch am schönsten: Die Frau bleibt im Haus und die Kirche im Dorf.

Das könnte denen so passen!

□

---

1 Vgl. Helene Weber, Beruf und Familie, in: *Die christliche Frau* 42, 1953, 81–83, 81

2 Helene Weber, Das Gesetz über die Gleichberechtigung von Mann und Frau auf dem Gebiet des bürgerlichen Rechts, in: *Die christliche Frau* 46, 1957, 100–109, 101

3 Maria Friedemann, Die katholische Frau zur Familienrechtsreform, in: *Die christliche Frau* 41, 1952, 97–103, 97f.

4 (ohne Autorenangabe), Der Stand der deutschen Familienrechtsreform, in: *Herder Korrespondenz* 6, 1951/52, 325–330, 325f. und 329

5 Fastenhirtenbrief 1953, *Amtsblatt Bamberg* 5, 1953, 37–47, 38 und 41

6 *Oberhirtliches Verordnungsblatt für das Bistum Speyer* vom 2.2.1953, 183

7 Brief des Vorsitzenden der Fuldaer Bischofskonferenz Kardinal Frings vom 12. 1. 1952 an Bundesjustizminister Dehler, zitiert nach Marlene Widmaier, Die Wertung der Frau in den Hirtenbriefen der deutschen Bischöfe von 1950–1959 (unveröffentlichte Diplomarbeit), 31

8 vgl. [5], a.a.O., 45

9 vgl. Hirtenwort der deutschen Erzbischöfe und Bischöfe zur Neuordnung des Ehe und Familienrechts vom 30. 1. 1953, in: *Kirchliches Amtsblatt Trier* 6, 1953, 41–44, 41

10 (ohne Autorenangabe), Die Gleichberechtigung der Frau und ihre Grenzen im Familienrecht, in: *Herder Korrespondenz* 5, 1950/51, 89–93, 92

11 vgl. [9], 42

12 Hans Hirschmann, Die kirchliche Stellungnahme zur Familienrechtsreform in der Bundesrepublik, in: *Herder Korrespondenz* 7, 1952/53, 276–282, 279 und 281

13 Klaus Mörsdorf, Die rechtliche Stellung von Mann und Frau in Ehe und Familie nach kanonischem Recht, in: *FamRZ* 1, 1954, 25–30, 26f. und 29f.

14 Albert Ziegler, Das natürliche Entscheidungsrecht des Mannes in Ehe und Familie – ein Beitrag zur Frage der Gleichberechtigung von Mann und Frau, Heidelberg–Löwen 1958, 269

15 Paul Mikat, Zur Problematik des natürlichen Entscheidungsrechts des Mannes in Ehe und Familie, in: *FamRZ* 7, 1960, 301–310, 301

16 Albert Ziegler, a.a.O., 281

17 Franz Xaver Arnold, Mann und Frau in Welt und Kirche, Nürnberg 1959 (2. Aufl.), 67f.

18 vgl. [3], a.a.O., 100

19 Gertrude Reidick, Die hierarchische Struktur der Ehe, München 1953, 40f. und 49f.

20 (ohne Autorenangabe), vgl. [10], a.a.O., 90 und 92

21 G. Ermecke, Zur Gleichberechtigung von Mann und Frau und zur Reform des Ehe und Familienrechts in Deutschland, in: *Die christliche Frau* 42, 1953, 75–81, 79f.
22 Hans Hirschmann, Der Mann – das Haupt der Frau, in: *Geist und Leben* 26, 1953, 39–43, 40 und 43
23 vgl. [10], a.a.O., 93
24 vgl. [5], a.a.O., 38
25 vgl. [4], a.a.O., 326
26 vgl. [9], a.a.O., 42
27 vgl. [10], a.a.O., 92
28 vgl. [9], a.a.O., 42
29 ebda.
30 vgl. [9], a.a.O., 41.
31 vgl. [4], a.a.O., 330
32 vgl. [9], a.a.O., 44
33 vgl. [10], a.a.O., 92
34 ebda. 90
35 ebda. 89 f.
36 ebda. 92
37 vgl. [3], a.a.O., 101
38 vgl. [4], a.a.O., 326
39 ebda.
40 vgl. [9], a.a.O., 43
41 Fastenhirtenbrief des Bischofs von Regensburg, in: *Amtsblatt für die Diözese Regensburg* vom 14. 2. 1952, 13–15, 15
42 vgl. [9], a.a.O., 44
43 vgl. [5], a.a.O., 47
44 „Der Staat darf nicht auf Moral verzichten" – Kardinal Wetter über die Kardinals-Vollversammlung in Rom. *KNA Interview* 72, 8. 4. 1991, 1f.
45 Johannes Dyba im „Interview zum Zeitgeschehen" im Gespräch mit Jürgen Hoeren, Südwestfunk I am 17. 3. 1991
46 ebda.
47 Vgl. Frankfurter Rundschau vom 15. 4. 1991
48 vgl. [9], a.a.O., 43
49 vgl. [38]
50 Josef Höffner, Ehe und Familie, Münster 1965, 17f.
51 vgl. [5], a.a.O., 41
52 vgl. [6], a.a.O. 182
53 vgl. [50], a.a.O., 18

Frank L. Schütte
Der elektronische Kreuzzug
Wie die Kirchen das öffentlich-rechtliche Fernsehen manipulieren

Dieser Bereich ist sehr vielschichtig; man darf hier nicht mit Schlagwörtern arbeiten, weil die Beeinflussung vor allem des Rundfunks und des Fernsehens durch die Kirchen gar nicht so offenkundig nach außen dringt. Ich will aber trotzdem versuchen, etwas von diesem Einfluß darzustellen.

Es gibt ein Standardwerk von Bernhard Klaus, *Massenmedien im Dienst der Kirche – Theologie und Praxis*. Das kam bereits 1969 bei Walter de Gruyter, Berlin, heraus, zu einer Zeit, als es Weichenstellungen auch technischer Art gab – Satellitenrundfunk, Satellitenfernsehen – da hat sich der Vatikan schon die wichtigsten Lizenzen gesichert. Ende der 60er Jahre bis etwa 1977 wurden die entscheidenden Beschlüsse gefaßt für eine Struktur, die für die Kulturmacht Nr. 1, die scheinbar für alles Moralische und Ethische verantwortlich ist, die Kirchen, heute in den Medien zum Durchbruch kommt. Vom Medium Rundfunk einschließlich Fernsehen geht suggestive Wirkung aus. Klaus schreibt sehr kritisch: Die „bewußte oder unbewußte Hineinnahme des Gehörten in den Willen" des Menschen bewirkt eine „Steuerung seines Verhaltens". „Wirkungen ergeben sich weniger aus der Kommunikation, als vielmehr aus der Beeinflussung durch die in die Tiefen des Unbewußten reichende Bildeinwirkung". Der Hörer und Zuschauer ist einem *Bewußtseinswandel* unterworfen. Die Massenmedien dienen – so das „Dekret über die Werkzeuge der sozialen Massenkommunikation" des II. Vatikanums von 1963 – „der Ausbreitung und Festigung des Gottesreiches". Die „guten" Kommunikationsmittel sollten bestrebt sein, „öffentliche Meinung zu bilden, zu festigen und zu fördern, die mit ... den katholischen Lehren und Grundsätzen übereinstimmt". – Das Dokument der Weltkirchenkonferenz in Uppsala von 1968 („Die Kirche und die Medien der Massenkommunikation") verbindet die „riesigen Dimensionen" der Massenmedien mit der missionarischen Aufgabe. „Die Welt der Kommunikation" wird „Gottes Aktionsfeld" genannt. Die Medien seien „potentielle Werkzeuge der Mission". – Welche Aufgabe dem Publizisten dabei zukomme, beschreibt Bernhard Klaus: „Der kirchliche Journalist ... drückt nicht seine eigene Meinung aus, sondern wird zum Sprachrohr der Kirche."

Alle kommunikativen Bestrebungen der Kirchen zielen auf Mission. „Und hat unsere Kirche nicht die heilige Pflicht, gerade in der täglich erscheinenden Zeitung vor der Welt der Andersgläubigen ihr Licht leuchten zu lassen, um sie durch ihre aufbauende, das Gesamtwohl fördernde Tätigkeit zur anerkennenden *Achtung zu zwingen*?" (St. Swierczewski, *Evangelische Preßbestrebungen und Hoffnungen im Jahre 1903*. Halle, 1904)

Das „Memorandum christlicher Journalisten Europas" des Ökumenischen Rates der Kirchen von 1958 weist dem christlichen Journalisten die Aufgabe zu, „das Evangelium auch dem Randsiedler zu verkünden". „Für Gott gibt es keine Heimlichkeiten, keine Tabus. Vor ihm ist alles offen." (Klaus 1969) Das Aufbrechen der Persönlichkeit, das Eindringen in die Privatsphäre mittels der Suggestivkraft der Medien ist das eigentliche Ziel aller kirchlichen Bemühungen. Bernhard Klaus bezeichnet das, „was für den praktischen Dienst der Kirche mit Massenmedien vordringlich Beachtung erfordert: Die Erweiterung des Wissens, die *Einstimmung der Gefühle* im emotionalen Bereich und die *Impulse für bestimmte Verhaltensweisen.*" „Der Dienst der Kirche über technische Medien ist nicht nur Vorfeldarbeit, sondern er ist eine andere neue Weise der Ausrichtung des eigentlichen Auftrags der Kirche ... Im Sprachgebrauch der Publizistik wäre somit Jesus Christus als ein *Generalkommunikator* zu verstehen." (Klaus 1969) Als Generalkommunikator zur Bekehrung der Massen – zum Christentum, sei hier ausdrücklich hinzugefügt.

Werner Sombart wies 1913 auf den Zusammenhang Religion – Kapital hin, der gerade heute, wo übermächtige Verleger – Springer, Mohn – ihre Medien in den Dienst der christlichen Sache stellen, besondere Beachtung verdient:

Frank L. Schütte

Mitbegründer des Internationalen Bundes der Konfessionslosen und Atheisten, des IBDK-Verlags und der MIZ, des politischen Magazins für Konfessionslose und Atheisten. Initiator des Ersten Atheistenkongresses, Fulda 1991; hier als Gast auf dem „heißen Stuhl" von RTL plus in der Sendung vom 31. März 1992, Motto: „Stoppt die Kirche – die wollen doch nur unser Geld!".

„Die Geschichte des kapitalistischen Geistes ist auf das engste mit der Geschichte der Religionssysteme und der Kirchen in dem Sinne verknüpft, daß diese ihn teils in seiner Entfaltung aufgehalten, teils gefördert haben." (Sombart, *Der Bourgeois*. München–Leipzig, 1913)

Und diese Verleger, die aus christlicher Motivation heraus Bücher herausbringen oder aber auch eigene Sendeanstalten errichten, die wollen natürlich eine Verinnerlichung hin zum Aufbruch im Sinne der Propagierung des Christentums – übrigens eines fundamentalistischen evangelikalen Christentums, so wie wir das bei den unzähligen Privatsendern in Amerika erleben. Und diese amerikanische Entwicklung faßt auch bei uns allmählich Fuß.

1948 schrieb George Orwell in seinem Romans *Neunzehnhundertvierundachtzig* (Frankfurt–Berlin–Wien, Ullstein, 1976): „Mit der Entwicklung des Fernsehens ... war das Privatleben zu Ende. Jeder Bürger oder wenigstens jeder Bürger, der wichtig genug war, um einer Überwachung für wert befunden zu werden, konnte vierundzwanzig Stunden des Tages den Argusaugen der Polizei und dem Getrommel der amtlichen Propaganda ausgesetzt gehalten werden, während ihm alle anderen Verbindungswege verschlossen blieben. Jetzt, zum erstenmal, bestand die Möglichkeit, allen Untertanen nicht nur vollkommenen Gehorsam gegenüber dem Willen des Staates, sondern auch vollkommene Meinungsgleichheit aufzuzwingen." (Wir haben das während des Golfkriegs in einem ungewohnten Ausmaß erlebt. Und wir wissen auch, daß dieses Weltbild aus Amerika zum wesentlichen mitbestimmt worden ist von den großen Kirchen, von den evangelikalen Sekten und Glaubensgemeinschaften und insbesondere auch von der katholischen Kirche, was aber heute nicht mein Thema ist; darüber hat Karlheinz Deschner gestern schon einiges gesagt.)

Für den *Hessischen Rundfunk* wurde 1948 ein Gesetz erlassen, in dem es in § 3(2) heißt: „Die Darbietungen sollen Nachrichten und Kommentare, Unterhaltung, Bildung und Belehrung, Gottesdienst und Erbauung vermitteln und dem Frieden, der Freiheit und der Völkerverständigung dienen." Hier war bereits gleich – neben Belehrung und Bildung – der Gottesdienst ausdrücklich erwähnt als ein Element des Friedens, der Freiheit und der Völkerverständigung.

1950 heißt es in der Satzung des *Süddeutschen Rundfunks*, Artikel 2 (2), daß „das deutsche Rundfunkwesen seine Unabhängigkeit aufrechterhalten soll. Es wird sich nicht den Wünschen oder dem Verlangen irgendeiner Partei, eines Glaubens, eines Bekenntnisses oder bestimmter Weltanschauungen unterordnen." – Es gab also durchaus in den einzelnen Rundfunkanstalten Unterschiede in der Heraushebung der Eigenständigkeit und Unabhängigkeit der Sender gegenüber politischen Parteien oder Weltanschauungs- und Religionsgemeinschaften. Es war nicht alles uniform in den damaligen Rundfunkgesetzgebungen, während jetzt – in unseren Tagen – versucht wird, mit Hilfe der CDU, mit Hilfe der vielen christlichen, vor allem katholischen, Arbeitsgemeinschaften, fast einheitliche Rundfunkgesetze flächendeckend für die ganze große neue Bundesrepublik zu schaffen.

1955 erklärte die katholische Bischofskonferenz zur Rundfunkgesetzgebung: „An sich hat die Kirche das Recht, selbst einen Sender unter den sonst üblichen Lizenzbedingungen zu errichten. Wenn sie es nach reiflicher Überlegung *vorerst* unterläßt, dann hat der Staat doppelte *Pflicht*, der Kirche bei den öffentlichen Rundfunkanstalten die ihr zukommenden Rechte einzuräumen." (K. Becker – K.-A. Siegel, *Rundfunk- und Fernseharbeit im Blick der Kirche*. Frankfurt/Main, 1957) Ich brauche das wohl nicht zu interpretieren.

1960 versuchte Konrad Adenauer, „sein" Fernsehen über Privatinitiative herbeizuführen (also praktisch schon das öffentlich-rechtliche Fernsehen zu zerschmettern). Er scheiterte am Einspruch des Bundesverfassungsgerichts. Karlsruhe rechtfertigte im sogenannten „Fernsehurteil" vom 28. Februar 1961 den Sonderstatus des Rundfunks (Hörfunk und Fernsehen) gegenüber den Printmedien und stellte fest, daß „für die Veranstaltung von Rundfunkdarbietungen die Zahl der Träger verhältnismäßig klein bleiben muß". Hier in diesem Urteil wurde sozusagen die Privatinitiative eingeschränkt; merkwürdigerweise wird damit heute gar nicht mehr argumentiert. Man könnte auf dieses Urteil eigentlich immer wieder verweisen, um diverse private Anbieter erst einmal draußen zu halten.

Bereits 1957 hatte der Staatsrechtler Helmut Ridder in einem für die katholische Kirche erarbeiteten „Gutachten" dargelegt, welche *juristischen*

Ansprüche von klerikaler Seite an Rundfunk und Fernsehen gestellt werden: „1. Daß sie [die katholische Kirche. Der Verfasser] in den maßgeblichen Aufsichtsgremien des Rundfunks (Fernsehens) verantwortlich mitwirkt; 2. daß ihre Mitarbeit sich auf das *ganze* Rundfunk-(Fernseh-)programm erstreckt... Im Rahmen der positiv wirkenden Seite der Ausübung dieses Rechts muß sie in eigenen verantwortlichen Sendungen hinreichend Gelegenheit erhalten, zu den Lebensfragen des Volkes von ihrem Standpunkt aus Stellung zu nehmen; 3. daß sie auf Wunsch wirklich angemessene Sendezeiten für die Übertragung gottesdienstlicher Handlungen und für die Verbreitung kirchlicher Nachrichten erhält." (Helmut Ridder, Kirche – Staat – Rundfunk. Die rechtliche Ordnung der Grundfragen ihrer Rechtsbeziehungen in der BRD, Frankfurt am Main, 1957.)

Punkt 2 des Ridder-Gutachtens scheint gegenwärtig schrittweise in die Tat umgesetzt zu werden. In den Sendungen häufen sich vor allem Spiel- und Fernsehfilme mit unverhüllt oder unterschwellig christlicher Thematik und theologischen *Lösungen* der dargestellten Konfliktsituationen. Obgleich „das sich in diesen Ansprüchen ausdrückende kirchliche Selbstverständnis innergesellschaftlich nicht mehr voll akzeptiert" wird, haben „die im Rundfunk übermächtig gewordenen parteipolitischen Kräfte kein Interesse daran, mit den Kirchen auf Kollisionskurs zu gehen" (Rupert Neudeck, Die kirchliche Rundfunk- und Fernseharbeit. In: Günter Gorschenek (Hrsg.), Reihe Geschichte und Staat: Katholiken und ihre Kirche. München 1977, Olzog-Verlag.) Klarer formuliert: Kein Parteienvertreter im Rundfunkrat würde es wagen, sich in grundsätzlichen Fragen mit den Kirchenvertretern anzulegen.

Der Zeitungswissenschaftler Otto Groth stellt die Absichten der Kirchen in seinem Buch *Die unerkannte Kulturmacht*. Grundlegung der Zeitungswissenschaft, Band VI (Berlin 1966) noch unverhüllter dar. Er schreibt: „Die Macht der Religionen und Kirchen über den Geist und das Schicksal der Kulturvölker ist auch heute ungeheuer groß. ... Mag die Macht der Kirchen in der heutigen Kulturgesellschaft ... bestritten und eingeschränkt werden, sie kann auch von den selbstherrlichsten und eigenwilligsten Gegnern nicht ignoriert werden und setzt sich oft gegen deren hochmütigsten und erbittertsten Widerstand durch. Sie erweist sich in ihrer Zeitlosigkeit doch meist überlegen. Denn die Kirchen haben Gewalt über die Seelen, über den Geist! Und wer ihnen nicht mit ebenbürtigem Geist entgegentreten kann, wird schließlich verlieren. ... So vermag die römisch-katholische Kirche für ihre Politik in der Welt einen vielgegliederten, ausgedehnten, aber auch präzis und reibungslos gebauten Apparat, der mit geistig hervorragend ausgebildeten und geschulten Persönlichkeiten und nach psychologisch fundierten Lehren arbeitet, überall da einzusetzen, wo ihre religiösen und kirchlichen Interessen berührt werden. Und wo werden sie ... nicht berührt?"

Die Bundesregierung beschloß am 2. November 1973 die Einsetzung einer „Kommission für den Ausbau des technischen Kommunikationssystems" (KtK), die bis Ende 1975 einen Bericht ausarbeitete. Mit einer Mehrheit von 15 zu 2 Stimmen hat sich die KtK für die „Einbeziehung privater und kommunaler Träger" in das zu errichtende bundesweite Breitbandverteilnetz ausgesprochen („Telekommunikationsbericht" der Kommission für den Ausbau des technischen Kommunikationssystems. Hrsg. vom Bundesministerium für Post- und Fernmeldewesen, o.J.). In den Arbeitskreisen der KtK sind neben den Vertretern aus Politik und Wirtschaft auch die „Sachverständigen" beider Kirchen tätig – Kommissariat der Deutschen Bischöfe, Evangelische Kirche in Deutschland.

Aus dem Jahr 1977 möchte ich folgende Agenturmeldung zitieren: „Der Vatikan bereitet auf dem Rundfunk- und Fernsehsektor gegenwärtig Projekte von größter politischer, kultureller, wirtschaftlicher und technologischer Bedeutung vor. So ist die größte Drehantenne der Welt für Kurzwellensender jetzt betriebsbereit. Die für Radio Vatikan von AEG-Telefunken in Berlin gebaute Antenne wurde im Sendezentrum in Santa Maria di Galeria, 40 Kilometer von Rom entfernt, errichtet. Die Stahlkonstruktion besteht aus zwei Türmen von 79 Meter Höhe, die an ihrer Basis durch einen 85 Meter langen Steg miteinander verbunden sind ... Seit Jahresbeginn 1977 sendet Radio Vatikan Hörfunkprogramme in 32 Sprachen, darunter tägliche Beiträge in chinesischer Sprache. Darüber hinaus werde der Vatikansender künftig auch sichtbar werden, wie Jesuitenpater Poppe im Februar 1977 vor dem Katholischen Bildungswerk in Berlin ankündigte. Radio Vatikan plant die Ausstrahlung globaler Fernsehprogramme durch Inbetriebnahme einer Weltraumfunkstation. Technisch bereitet es keine Schwierigkeiten, mittels geostationärer Satelliten in 36.000 Kilometer Höhe über dem Äquator mehrere Fernsehprogramme gleichzeitig über den ganzen Erdball zu verbreiten. Die politischen Voraussetzungen für einen Empfang aus dem Weltall werden von den Diplomaten der römisch-katholischen Kirche in geheimen Konsultationen mit den einzelnen Staatsregierungen in Ost und West geschaffen. Im internationalen Gerangel um günstige Sendefrequenzen für den Satellitenfunk hat der Vatikan die beste Ausgangsposition. Das zeigte sich auch auf der kürzlich beendeten ‚Wellenkonferenz' der Internationalen Fernmeldeunion in Genf (660 Delegierte aus 111 Staaten, darunter der Vatikan)." (In: *MIZ* Nr. 1/77, S. 2–3.)

Die Relaisstationen im Weltraum verfügen schon jetzt über ein so hohes Energiepotential, daß sie als Fernsehsender eingesetzt werden können, die ihre Bilder und Töne nicht mehr zu Bodenstationen, sondern direkt in die Antennen des Empfängers senden können. Über Nachrichtensatellitensysteme können Bilder, Filme, Gespräche, aber auch Computerdaten ausgetauscht werden. Ein „Satellite Business System" der großem US-Konzerne befindet sich derzeit in Planung (Vgl. Rudolf Metzler, Die Raumfahrt entdeckt die Erde neu. In: *Süddeutsche Zeitung*, 17. 11. 1977).

Der wichtigste Fakt sei hier noch einmal unterstrichen: Daß sich der Vatikan internationale Frequenzen auf Konferenzen gesichert hat, die alle anderen Frequenzen von der Sende- und Empfangsqualität her in den Schatten stellen; und damals, 1977, sogar unter Zustimmung der Sowjetunion. Wenn Sie sich erinnern: Der Vorsitzende am ersten Tag der KSZE-Konferenz in Helsinki war der Außenminister des Vatikans, Erzbischof Casaroli.

1977 fordert der Jesuitenpater Poppe, der einige Monate davor die Katze aus dem Sack gelassen hatte [natürlich immer im internen Kreis, das habe ich alles aus Kirchenzeitungen zusammengetragen]: „Die Kirche wird wohl angesichts der neuen technischen Möglichkeiten herausgefordert oder gar gezwungen sein, eigene Programme zu machen." („Kabelfernsehen – Chance oder Gefahr?" Interview mit Gerhard Poppe SJ, in: *Petrusblatt* Nr. 35 vom 28. 8. 1977.) Also ganz klar schon auf diese Privatfunkangebote seiner eigenen Kirche eingehend – und dazu muß ich sagen: der Vatikan hat auf diesem Gebiet einen unvergleichlichen Vorsprung vor allen anderen, auch den privaten Anbietern. Erst einmal durch politische Grundsatzentscheidungen, und zum zweiten, weil selbst dann, wenn man jetzt einen islamischen Rundfunk- und Fernsehfunk für wünschenswert hielte, die Strukturen überhaupt nicht geschaffen wären. Jedenfalls nicht weltweit, nicht in Verbindung mit den Vereinigten Staaten von Amerika. Denn das ist die entscheidende politische Schiene: US-Politik (siehe Golfkrieg) – Vatikan.

Auf einem Medienkongreß der hessischen CDU, ebenfalls 1977, wurde eine Neufassung des im Gebührenstaatsvertrag der Länder definierten Rundfunkbegriffs gefordert mit dem Ziel, die Zulassung privater Programmveranstalter zu ermöglichen. Medienpolitik spielte dagegen auf dem SPD-Parteitag im November 1977 in Hamburg nur eine untergeordnete Rolle. Der FDP-Parteitag in Kiel hatte im gleichen Monat ganz auf medienpolitische Beschlüsse verzichtet. Aber nicht so die CDU/CSU. Denn die erklärten bereits 1976 durch ihren medienpolitischen Sprecher Christian Schwarz-Schilling (!) auf einer Tagung der Evangelischen Akademie Tutzing, einen Generalangriff auf das „Dogma" der öffentlich-rechtlichen Struktur des Rundfunks starten zu wollen (*nachrichten* der Axel Springer Verlag AG, Nr. 113/114, Dezember 1976 / Januar 1977). Und wer nun weiß, daß derselbe Schwarz-Schilling Bundespostminister geworden ist, der wird auch bestimmt den nächsten Schluß ziehen, daß Herr Schwarz-Schilling sich ganz massiv für die Errichtung des Privatfunks, speziell auch des klerikalen Rundfunks, eingesetzt hat.

Der verlängerte weltliche Arm der Kirchen reicht in jede Rundfunkanstalt der Bundesrepublik Deutschland, insbesondere in die des Bayerischen Rundfunks. Hier hat die CSU, wie sie selbst feststellt, „einen kurzen, aber erfolgreichen Marsch durch die TV-Redaktionen antreten können" (*Frankfurter Rundschau*, 10. November 1977). Im Herbst 1977 schrieb der Hörfunkdirektor des Südwestfunks, Alois Rummel: „Familie, Beruf, Kirche, Staat sind Gemeinschaftsformen auf Gedeih und Verderb. ... Der Traditionsbruch ist allenthalben unverkennbar, seine Folgen sind ruinös. ... Traditionskritik, wie wir sie seit der Aufklärung auch aus humanitären Impulsen bejahen müssen, muß sich zu der Einsicht bequemen, daß das einzige Arsenal, aus dem wir für menschenwürdige Lebensbedingungen Kriterien gewinnen können, die noch fortbestehenden Residuen menschenwürdiger Traditionen der Menschheit sind. [Typisch theologisch: Zu den einzigen Residuen, die noch zählen, gehört der katholische Glaube. Der Verfasser] Gerade im Kampf um die unverletzbare Würde des Menschen argumentieren wir von sehr voraussetzungsreichen *religiösen* und rechtlichen Traditionen aus." (Alois Rummel, „Geborgte Freiheit muß verantwortet werden." In: *Südwestfunk intern* Nr. 4/1977.)

„Christliche Grundwerte in Rundfunk und Fernsehen" lautet ein Diskussionspapier, das am 3. März 1980 vom Landesvorstand der CSU beschlossen wurde. Darin heißt es: „Politisch wirksam wird das christliche Verständnis des Menschen auf der Grundlage christlicher Grundwerte. Sie müssen für die CSU

Maßstab und Richtschnur ihres Handelns sein. In der pluralistischen Demokratie ist jede Partei darauf angewiesen, ihren Mitgliedern und Wählern nicht nur konkrete Vorhaben und Ziele deutlich zu machen, sondern auch deren Gründe und Voraussetzungen. Hierzu bedarf es der Mitwirkung der Massenmedien, ohne die eine angemessene Information der Bürger unmöglich ist. ... Grundgesetz und Bayerische Verfassung verpflichten den Rundfunk, den Bereich der Wert- und Entscheidungsfragen politischen Handelns angemessen zu berücksichtigen. Jede Partei hat nach Verfassung und Rundfunkgesetz einen Rechtsanspruch, daß ihr Verständnis der Grundwerte fair, in ausreichender Klarheit, in angemessenem systematischem Zusammenhang sowie im erforderlichen sachlichen und zeitlichen Umfang zur Darstellung kommt. ... Christliche Grundwerte sind politische Regulative, nicht Erfindungen einer christlichen Partei. Als solche bedürfen sie der Darstellung des Zusammenhangs, in dem sie sinnvoll gelten. So macht zum Beispiel die angeblich wissenschaftliche Auffassung vom Menschen als reinem Triebwesen es unmöglich, ein christliches Verständnis der Ehe als sinnvoll zu zeigen. Hörfunk und Fernsehen haben daher – ungeachtet der Pluralität unserer Gesellschaft – die Verpflichtung, um die Entfaltung des christlichen Menschenbildes und seiner Voraussetzungen bemüht zu sein. Diese Verpflichtung zur treuhänderischen Vergegenwärtigung christlicher Grundwerte erstreckt sich nicht nur auf die politischen und wissenschaftlichen Sendungen. Sie gilt auch für das Gebiet der Unterhaltung. Die von allen Parteien des Landtags beschlossene Bayerische Verfassung nennt als oberste Bildungsziele der Schulen ‚Ehrfurcht vor Gott, Achtung vor religiöser Überzeugung und vor der Würde des Menschen, Selbstbeherrschung, Verantwortungsgefühl und Verantwortungsfreudigkeit, Hilfsbereitschaft und Aufgeschlossenheit für alles Wahre, Gute und Schöne.' "

Sie haben gemerkt, was die Absicht ist: Hier soll versucht werden, das gesamte öffentlich-rechtliche Programm von den Kirchen beeinflussen, ja geradezu hinterfragen und natürlich auch interpretieren zu lassen. Einer der Hauptunterzeichner dieser Erklärung der CSU aus dem Jahre 1980 war damals ein gewisser Dr. Theo Waigel, MdB, der heutige Bundesfinanzminister. Wenn Sie nun diese Zusammenhänge sehen zwischen Bundespostminister Schwarz-Schilling und Theo Waigel, dann werden Sie sich auch vorstellen können, welche finanziellen und „bildungspolitischen" Interessen hinter den Kulissen des Rundfunks und Fernsehens durchgesetzt werden sollen.

In den neuen Staatsverträgen, auch in dem des neuen Mitteldeutschen Rundfunks, ist eine andere Formel enthalten, nämlich die des „Schutzes der Familie". Das heißt, man will nicht so direkt hineinschreiben, daß die Kirchen hier eine besondere Verantwortung, ja fast Steuerung des öffentlich-rechtlichen Fernsehens, innehaben sollen, sondern geht jetzt den Umweg über die Familie. All das, was das Familienbild gerade der katholischen Kirche verletzt durch Darstellung im Fernsehen, auch beispielsweise in religionskritischer Hinsicht, das ist im Grunde sittenwidrig, widerspricht dem hier dargestellten Menschenbild, das übrigens völlig schwammig ist; aber es ist das Mittel, der Hebel zur Macht. Sie sehen: Überall die katholische theologische Moral, Dogmatik, Scholastik – ob in der Juristerei, in der Kirchengeschichte, ob in der Medienpolitik: überall das gleiche. Wir treffen uns ja hier in der Stadt Fulda – Bonifatius, einer der Heiligen, der die Heiden mit Stumpf und Stiel ausgerottet hat. Sein Denkmal schwebt drohend über der Stadt. Er hält allen das Kreuz vor (es war im Grunde das Schwert, das er benutzte, um seine Gegner zu ermorden), und der ist nun Schutzpatron der Bischofskonferenz in Fulda.

Ich habe ganz bewußt nicht aufgeführt, welche Programme das Kirchenfernsehen direkt bestreitet, Das Wort zum Sonntag, Gottesdienste (das wissen Sie ohnehin), in letzter Zeit auch Privatsender, die Folgen bringen von liebenswürdigen Pfarrern, Nonnen und Pfarrerhelferinnen. Hier wird die heile Welt gezeichnet, durchaus auch kritisch verfolgt von der Öffentlichkeit. Aber die Vertreter der Kirchen sitzen in den Rundfunk- und Fernsehräten: Sie haben dort keine Übermacht, aber bis heute wagen es die Parteienvertreter – selbst bis dato die Grünen nicht (jetzt gibt es zaghafte Ansätze) – gegen diese Politik, die von den Kirchen massiv beeinflußt wird, einmal lautstark zu protestieren. Dann würde sich manches ändern.

Ich bin auch heute in Telefoninterviews immer wieder gefragt worden: Was sind Ihre Forderungen? Ich habe gesagt, vor allem die Unabhängigkeit der öffentlich-rechtlichen Medien von kirchlichem, religiösem und auch einseitigem weltanschaulichen Einfluß. Ich habe drei spontane Stellungnahmen von Redakteurinnen gehört: Da sind wir auf Ihrer Seite! Spontan. Das zeigt, man darf nicht nur immer jammern, daß die Medien uns nicht zu Wort kommen lassen, daß die Kirchen das ja verhindern. Der heutige Kongreß zeigt auch, daß, wenn wir uns einigermaßen bemühen, objektiv zu informieren, nicht mit dem Holzhammer zu kommen, sondern aufzuzeigen, wie diese Einflüsse wirksam werden, in einer großen menschlichen Geduld – daß es uns doch gelingt, in der Öffentlichkeit gehört zu werden. Wir müssen uns davor hüten, zu sagen, der ganze Rundfunk, das ganze Fernsehen ist christlich. Es wird von den Kirchenvertretern versucht, dieses Fernsehen und diesen Hörfunk zu manipulieren. Aber es gibt in vielen Rundfunk- und Fernsehanstalten kritische Leute, die nur darauf warten, das wir das offen aussprechen, was sie nicht wagen können, ohne ihre Stellung zu verlieren. Das dürfte unsere Aufgabe sein, deshalb gebe ich hier auch einen perspektivischen Ausblick: Wir sollten nicht verzagen oder verzweifeln oder unsere große Hilflosigkeit bejammern. Wir müssen die Schnittstellen aufdecken. Wir müssen sagen: Die und die Leute haben schon dann und dann die Weichen gestellt. Und wir befinden uns heute in der Gefahr, daß durch die neuen Rundfunkgesetze das verwirklicht wird, was damals die CDU/CSU unter Adenauer und in den 70er Jahren schon verwirklichen wollte. Da sie noch an der Macht sind, haben sie leichtes Spiel, weil sie überall ihre Leute drin haben, einschließlich im konfessionslosen Berlin mit Herrn Mühlfenzl und diesen Leuten. Da weiß doch jeder, wie und warum sie abwickeln und das spüren auch die Leute in der Nalepastraße im ehemaligen DDR-Rundfunk ganz massiv, und bis zum letzten Atemzug lassen kritische Leute (die hat es auch gegeben in der alten DDR) uns durchaus zu Wort kommen. Ich will sagen: Es gibt einen kleinen Hoffnungsschimmer in einer sehr schwarzen Rundfunk- und Fernsehlandschaft. □

Bettina Recktor
Sterben und Tod in unserer Gesellschaft
Christliche Ent(seel)sorgung oder menschliche Selbstbestimmung?

Wie die Zeugnisse ältester Kulturen belegen, hat die Angst vor dem Tod den Menschen stets begleitet. Als Teil des Selbsterhaltungstriebes war sie die Garantin für das Überleben und somit für die Arterhaltung, und auch heute noch veranlaßt sie uns bei Gefahr zu schnellstmöglicher Flucht oder rettet uns bei Bedrohung durch aggressive Selbstverteidigung das Leben. Denn nichts fürchtet der Mensch so sehr wie den Tod als das absolute Ende seiner „leibseelischen Existenz" [1]. So spiegelt sich denn auch jede Furcht des Menschen vor Verletzung – sei sie körperlicher oder seelisch-emotionaler Art – vor dem Hintergrund dieser Urangst: dem Eintauchen in das Unbekannte, der unwiderruflichen Aufhebung unserer inneren und äußeren Entfaltungsmöglichkeiten, dem Verlust der uns bekannten Ich-Identität, der als Folge *externer* Umstände eintritt, oder aber – und auch das bereitet uns in der Vorwegnahme unseres faktischen Endes die gleiche bedrängende Not – als Folge eines *biologischen* Vorgangs, bei dem ein noch unbekanntes Stück unserer Erbsubstanz, die DNA, den chemischen Alterungsprozeß in Gang setzt.

Doch in seinen unbewußten Anteilen leugnet der Mensch dieses Ende, leugnet es wahrscheinlich seit den Zeiträumen, in denen er durch die Entwicklung seines Ich die Trennung zu der ihn umgebenden Außenwelt vollzog und damit sukzessive zu der Erkenntnis der eigenen Sterblichkeit gelangte. Denn solange sich das Leben als holistisch verstand, als Holon, als Ganzes, konnte es nicht zu einem bedrängenden Sterblichkeitsproblem kommen. Also erst in dem Augenblick, in dem ein Trennungs*erlebnis* und eine Trennungs*erfahrung* gemacht worden war und sich der Mensch so etwas wie eine Seele oder unverwechselbare persönliche Identität zugesprochen hatte, konnte unser Todeserlebnis und die daraus resultierende Todesproblematik wirksam werden.

Eine Problematik indes, deren Anerkennung sich der Mensch aus dem biologisch begründeten Lebenstrieb heraus noch immer hartnäckig widersetzt, wenn sich beängstigende Phantasien des Eintauchens in ein raum- und zeitloses Nichts einstellen. Denn da noch kein Mensch aus dem Tod heraus über die Beschaffenheit eines *Danach* berichten konnte, ist uns das innere Wesen des Todes bis zum heutigen Tag verschlossen geblieben. Und diese Unkenntnis, dieses Unbekannte, in das jeder Mensch allein, ohne jedwede Begleitung eines anderen Lebewesens treten muß, bereitet natürlich Angst: Angst vor der unwiderruflichen Trennung von allem organischen Leben und damit auch von den Menschen, die er geliebt hat. Aber auch die Angst vor der Loslösung von allem, was seinem Leben einen Sinn gegeben hat. Es ist also nicht nur die Furcht vor dem Unbekannten. Es ist auch die Furcht, ob all das, was einen ausgemacht hat, mit dem Übergang in das vorphantasierte Nichts

Bettina Recktor

geb. 1955 in Cuxhaven, Studium der Biologie, Modernen Sprachwissemschaft und Englischen Literatur an der Freien Universität Berlin. Freie Journalistin in Berlin. Arbeitsschwerpunkte: Gentechnologie, Prostitution, Kirchenkritik, Männerforschung.

ebenfalls verschluckt wird: Wird man an ihn denken, über ihn sprechen? Wird man sich seiner erinnern, oder wird mit dem Tod alles ausgelöscht? Was bleibt von den Ideen, Idealen, von den Vorstellungen und Aktivitäten, die sinnstiftend das Leben gestaltet haben?

Diese Gedanken sind auf der Basis des biologisch verwurzelten Lebenstriebes für den Menschen *zwangsläufig* nur schwer zu ertragen. Sie bedrohen und bedrohten den Menschen immer noch *derart* massiv, daß er im Verlauf seiner kulturellen Evolution alle nur erdenklichen Religionen und Glaubensrichtungen zu Hilfe nahm, um in der Mythologisierung sowohl Trost als auch Erklärung für das eigene Ende zu finden.

Oder aber er verdrängt, was als unerträglich empfunden wird. Besonders aber in den heutigen Kulturen der westlich hochtechnologisierten, auf maximale Leistung abzielenden Welt wird der Tod mit einer derart sich steigernden Vehemenz geleugnet, wie es wohl zu keinem anderen Zeitpunkt in der menschlichen Historie als kollektives Massenphänomen festgestellt werden konnte.

Gehörte nämlich das Sterben als physiologischer und psychischer Vorgang im Spätmittelalter noch unbedingt zu einem Prozeß, an dem alle Mitglieder der Gemeinschaft allein durch räumliche Begrenztheit unvermeidlich teilhatten [2], wird in unserer heutigen Gesellschaft alles nur Erdenkliche unternommen, um die Sterbenden dem Gesichtskreis der Öffentlichkeit zu entziehen. Mit anderen Worten: Sie werden isoliert, kaserniert und der Einsamkeit in den Massenburgen staatlicher oder privater Krankenhausroutine überlassen. Wir verstoßen sie bei lebender Seele und lebendigem Leib aus dem vitalen Bereich gesellschaftlichen Lebens. Und *mit* ihnen verstoßen wir all jene Menschen, die uns durch Krankheit, Hinfälligkeit oder Alter ebenfalls an das *ureigene* Ende erinnern.

Das war, wie bereits erwähnt, im Mittelalter noch nicht der Fall. Das Leben war – verglichen mit der relativ hohen sozialen Absicherung in unseren westlichen Industriekulturen – wesentlich gefährdeter. Der Tod konnte Menschen unvermittelt und gleichermaßen treffen, das Sterben gehörte somit zum jederzeit sichtbaren Alltag. Das Leben war gefahrenvoller, aber es war auch intensiver. Die Triebe wurden stärker ausgelebt, die Affekte als kurz andauernde, emotionale Erregungszustände unmittelbarer umgesetzt. Eine dramatische Wende, deren Auswirkungen wir heute auf das Schmerzvollste erfahren, trat mit Beginn der industriellen Revolution Mitte des 18. Jahrhunderts ein: Die kurz zuvor einsetzende Agrarrevolution hatte durch eine kontinuierlichere Ernährung nicht nur zu einer höheren Lebenserwartung beigetragen, sondern durch ein Anwachsen der Bevölkerungszahl auch ein Arbeiterheer für die Produktion in den Fabriken herangefüttert. Die Menschen zog es immer stärker in die Anonymität der Städte, und es bedurfte nur weniger Generationen, um aus intensiv affekt- und triebgesteuerten Menschen eine kontrollierte und damit verfügbare Masse Mensch entstehen zu lassen. Existentielle Gefährdung durch Lohndruck, Arbeitsplatzverlust und andere disziplinierende Strafmaßnahmen waren die Mittel, Uniformität und Gleichschaltung durch Unterdrückung spontaner Gefühls- und Körperäußerungen das Resultat [3].

So wurden Bekundungen starker Freude oder starken Schmerzes als leistungsuntaugliche, unproduktive menschliche Wesenszüge besonders in den letzten beiden Jahrhunderten zunehmend unter Verschluß genötigt. Menschliche Gerüche und alles, was mit den ausscheidenden Funktionen des Körpers in Zusammenhang steht, wurden „eingedämmt" und bis in die heutige Zeit durch immer subtilere Methoden mit „Scham und Peinlichkeitsgefühlen" belegt. Doch hatte die Masse unter „Fremdzwang" mit der eigenen Disziplinierung begonnen, verselbständigte und perfektionierte sich dieser Drill im „Selbstzwang" [4] durch physische und psychische Eigenbespitzelung bis in die Gegenwart. Der Lohn für die Verzerrung von Leib und Seele war die relativ hohe Absicherung der eigenen Existenz und damit des Lebens. Den Preis für die Zurichtung des Menschen als Teil der Natur sind wir im Begriff zu zahlen.

Seit den Anfängen seiner Kulturen hat der Mensch die Natur als permanente Bedrohung seines Lebens und seiner Gemeinschaft empfunden: Ob in den kulturellen Ursprüngen des Zweistromlandes, in denen er in Angst gegen die regelmäßig wiederkehrenden Überschwemmungen kämpfte, oder ob noch im Mittelalter, als er sich aus Unkenntnis biologisch-physikalischer Zusammenhänge den Naturgewalten hilflos ausgeliefert sah. Der Mensch war damit zur Sicherung seines Lebens und seiner auch *psychischen* Unversehrtheit unbedingt auf den Zusammenhalt seiner Gruppe, und daher existentiell auf den anderen Menschen angewiesen. Er teilte mit ihm nicht nur die „permanenten" Ängste, die sich aus der Unerklärbarkeit der Dunkelheit, der Himmelskörper, des Meeres oder außerrationaler Phänomene speisten. Auch „zyklisch" wiederkehrende Ängste, hervorgerufen durch Seuchen, Pestausbrüche, Feuersbrünste, Naturkatastrophen, marodierendes Kriegsvolk oder Willkür der Landesfürsten gehörten zum jederzeit erschütterbaren Alltag. Prediger und Bettelorden, die aus der mittelalterlichen Armutsbewegung hervorgegangen waren, schürten die Ängste, steigerten die kollektive Furcht ins Unermeßliche [5].

Der Mensch des Mittelalters drohte im Chaos seiner Ängste zu ertrinken, als sich die Kirche eines nachhaltigen Kunstgriffs bediente, indem sie die frei flottierenden Ängste durch die Vorgabe definierter Feindbilder systematisierte, bündelte und damit kanalisierte. Muslime, Häretiker, Juden und in besonderem Maße die Frauen, die aufgrund ihrer emanzipatorischen Kraft und ihrer tiefen Kenntnis der Frauenheilkunde brannten, wurden somit zu einem real wahrnehmbaren und handhabbaren Gefahrenpotential erklärt. Es galt die

Faustregel, nach der alle Katastrophen, Greuel, Epidemien oder unerklärbaren Vorkommnisse das menschliche Leben zwar unmittelbar bedrohen könnten, nach kirchlichem Dafürhalten jedoch in keiner Relation zu der Bedrohung durch den „Erzfeind", den Teufel, standen. Eine Faustregel also, aus der sich zwangsläufig der Schluß ableitete, daß der Tod der kirchlich definierten Seele eine weitaus größere Gefahr darstellte als die Endlichkeit des sündigen und *ohnehin* sichtbar vergänglichen Körpers. Die Seele galt es zu retten und nicht die triebgesteuerte Physis.

Der Klerus ersetzte somit schlicht die sozialen Kollektivängste durch eine theologische Angst vor entsetzlichsten Höllenqualen durch ewige Verdammnis *nach* dem Tod. Und fokussierte damit die Ängste auf ein versprochenes Danach, dessen Qualität durch die Gesinnung und Handlungen des Menschen zu *Lebzeiten* beeinflußbar gemacht werden konnten. Die Konzentration der Ängste wurde somit vom *Leben* des Menschen, in das unser Sterben eingebettet ist, per theologisch-dogmatischem Bocksprung auf einen Punkt *nach* dem Tod umgeleitet.

So ließ sich die Angst vor dem Tod, vor dem immer noch Unbekannten, weder durch kirchliche Glaubenssätze, Verheißungen oder durch *inner*weltliche Autoritäten beschwichtigen. Also auch nicht durch die im 17. Jahrhundert einsetzende Aufklärung und den sich mit ihr entwickelnden Wissenschaften zur Erklärung unserer Natur.

Was sich jedoch im Bewußtsein der Menschen sukzessive veränderte, war dessen Einstellung zum Sterben. Je *umfassender* nämlich die Wissenschaften in der Entschlüsselung naturhafter Vorgänge eine steigende sozio-ökonomische Sicherung der körperlichen Existenz ermöglichte, und je *höher* die Lebenserwartung und damit die vorwegnehmende Planbarkeit des Lebens durch die sich spezialisierende Medizin wurde, in desto größere Entfernung rückten auch Sterben und Tod als biologisch-naturhafte Aspekte für das Individuum: Der Tod wurde zunehmend zu einem irgendwann stattfindenden Ereignis, irgendwann am Ende des Lebens. Das eigene Sterben konnte somit vergessen und verdrängt werden. Allerdings *nur* unter der Voraussetzung, daß auch das Sterben des *anderen* als Erinnerung an die *eigene* Endlichkeit mit verdrängt wurde. Und damit einhergehend alle Vorgänge, die sich um das Sterben und im besonderen Maße um das Sterben des *anderen* zentrierten.

War auch das Sterben in früheren Jahrhunderten mit größeren körperlichen Qualen verbunden, liefern wir die Sterbenden jetzt einem Leid aus, das mit aller Wahrscheinlichkeit um ein Vielfaches schwerer wiegt. Denn aus Furcht vor der Konfrontation mit der eigenen Endlichkeit, der Auflösung unseres Ich, entziehen wir ihm in der wohl kritischsten Phase seines Lebens all jene Qualitäten, die seinem Leben überhaupt einen Sinn geben konnte: Wir versagen ihm die Zuwendung, die Liebe und die ungebrochene Anteilnahme, die er zeit seines Lebens als Spiegelung seines Selbst, als Bestätigung seiner Zugehörigkeit zur Gattung Mensch im anderen Menschen fand. Und *nur* in *ihm* finden *konnte*. Mit anderen Worten: Wir setzen ihn der Einsamkeit aus und versagen ihm durch unsere Abweisung den Reflexionsboden, vor dessen Hintergrund er sein Menschsein überhaupt nur *erfahren* kann.

Statt dessen übereignen wir seinen Körper einer hochgerüsteten Apparatemedizin, mit der wir im *Vermeinen*, alles nur Erdenkliche für die Erhaltung seines physischen Lebens bereitzustellen, geflissentlich den Menschen übersehen, der zum zu behandelnden Objekt degradiert und in höchster seelischer Not an diesen Apparaten hängt. Wir schaffen ihn in die Anonymität der Krankenhäuser, schaffen ihn an die Tröpfe und an die lebensverlängernde Maschinerie und meinen in unserer Fortschrittsgläubigkeit alles zu tun, um dem implizit vorausgesetzten Bedürfnis des anderen nach *dieser* Art von Leben nachzukommen. Doch der Blick auf die Monitore, auf die Schläuche lenkt uns wohltuend ab. Er lenkt uns nämlich in erster Linie ab von unserer Angst vor dem *eigenen* Tod. Denn solange der *andere* Körper noch lebt, solange der *andere* Mensch noch Zeichen *körperlichen* Lebens gibt, brauchen wir in der Projektion das *eigene* Ende nicht zu fürchten, das wir in seinem Tod assoziieren. Und solange wir mittels technischer Innovationen, also mit Hilfe von *Dingen*, von *Objekten* dem Sterbenden zu Leibe rücken, entheben wir uns der Aufgabe und der *Pflicht*, uns dem Sterbenden affektiv zu nähern.

Wir entheben uns der Verantwortung, auf mögliche Fragen antworten zu müssen, auf die vom anderen formulierten Ängste zu reagieren und dem nicht versiegenden Verlangen nach körperlicher und mentaler Verbundenheit nachzukommen. Denn fällt uns im Zuge der umfassenden Kontrolle der Gefühlsaustausch, das Zeigen spontaner Emotionen im alltäglichen Leben bereits zunehmend schwerer, versanden wir zu absoluter Sprachlosigkeit, wenn wir uns in Gegenwart eines todkranken oder sterbenden Menschen befinden. Wir wissen nicht, was wir sagen sollen [6]. Wir können und *wollen* auch nichts sagen, weil der mögliche Austausch mit dem Sterbenden Fragen an das *eigene* Leben aufwerfen könnte. Fragen, deren Betrachtung oder gar Beantwortung uns in höchste Panik versetzen könnten: Haben wir unser bisheriges Leben genutzt? Haben wir entsprechend unserer körperlichen und psychischen Bedürfnisse gelebt? Was haben wir dazu *getan*, um unsere Persönlichkeit entsprechend dieser Bedürfnisse zu entfalten

Fragen also, deren Beantwortung das Gros der Menschen in unserer hochtechnologisierten, auf permanente Selbstkontrolle und Delegieren von Eigenverantwortung eingeübten Gesellschaft sehr fürchten muß. Denn durch den Zuwachs materieller Absicherung konnte es sich der Mensch unserer kulturellen Breitengrade – und zwar im besten Wortsinne – *leisten*, die Kommunikation zum anderen Menschen abzubrechen und einzustellen. Der Mensch hat aufgehört, den anderen Menschen als existentiell wichtigen Förderer seiner Lebensmöglichkeiten überhaupt *wahrzunehmen* und in der Folge anzuerkennen. Und zwar als Förderer von Lebensmöglichkeiten, die sich eben *nicht* nur auf die relative Stabilisierung der rein körperlichen Existenz beziehen, sondern gleichermaßen auf die aktive Unterstützung emotional-mentaler Anteile im Menschen. *Nichts* aber benötigt der Mensch zum Wahrnehmen seines Selbst, seiner Persönlichkeit, seines Wesens als *menschliches* Wesen so sehr wie den *Menschen*. Wenn wir uns also der Herausforderung durch den *anderen* entziehen, wenn wir uns der Herausforderung des zum je einzelnen gehörigen *Ich* entziehen, wird es nie zur Entwicklung des Unverwechselbaren, zur Entwicklung des unverwechselbaren Menschen kommen.

Wie eingangs erwähnt, liegt die Voraussetzung für das angstbeladene, existentielle Sterblichkeitserlebnis des Menschen in der Unterscheidung von Ich und Nicht-Ich. Je weiter wir uns also vom menschlich Analogen im anderen entfernen, desto stärker laufen wir Gefahr, unser Selbst, unser Menschsein nicht mehr reflektiert zu sehen. Im Extremfall schauen wir ins Nichts. Das langsame Sterben zu Lebzeiten fürchten in unseren kulturellen Zusammenhängen daher nicht wenige Menschen: Wir haben uns in uns selbst eingekapselt. Wir haben uns durch die angedrillte Unfähigkeit zu vitalem Austausch in zwangsläufiger Wechselwirkung vom anderen ausgeschlossen. Und wir lassen *das* zu, was wir in unserer Hilflosigkeit stolz mit „Individualismus" bezeichnen, um von der Tatsache zunehmender Vereinsamung abzulenken. Damit einhergehend haben wir die Verantwortung für unser Selbst längst abgegeben: Mit unserer westlich-zivilisierten Psyche delegieren wir an die Technologie, an die parlamentarische Konsensfindung und an die exponentiell sich entwickelnden Wissenschaften als diesmal *innerweltliche* Autoritäten [7]. Parallel dazu verkommen unsere sexuellen Bedürfnisse, die als elementare Kräfte ebenfalls einer kontinuierlichen Disziplinierung unterworfen wurden, unter dem kultur-historischen Eintrag „Sexuelle Revolution" zu Kaufanreizen für die Masse Mann.

Wir delegieren unser Selbst aus der Vermeidung von Selbst-Verantwortung und entheben uns damit der Verpflichtung zum Handeln, zum kreativen Gestalten, zur sinngebenden Entfaltung unserer Persönlichkeit. Denn da das Handeln als aktiv gestaltende *Teilhabe* am *Leben* natürlich Unvorhergesehenes und damit auch ungeahnte Gefahren in sich birgt, könnte es in letzter Konsequenz auch den Tod bedeuten. Was wiederum die meisten Menschen aus *Angst* vor einer Veränderung durch aktives Tun von diesem Tun abhält.

Auf der anderen Seite bedroht *Stagnation* im Leben den Menschen gleichermaßen, da Stillstand ebenfalls mit Sterben und Tod assoziiert wird.

Beides bereitet also Angst. Die Veränderung *und* der Stillstand. Auf Angst aber reagiert das biologisch-animalische Wesen Mensch, sollte das Mittel der Gefahren*vermeidung* versagen, wie bereits angedeutet, mit Flucht oder Aggression [8].

Der Trieb zur *Flucht* aus dem bedrohlichen Stillstand, aus der vermeintlichen Unveränderbarkeit des Lebens, kann unschwer an den Sterbestatistiken Alkohol- und Drogentoter, an der Zunahme psychosomatischer Störungen oder aber am Anwachsen sinnverheißender Sekten abgelesen werden.

Das Ausmaß der *Aggression*, mit der der Mensch der westlich hochtechnologisierten Welt um sich schlägt, zeigt den *anderen* Versuch, der Bedrohung des Selbst durch die sich verschärfende Reduktion ureigener Entfaltungsmöglichkeiten zu begegnen. Eine Reduktion, die wiederum in der aggressiven, alles umfassenden Vertechnologisierung unserer Lebenszusammenhänge wurzelt, also bedingt ist durch eine exklusiv vernunftsbegründete Wissenschaft, deren Janusköpfigkeit *auch* und in besonderem Maße an der schon längst zur „Zukunftswissenschaft" deklarierten Gentechnologie abzulesen ist [9]. Denn einerseits fürchten wir dieses Vernunfts-Produkt aufgrund nicht prognostizierbarer Katastrophen durch gentechnologisch manipulierte Organismen. Auf der anderen Seite suggeriert diese profitorientierte, sich verindustrialisierende Wissenschaft die Möglichkeit einer Aufhebung von Krankheit und Tod durch die Totalentschlüsselung und willkürliche Veränderbarkeit unserer Erbmasse, *inklusive* der schon erwähnten sogenannten „Altersgene". Die Anwendung der künstlichen Befruchtung bei gleichzeitiger Perfektionierung künstlicher Gebärmütter stellt zusätzlich die *Konstruktion* menschlichen Lebens per Technologie in Aussicht, mit der sich der Mensch zum Schöpfer des Menschen macht. Verheißt also die jüdisch-christliche Religion lediglich die Möglichkeit eines ewigen Lebens in unbekannten Räumen *nach* dem Tod, korrumpiert die Gentechnologie mit einer phantasierten Unsterblichkeit im Hier und Jetzt.

Wie weit der Mensch bereit ist zu gehen, um der Realität des Sterbens und des Todes auszuweichen, demonstriert die Organtransplantation in erhellendem Maße. Denn nachdem unsere westliche, ausschließlich auf den Menschen zentrierte Vernunfts-Ethik die Pflanzen und Tierwelt bereits mittels naturwissenschaftlicher „Errungenschaften" zur bloßen biologischen Ressource verdinglicht hat, wird nun der *Mensch* zum humanbiologischen Ersatzteillager funktionalisiert.

Wir dekodieren mit der Technik das organische Leben. Wir manipulieren mit den vergleichsweise jungen Ergebnissen der menschlich-*kulturellen* Evolution die seit Jahrmillionen wirkende *biologische* Entwicklung. Der Mensch dechiffriert sich selbst, zerreißt durch die Möglichkeit gentechnologischer Eingriffe in die biochemische Struktur seiner Physis und Psyche bereits *vor* dem Tod seine leib-seelische Identität und steht somit an der Schwelle der Entsubjektivierung des Subjekts Mensch. Der Mensch hat damit den vermeintlichen Schutz seines Lebens durch eine anvisierte Aussperrung des Todes *selbst* in die Hand genommen.

Der Sinai-Bundesschluß zwischen dem jüdischen Gott und Moses als menschlichem Vertreter ist damit, zumindest auf der rein formalen Ebene, längst abgelaufen: Schutz im Leben versprach dieser Gott den an ihn glaubenden Menschen unter der voraussetzenden Anerkennung und Einhaltung seiner Gebote. Die dem ersten und maßgebenden Gottes-Gebot zugrundeliegenden Vertragspflicht des Menschen, nur *diesen* Gott als *einzigen* Gott anzuerkennen, wird im Akzeptieren der vernunftsbegründeten Wissenschaften als *neue* moral und normgebende Bündnispartner längst verweigert. Vor der Folie dieses Bündnisses erklärt sich damit auch das Ergebnis, daß allein die Anerkennung dieses *persönlichen* Gottes als formell gleichberechtigten Partner langfristig zur Trennung von diesem Gott und zu einer vernunfts und wissenschaftsorientierten Moralvorgabe führen konnte [10].

Doch in der Überzeugung, durch das Primat der Ratio eine höhere Stufe menschlichen Seins erreicht zu haben, entwickelten wir uns in der Absicherung unseres materiellen Lebens – und der damit verbundenen relativen Vorhersehbarkeit unseres Sterbens – zu einer Zivilisation der Kälte. „Sei ständig zur Leistung bereit", lautet der Imperativ: zu affekt-, emotions- und triebloser Leistung. Und wer sich als kranker, gebrechlicher, alter oder sterbender Mensch dieser Leistungspflicht entzieht, wird ausgemustert, isoliert und auf die Müllkippe einer jüdisch-christlichen Tradition entsorgt.

Der Mensch steht vor der eigenen Entschlüsselung, nimmt ungeahnte, irreparable Folgen in Kauf, weil er *verlernt* hat, daß erst der Rückblick in die *Vergangenheit* der Evolution, die sich *nur* durch das Entstehen und Vergehen von Leben bis heute entfalten konnte, den Tod überhaupt erst *erklärbar* macht. Und damit die zwingende Notwendigkeit des menschlich Affektiven im *Leben* verdeutlicht, da nur der Mensch dem Menschen innerhalb seines zwischen Geburt und Tod begrenzten Lebens *Sinn* geben kann. Durch die Aussonderung der Alten und Sterbenden versagen wir uns den authentischen Zugriff auf unsere Vergangenheit. Durch ihre Isolierung bringen wir uns um elementar wichtige Erfahrungsvermittlungen durch bereits *gelebtes* Leben. Wir rauben uns die Möglichkeit der Erkenntnis, was den Sinn des Lebens im Lebens*rückblick* ausmacht, wo Korrekturen und Veränderungen in *unserem* Leben angezeigt wären.

Statt dessen haben wir uns von der Vergangenheit abgesprengt und verweigern die Anerkennung der Zukunft durch die Verdrängung unserer Endlichkeit im Tod. Desorientiert durch das Fehlen der Bezugsgrößen von Gestern und Morgen rudern wir in einem Jetzt, das sich als solches überhaupt nicht mehr *bestimmen* läßt. In der daraus resultierenden Angst verschließen wir uns in wachsender Individualität, gehen isoliert auf die Sinnsuche und können uns aus der Einsamkeit dieses Lebens heraus auch das Sterben als Aspekt unseres Lebens nur in solcher Einsamkeit vorstellen.

Doch „der Tod ist ein Problem der Lebenden" [11]. Denn da mit der Auflösung unserer leib-seelischen Identität, die wir zwangsläufig nur aus dem Gebundensein an unsere Raum-Zeit-Wahrnehmung definieren können, auch eine Entkoppelung dieser Raum-Zeit-Dimensionen einhergeht, ängstigen wir uns grundlos vor dem Tod.

Die größere Angst gilt für sehr viele Menschen denn auch dem Sterben, dem Alleingelassenwerden im Ende. Indem wir uns jedoch mitteilen, dem *anderen* Menschen mitteilen, und indem wir im Austausch der Urängste den Boden bereiten für den Austausch darauf *aufbauender* Ängste, befähigen wir uns nicht nur zu einem besseren Verstehen der menschlichen Natur, sondern auch zur Achtung der Gesamtnatur, von der wir ein Teil sind.

Das Erlernen der Fähigkeit, uns mitzuteilen, bedeutet Sicherheit durch Zuwendung und Zuneigung für den Sterbenden. Es bedeutet aber *ebenfalls* elementare Sicherheit für den, der überlebt. Die Anerkennung unserer Endlichkeit und des Sterbens als einen Teil unseres Lebens geht einher mit einer Steigerung der Lebensintensität, da wir durch den Austausch mit sterbenden Menschen in die Lage versetzt werden, Wesentliches von Unwesentlichem zu unterscheiden. Und je genauer wir hinhören und je präziser wir uns um diese Kommunikation *bemühen*, desto klarer werden wir uns über die Versäumnisse und die von uns angerichteten Zerstörungen.

Das Nicht-Aussprechen von Nöten, die Geheimhaltung der *zusätzlich* in jahrhundertelanger Zurichtung anerzogenen und *erzeugten* Ängste ist insofern ein *Politikum*, als sich damit schon immer ein ausgezeichnetes Instrumentarium der *Macht* organisieren ließ. Und wir brechen erst ein in diese Erzeugung und Manipulation von Angst, wenn wir sie *äußern*, wenn wir uns – unabhängig von Geschlecht, ethnischer Zuordnung, Alter, Religion, Nicht-

Religion oder Weltanschauung – dem anderen Menschen *nähern*. Und es ist absolut gleichgültig, welche Weltanschauung oder Religion der Mensch vertritt, solange sie nicht als *Machtmittel* eingesetzt wird.

Im Umgang mit Sterbenden lernen wir die Qualität des Lebens erkennen. Eine Lebensqualität, die *wir* wiederum dem Sterbenden schenken können. Bis in den Tod. ☐

1 Battegay, Raymond, „Angst und Sein". Hippokrates, Stuttgart, 1976, S.27.
2 Vgl. Elias, Norbert, „Über die Einsamkeit der Sterbenden in unseren Tagen". Suhrkamp, Frankfurt a. M., 1990.
3 Vgl. Schmidt, Gunter, „Das große „DerDieDas. Über das Sexuelle". Rowohlt, Reinbek, 1988.
4 Elias, Norbert, „Über den Prozeß der Zivilisation". Suhrkamp, Frankfurt a. M., 1990, Bd.II., S.397–409.
5 Vgl. Delumeau, Jean, „Angst im Abendland. Die Geschichte kollektiver Ängste im Europa des 14. bis 18. Jahrhunderts". Rowohlt, Reinbek, 1989.
6 Elias, Norbert, „Über die Einsamkeit der Sterbenden in unseren Tagen". a.a.O., S.39–52.
7 Vgl. Krauß, Thomas, im Interview von Bettina Recktor, „Das ist der einzige Weg – Warum Kriegsangst sinnvoll ist", in: *Zitty* 4/91
8 Battegay, Raymond, a.a.O., S.11–14.
9 Recktor, Bettina, „Die biologische Endlösung", in *Zitty*, 19/90, S.68–72, 204–210.
10 Die Bibel, 2Mo 23,25; 34,14; 33,11.
11 Elias, Norbert, „Über die Einsamkeit...", a.a.O., S.10.

weitere Literatur:

Aries, Philippe, „Geschichte des Todes". dtv Wissenschaft, München, 1989.

Bergson, Henri, „Materie und Gedächtnis. Eine Abhandlung über die Beziehung zwischen Körper und Geist". Meiner, Hamburg, 1991

Hirsch, Gunter und **Eberbach**, Wolfram, „Auf dem Weg zum künstlichen Leben. Retortenkinder – Leihmütter – programmierte Gene". Birkhäuser, Basel; Basel; Stuttgart, 1987.

Kübler-Ross, Elisabeth, „Reif werden zum Tod". Siebenstern, Gütersloh, 1986.

Pincus, Lily, „... bis daß der Tod euch scheidet. Zur Psychologie des Trauerns". Ullstein, Berlin; Wien, 1982.

Tausch, Anne-Marie und **Tausch**, Reinhard. „Sanftes Sterben. Was der Tod für das Leben bedeutet". Rowohlt, Reinbek, 1991.

Kongreß der Konfessionslosen ging zu Ende

Atheisten: Weg mit Paragraph 218

Fulda (FZ/hs) Zum Abschluß des ersten Atheistenkongresses in Fulda verabschiedeten die Teilnehmer eine mehrere Punkte umfassende Resolution, die unter anderem eine Streichung des vieldiskutierten Paragraphen 218 befürwortet.

Ein weiterer Punkt befaßt sich mit der Forderung nach einem internationalen „Russell-Tribunal" über die Folgen des Golfkrieges. Bisher gab es bereits drei solcher Tribunale, benannt nach dem englischen atheistischen Philosophen Bertrand Earl Russell, das vierte wird noch im November in Stuttgart stattfinden.

Des weiteren beschloß der Kongreß die regelmäßige Durchführung weiterer Tagungen, von denen die nächste in den neuen Bundesländern veranstaltet wird.

Nach den Worten von Frank L. Schütte, Vorstandsmitglied des „Internationalen Bundes der Konfessionslosen und Atheisten" (IBKA), begrüßen die deutschen Atheisten die Durchführung eines internationalen Kongresses in Brüssel 1992, der bereits von amerikanischen Atheisten vorbereitet werde. Ebenfalls in Planung befinde sich die Gründung von Landes- und Ortsverbänden des IBKA.

Schütte zeigte sich erfreut über dei „unwahrscheinliche Resonanz in den Medien" und das Interesse am Fuldaer Kongreß, an dem rund 150 Konfessionslose teilgenommen hätten.

Bei einer Aktion im Fuldaer Dom forderten die Atheisten zu Toleranz gegenüber Anders- und Nichtgläubigen auf und verlangten die Trennung von Staat und Kirche. Durch die Verquickung von Amtskirche und Staat würden die christlichen Großkirchen „in ungebührlicher Weise bevorzugt" und Konfessionslose oftmals zu „Bürgern zweiter Klasse" degradiert, heißt es in einem Thesenpapier der Atheisten.

Der Kirchenkritiker Karlheinz Deschner verurteilte im Verlauf seines Vortrags über die „Politik der Päpste im 20. Jahrhundert" kompromißlos das Papsttum. Mit scharfen Kommentaren („Päpste und Hochstapler wechseln die Namen") beleuchtete er insbesondere die weltliche Politik der Kirchenoberhäupter und ihre Rolle in der Zeit des Faschismus in Europa vor dem Hintergrund der Verkündigung des Friedens. Dabei berief er sich auf „verbürgte geschichtliche Quellen" und Fakten („Ich sauge mir das nicht aus meinen unchristlichen Fingern").

Der Kritiker ließ an den Päpsten kein gutes Haar: Pius XII. (1939–58) wurde zum „Faschistenkomplicen", Johannes Paul I., nur 30 Tage im Amt, zum „herzlichen Versager". Deschner hielt nicht hinter dem Berg mit seiner Kritik. Von einem Zuhörer gefragt, wie die Kirche auf seine Schriften reagiere, antwortete Deschner: „Die Kirche tut das klügste, was sie tun kann: Sie versucht mich totzuschweigen."

Karlheinz Deschner
Die Politik der Päpste im 20. Jahrhundert

Der Menschensohn besaß nichts, wohin er sein Haupt legen konnte. Er lebt völlig arm in der Bibel. Er fordert Verzicht auf allen Besitz. Er verlangt Mission ohne Geld im Gürtel. Und wirklich gibt es eine Art Kommunismus in der Urgemeinde. Auch die Ebioniten, die aus ihr hervorgehn, dringen auf Gütergemeinschaft, machen Armut zur unbedingten Pflicht. Zwar werden sie verketzert. Doch predigen noch im 4.Jahrhundert selbst Kirchenlehrer: „Ahmen wir die erste Versammlung der Christen nach, bei denen alles gemeinsam war" (Basilius). „Die Gütergemeinschaft ist mehr die adäquate Form unseres Lebens als der Privatbesitz, und sie ist naturgemäß" (Johannes Chrysostomos).

Schon im 5. Jahrhundert aber wird der Bischof von Rom reicher als alle im Römischen Reich. Im 8. Jahrhundert gewinnt er durch Betrug und Krieg den Kirchenstaat. Und bald rauben die Päpste selber Burgen, Schlösser, Städte, ganze Herzogtümer. Sie eröffnen die Schwertmission. Sie führen Verteidigungs- und Angriffskriege, Bürgerkriege, „Heilige Kriege". Sie beginnen die „bewaffneten Wallfahrten", die Kreuzzüge. Noch im 19.Jahrhundert schickt Gregor XVI. bei Ausbruch der Revolution seine Soldateska gegen die Italiener, holt er auch österreichische Heere zu Hilfe. Und noch im Ersten Weltkrieg, im Zweiten, hetzen die Feldpfaffen an allen Fronten, auf allen Seiten, Millionen und Abermillionen in den Tod – indes die Päpste „Frieden" rufen, „Frieden".

Dabei schwindelt man auch sonst sich durch die Zeiten: mit hl. Windeln und Röcken, mit ungezählten Zähnen und Vorhäuten des HERRN, mit der Milch der Muttergottes, den Federn, den Eiern des Heiligen Geistes. Man fabriziert die Donatio Constantini, die größte Fälschung der Geschichte, fabriziert die Pseudoisidorischen Dekretalen, fabriziert jahrhundertelang fast so viele unechte Diplome, Annalen, Chroniken wie echte. Und während man sich selbst alle möglichen Privilegien zuschanzt, Immunitätsrechte, Grafenrechte, Marktrechte, Zollrechte, Steuervorteile, alle möglichen Ausnahmestellungen, während Päpste, Bischöfe, Äbte oft in ungeheurem Luxus schwelgen, Mätressen haben, Hurenhäuser, Banken, während sie bestechen, erpressen, mit Würden und Pfründen schachern, Reliquien und Bullen, während sie die Kirchengüter verprassen, an Verwandte verschleudern, Günstlinge, während sie Pacht fordern, Zins, Ablaß, Taxen, Steuern, Zehnten und Doppelzehnten, schröpfen, schwindeln, intrigieren sie nicht nur, sondern töten eben auch, bekämpfen sie sich gegenseitig, mit Dolch und Gift, durch jede Menge Fehden, Waffengänge, massakrieren sie, den eignen Anhang, den andern, Heiden, Juden, „Ketzer", Hexen, Indios, Schwarze – ein Schlachten war's, nicht eine Schlacht zu nennen! Mit einem Wort: sie missionieren. Sie evangelisieren.

Man hat oft bemerkt – von Goethe über Dostojewski, Nietzsche bis zu Henry Miller, der es mir selber schrieb –: käme Jesus wieder, würde er abermals gekreuzigt. Aber nur ein Kardinal der Kurie war kompetent genug hinzuzufügen: „doch diesmal nicht in Jerusalem, sondern in Rom". Ja, in Jerusalem opferte sich, heißt es, jemand für andere, in Rom opfert man andere für sich.

Inzwischen aber ist ja alles viel besser geworden, nicht wahr? Nun, sehen wir einmal zu – denn man hat auf dieser Welt nicht nur die Wahl, mit den Wölfen zu heulen oder mit den Schafen zu blöken.

Leo XIII. (1878–1903)

Um die Jahrhundertwende orientierte sich die kuriale Politik unter Leo XIII. und seinem Staatssekretär Rampolla besonders an Frankreich und dem zaristischen Rußland. Man glaubte, die Zukunft gehöre den slawischen Völkern, unterstützte sie deshalb und erwartete als Belohnung die Russisch-Orthodoxe Kirche.

Gerade Leo XIII., gierig nach päpstlicher Souveränität und geistiger Weltherrschaft, wähnte sich diesem Ziel nah. Öffentlich zwar, wie alle Päpste seit dem Verlust des Kirchenstaates, das Wettrüsten verdammend, erwartete er selber in Kürze einen Weltkrieg und schilderte dem österreichischen Historiker Theodor von Sickel als „die unausbleiblichen Folgen": „Die orientalische Frage werde sofort gelöst und zugleich der Islam überwunden werden; Rußland, von der Kirche beraten und unterstützt, werde auch den Frieden in Europa diktieren..." Bei diesen Worten erhob sich Leo XIII. und prophezeite dem vor ihm knienden Protestanten Sickel: „Und wenn das geschieht, werdet ihr Protestanten einfach dem Beispiel der Russen folgen".

Als das Leben des bejahrten Papstes 1903 erlosch, förderten die beiden großen Machtgruppen Frankreich/Rußland und Deutschland/Österreich-Ungarn mit allen diplomatischen Mitteln einen ihrer Parteigänger. Wie so oft aber siegte, im siebten Wahlgang, ein Außenseiter, der Patriarch von Venedig Giuseppe Sarto, nunmehr Pius X. – Päpste und Hochstapler wechseln die Namen.

Pius X. (1903–1914)

Sartos Ernennung, scheinbar ein Kompromiß, erwies sich bald als Erfolg der Mittelmächte. Im österreichischen Venetien, an der Grenze zu den Südslawen als deren Gegner aufgewachsen, blieb Pius X. zeitlebens antislawisch gesinnt. So schätzte er den alten, der Kurie ergebenen Kaiser Franz Joseph und legte, sagte er selbst, „stets allergrößtes Gewicht auf die Erhaltung der besten Beziehungen zu Österreich". Denn mit Österreich, scharf auf die Ukraine, wollte man den Osten gewinnen, den Balkan katholisieren und die Russisch-Orthodoxe Kirche unterjochen – ein jahrhundertealter Traum Roms, den man im Lauf der Geschichte durch kriegerische und diplomatische Vorstöße zu verwirklichen suchte, durch Kreuzzüge, deutsche Ordensritter, schwedische Heere, durch Drohungen, Lockungen, ungeheuren Betrug, indem man etwa 1605, in einer Schmierenkomödie sondergleichen, einen falschen Zaren, wahrscheinlich einen entlaufenen Mönch, den Pseudo-Demetrius, auf den Thron in Moskau setzte, worauf ihn Papst Paul V. im Breve vom 10. April 1606 gebot: „... weil Du bei Deinem Volke alles vermagst, was Du willst, so befiehl ihm die Anerkennung des Statthalters Christi!"

Vor dem Ersten Weltkrieg näherte sich die Kurie auch dem kaiserlichen Deutschland, das ebenfalls Expansionsgelüste im Osten hatte. Und nachdem Österreich schon die türkischen Provinzen Bosnien und Herzegowina unterworfen, forderte man seinen Einmarsch auch in Albanien – auf dem Eucharistischen Kongreß 1912 in Wien. (Auch die Eucharistischen Kongresse unmittelbar vor dem Zweiten Weltkrieg sowie auf einem Höhepunkt des Kalten Krieges dienten scharfen antiöstlichen Kampagnen.) Und im Juli 1914, nach Ermordung des Thronfolgers, erläuterte Österreichs Außenminister Graf Berchtold dem deutschen Botschafter: er halte für ausgeschlossen, daß selbst eine Regierung wie die serbische die österreichischen Forderungen schlucke. Falls aber doch, bleibe Österreich nichts übrig, als Serbien so lange zu reizen, bis Österreich die Möglichkeit erhalte, in Serbien einzumarschieren.

Karlheinz Deschner
seit fast dreißig Jahren der bedeutendste deutschsprachige Kirchenkritiker. Er erhielt 1988 für sein aufklärerisches Engagement der Arno-Schmidt-Preis. Neben vielem anderen Autor der Kriminalgeschichte des Christentums, von der bisher drei Bände erschienen sind.

Eben das war es, was Pius X. wünschte, ein „typisch ‹religiöser Papst›", „rein wie eine Parzivalnatur"! Hatte er doch nicht nur wiederholt und aufs Jahr genau den (Ersten) Weltkrieg vorausgesagt, den Weltenbrand, den „Guerrone" – „La guerra che viene": eine fast stereotype Wendung von ihm –, sondern er wollte auch die Slawen „für alle ihre Vergehen" bestraft sehn, zumal er fürchtete, sie gingen sonst samt und sonders zu Rußland über, dem „größten Feind der Kirche". „Sono tutti quanti barbari", rief er 1913. Und, kein Zweifel, vor allem Österreich.Ungarn sollte sie besiegen. Bekannte doch kein anderer als der österreichische Weihbischof und nachmalige Fürsterzbischof Waitz von Salzburg mitten im Krieg, „eine der wichtigsten Vorbereitungen" darauf sei „der Eucharistische Kongreß in Wien" gewesen. Und der Wiener Kardinal Nagel, vom Vatikan besonders geschätzt, wollte seinerzeit „im Slaventum, der unstreitig aufsteigenden Rasse ... auf breiter Basis festen Fuß" fassen und geradezu „ein katholisches Slavenreich".

Unmittelbar vor Ausbruch der Katastrophe verlangte auch der spätere Vizebürgermeister Wiens, E. K. Winter, in dem katholischen Wochenblatt „Großösterreich" leidenschaftlich den Kampf:

„Seit 6 Jahren warten wir schon auf die endliche Auslösung all der drückenden Spannungen, die wir in unserer ganzen Politik so überaus qualvoll empfinden. Weil wir wissen, daß erst aus einem Krieg das neue und große

Österreich, das glückliche, seine Völker befriedigende Großösterreich geboren werden kann, *darum wollen wir den Krieg.* Wir wollen den Krieg, weil es unsere innerste Überzeugung ist, daß nur durch einen Krieg in radikaler, plötzlicher Weise unser Ideal erreicht werden kann: ein starkes *Großösterreich,* in dem die österreichische Staatsidee, der österreichische *Missionsgedanke, den Balkanvölkern die Freiheit und Kultur zu bringen,* im Sonnenglanze einer großen, frohen Zukunft blüht.

Zweimal gab uns das Schicksal schon den Degen in die Faust, zweimal stießen wir ihn in die Scheide zurück. Das dritte und letzte Mal *winkt uns die Erlösung.* Noch einmal haben wir Gelegenheit, uns unserer historischen Aufgabe, *die Vormacht des Balkans zu sein,* zu erinnern, noch einmal weist uns der *Finger Gottes den Weg,* den wir gehen müssen, soll uns nicht die Sturzflut kommender Ereignisse vom Schauplatz des Lebens wegspülen, als hätte Österreich nie bestanden.

Es handelt sich um Sein oder Nichtsein! Wollen wir weiter leben als großer, kulturbringender, kraftvoller Staat in der Zukunft *unseres historischen Berufes am Balkan und in Westrußland im Namen des Katholizismus* und der europäischen Kultur gerecht werden, dann *müssen* wir zum Schwert greifen ... Wir aber beten zu Gott, daß es ihnen [nämlich den versöhnungswilligen, kriegsscheuen Kreisen] diesmal nicht mehr gelänge [sich durchzusetzen], und Gott, *dessen Werkzeug wir auf Erden sind,* er wird uns hören". Soweit das von Kreisen der Hocharistokratie und Bischöfen gestützte katholische Wochenblatt. Kamen doch auch im Deutschen Reich „die lautesten Fanfarenstöße ... aus der klerikalen Ecke"; forderte auch hier gerade die ultra-montane Presse „die ultima ratio, die Kanonen" (Jörg).

So telegraphiert denn am 26. Juli 1914 Baron Ritter, bayrischer Geschäftsträger beim „Heiligen Stuhl", seiner Regierung: „Der Papst billigt ein scharfes Vorgehen Österreichs gegen Serbien. Der Kardinalstaatssekretär hofft, daß dieses Mal Österreich standhalten wird. Er fragt sich, wann es denn sollte Krieg führen können, wenn es nicht einmal entschlossen wäre, mit den Waffen eine ausländische Regierung zurückzuweisen, die die Ermordung des Erzherzogs herbeigeführt hat". Auch der österreichische Gesandte, Graf Moritz Pálffy, bestätigt seinem Außenminister: „Seine Heiligkeit" habe „mehrmals ihr Bedauern" bekundet, „daß Österreich-Ungarn es versäumt hat, seinen gefährlichen Donau-Nachbarn zu bestrafen"; und daß der Kardinalstaatssekretär Merry del Val am 27. Juli 1914 hoffte, die Monarchie werde „bis zum Äußersten gehen".

Am nächsten Tag erklärte Österreich, ursprünglich keinesfalls dazu entschlossen, Serbien den Krieg, gedrängt vor allem auch von Berlin. Später verbreiteten Merry del Val und andere Kurienkreise, dem (am 20. August 1914 verstorbenen) Pius X. sei durch den Kriegsbeginn das Herz gebrochen, vielleicht, wer weiß, aus Freude. Und 1954 sprach ihn Pius XII., der große Faschistenkomplize, heilig. Aber: Wenn man ihre Heiligenlegenden liest, schreibt Helvétius, findet man die Namen von tausend heiliggesprochenen Verbrechern.

Selbst der lang in Rom tätige katholische Bischof Alois Hudal –Träger des Goldenen Parteiabzeichens der NSDAP – urteilt nach Auswertung des Aktenmaterials der österreichischen Vatikanbotschaft: „In vatikanischen Kreisen wurde, wie die Botschaftsberichte zeigen, *der Krieg gegen Serbien vom Religiösen als eine Abrechnung mit dem Schisma betrachtet,* das von der russischen Kirche kulturell und wirtschaftlich gefördert unter allen Balkanvölkern eine feste Stellung einnahm, *gegen die der Katholizismus* trotz beträchtlichen Kräfteaufwandes *nicht mehr aufkommen konnte.* Die Rückkehr der Orthodoxen slawischer und rumänischer Nationalität zur römischen Kirche war in allen Balkanstaaten zahlenmäßig äußerst gering und kaum der Rede wert".

Benedikt XV. (1914-1922)

Dem Nachfolger des hl. Pius, Giacomo della Chiesa, Benedikt XV., auffallend klein, etwas verwachsen, aus altem genuesischem Adel, ging nicht der beste Ruf voraus. Er rührte von einer Episode noch unter Leo XIII. her. Dieser Papst hatte um die Jahrhundertwende einen gewissen Tarnassi, Parteigänger der Mittelmächte, als Unterstaatssekretär vorgesehen. Um den Schein der Neutralität zu wahren, brauchte man ein Gegengewicht zu dem ganz auf den russisch-französischen Kurs festgelegten mächtigen Staatssekretär Rampolla. Gerade aber als Tarnassi, tatsächlich einer der gefährlichsten Widersacher Rampollas, 1901 als Kardinal nach Rom gehen sollte, erlag er einem rätselhaften, raschen Tod. „Der vatikanische Klatsch sprach von Giftmord, denn Tarnassi starb zu sehr erwünscht, als daß es dabei nach kurialer Auffassung mit rechten Dingen zugegangen sein konnte. Als Mörder wurde von diesem Klatsch Monsignore della Chiesa genannt" (Eduard Winter).

Jedenfalls avancierte nun der Marchese, Rampollas vertrautester Schüler, statt des so jäh verblichenen Tarnassi zum Unterstaatssekretär und wurde nach Pius' X. Tod, wenn auch erst im sechzehnten Wahlgang, sein Nachfolger.

Obwohl Benedikt XV. aber ein Verfechter leonischer Politik und Parteigänger Frankreichs war, operierte er zunächst zugunsten der Mittelmächte, der uralten Strategie des Vatikans folgend: wenn irgend möglich an der Seite des Stärksten, des mutmaßlichen Siegers, zu stehn. Deutschland hatte immerhin ganz Belgien besetzt, Russisch-Polen, Litauen, hatte einen Teil Frankreichs erobert, des Baltikums, Weißrußlands; auch Serbien und Rumänien waren niedergerungen. Daß der Kurie das Schicksal Österreich-Ungarns am Herzen lag, versteht sich von selbst. Sogar der katholische Papsthistoriker Schmidlin konzediert: „Ganz natürlicherweise stand schon während des Weltkriegs bei aller Neutralität [!] im Prinzip die persönliche wie amtliche Sympathie des Papstes auf seiten des habsburgischen Doppelreiches in Anbetracht seines katholischen Charakters gegenüber dem schismatischen Rußland, protestantischen England und ungläubigen Frankreich." Schließlich war die Doppelmonarchie die einzige dem Vatikan engverbundene Großmacht, die einen wirksamen Schutz gegen Slawismus und Orthodoxie versprach. Im Interesse seiner Ostpolitik lenkte der „Heilige Stuhl" auch Bulgarien auf der Seite der Mittelmächte in den Krieg. Und gerade im Hinblick auf das katholische Österreich-Ungarn bekräftigte Benedikt noch im Frühjahr 1915 die „absolute Identität unserer Interessen".

Auch als Italien in den „Guerrone", „nostra guerra" genannt, eintrat, den der italienische Klerus, katholische Presse und Organisationen, begeistert propagiert hatten, den man als Fortsetzung der Kämpfe gegen Österreich führte, als „Vierten Unabhängigkeitskrieg" für die „unerlösten Brüder" im Trentino und in Triest, einen Krieg, in dem man die ausrückenden Truppen, die Fahnen segnete, in dem über zwanzigtausend italienische Geistliche mit der Waffe kämpften, auch da noch stand der Papst weiter zu den Mittelmächten. Ihm und der Kurie ging es dabei sowohl um das Überleben der katholischen Donaumonarchie wie um die eigne Existenz. War doch seit Wegnahme des Kirchenstaats 1870 das Verhältnis des Römischen Stuhls zu Italien äußerst gespannt. Auch rechneten die Kurienhäupter weiter mit einem Sieg der Mittelmächte. Benedikt XV. verriet deshalb deren Generalstab am 6. Mai 1915 Italiens Kriegseintritt. Der Papst bestätigte dadurch authentisch andere ähnliche Meldungen, Österreich konnte sich auf den Angriff vorbereiten, die italienische Attacke kam sofort zum Stehen.

Erst als das „Kriegsglück" wechselte, wechselte auch der Vatikan ins Lager der Entente. Doch am 24. Mai 1919 behauptete der „Osservatore Romano": „Der Heilige Stuhl handelte während des Krieges ständig (costantemente) zugunsten der Ententemächte (a favore delle potenze dell'Intesa), besonders zugunsten Belgiens, Italiens und Frankreichs". Und Benedikt erklärte jetzt: „Diesen Krieg hat Luther verloren".

Im Inferno selbst freilich spielte er den großen Unparteiischen, den „Friedenspapst". Während er aber den sich zerfleischenden christlichen Nationen seine schönen biblischen Sprüche zurief, Frieden, Versöhnung, Liebe, zeichnete er selber für eine Militärseelsorge verantwortlich, die den katholischen Soldaten das gegenseitige Abmurksen als höchste Pflichterfüllung befahl – die mörderischste Heuchelei der Weltgeschichte.

Wir können weder dies noch seine Schaukelpolitik verfolgen. Die Mittelmächte nannten ihn zeitweise den „französischen Papst", die Alliierten „le pape boche", er selbst beanspruchte für sich das Wort Benedikts XIV. vom „Martyrium der Neutralität". Zwar intervenierte er 1917 noch einmal zugunsten der Mittelmächte, doch nur aus Angst vor der Russischen Revolution. Sie mußte jeden Kirchenmann das Fürchten lehren, besonders einen so stockkonservativen, italienischem Hochadel entstammenden Papst, der in seiner Neujahrsbotschaft 1917 „urbi et orbi" verkünden konnte: „Vor Gott gibt es keinen Vorrang der Person, aber es steht außer Zweifel, sagt der heilige Bernhard, daß Gott die Tugend der Vornehmen angenehmer ist, weil sie heller leuchtet. Auch Jesus Christus war Adliger, adlig waren Maria und Josef", ja, der „Stellvertreter" behauptete, „Christus" habe „in hervorragender Weise mit dem irdischen Adel in Beziehung" gestanden.

Die Kurie profitierte gewaltig durch den „Guerrone". Kardinal Gasquet bekannte auf dem Katholikenkongreß in Liverpool geradezu: „Man ist zur Überzeugung gelangt, daß der am besten aus dem Krieg herausgekommene Mann der Papst war!" Nichts jedoch fürchtete er nun mehr als den Umsturz im Osten, zumal man mit Ausdehnung der Revolution auf Polen und ganz Europa zu rechnen begann. So betrachtete Benedikt die unierten Gemeinschaften als Vorposten der römischen Kirche, die von Weißrußland und der Ukraine aus vorgehen und die orthodoxe slawische Welt für das Papsttum gewinnen sollten, womit er eine antibolschewistische Politik begann, die seine Nachfolger um vieles verschärft fortsetzten.

Der „Friedenspapst" Benedikt XV. verblich 1922, zwei neue Friedenspäpste folgten.

Pius XI. (1922–1939)

Zunächst kam, nach dem vierzehnten Wahlgang, Achille Ratti als Pius XI. Und mit seiner Hilfe – Regierungsprogramm: „Friede Christi im Reich Christi" (im Evangelium heißt es: „Friede auf Erden"!) – kamen Mussolini, Franco, Hitler.

Zwar hatte Mussolini, Autor von „Es gibt keinen Gott" und „Die Mätresse des Kardinals", noch 1920 religiöse Menschen krank genannt, auf die Dogmen gespuckt und sich mit Pfaffenbeschimpfungen geschmückt „wie mit einem duftenden Blumenkranz". Doch schon 1921 rühmte er Vatikan und Katholizismus derart, daß Kardinal Ratti, ein Jahr vor seiner Papstwahl, ausrief: „Mussolini macht schnelle Fortschritte und wird mit elementarer Kraft alles niederringen, was ihm in den Weg kommt. Mussolini ist ein wundervoller Mann . Hören Sie mich? Ein wundervoller Mann!"

Papst und Duce kamen aus Mailand. Beide haßten Kommunisten, Sozialisten, Liberale. Beide verhandelten, von beiden bezeugt, noch vor der Farce des „Marsches auf Rom", vom neuen Caesar im Schlafwagen Mailand–Rom zurückgelegt. „Fünf Minuten Feuer", so damals der Chef des Generalstabs Pietro Badoglio, „und man wird nichts mehr vom Faschismus hören". Da aber Mussolini – im Gegensatz zum früheren liberalen Regime – Presse- und Versammlungsfreiheit aufhob, die Kruzifixe in die Schulen bringen, den Religionsunterricht einführen, die Prozessionen beschützen, beschlagnahmte Kirchen und Klöster freigeben ließ, wäre man einig geworden, hätte der Atheist auch nicht vor versammelten Faschisten zur Madonna gebetet. – Anbeten fördert immer irgendeine Teufelei.

Zunächst, sein erster Dienst, rettete der Exsozialist den „Banco di Roma", dem die Kurie und mehrere ihrer Hierarchen hohe Summen anvertraut hatten, vor dem Bankrott, indem er, auf Kosten des Staates, mit rund 1,5 Milliarden Lire einsprang, worauf Kardinal Vannutelli, Dekan des „Heiligen Kollegiums", erklärte, Mussolini sei „auserwählt zur Rettung der Nation und zur Wiederherstellung ihres Glückes".

Pius XI. schränkte nun dankbar den Einfluß der antifaschistischen katholischen Volkspartei immer mehr ein, befahl ihrem Führer, dem sizilianischen Kleriker Sturzo, den Rücktritt und schließlich sogar das Ausscheiden aller Priester aus der Partei, was deren Auflösung gleichkam. Der Papst protestierte nicht einmal, als mehrere ihrer Mitglieder, darunter Geistliche, von Faschisten getötet wurden. Er protestierte erst recht nicht gegen die Ermordung einiger tausend Kommunisten und Sozialisten. Und selbst als Mussolinis erbittertster Gegner, der junge Strafrechtslehrer und Sozialistenführer Giacomo Matteotti, der sein ganzes beträchtliches Vermögen armen Bauern geschenkt, von Faschisten verschleppt, grauenvoll umgebracht wurde, die Entrüstung außerordentlich war und man vom König Mussolinis Absetzung forderte, stellte sich der „Heilige Vater" wieder auf die Seite des faschistischen

Verbrechers und verkündete am 20. Dezember 1926: „Mussolini wurde uns von der Vorsehung gesandt."

Drei Jahre später schloß man die Lateranverträge, die das Ansehen der Faschisten enorm steigerten, wie bald darauf das Konkordat mit Hitlerdeutschland das Prestige der Nazis, vor allem aber der Kurie gewaltige Vorteile brachten. Zwar verzichtete sie definitiv auf den Kirchenstaat, der im 8. Jahrhundert durch Betrug und Krieg entstanden, von den Päpsten länger als ein Jahrtausend durch Betrug und Krieg erweitert, mehrmals verloren, wiedergewonnen, 1870 jedoch endgültig beseitigt worden war. Dafür bekam der Papst aber uneingeschränkte territoriale und personelle Souveränität auf dem Gebiet der Città del Vaticano und als Abfindung das „Kapital einer Weltbank", die nach damaliger Währung ungeheure Summe von einer Milliarde Lire in Staatspapieren und 750 Millionen Lire in bar; bei fünfprozentiger Verzinsung eine Jahresrente von fast 90 Millionen. Kirchen sind Handelsvereine: ewiger Gewinn für die Gläubigen, zeitlicher für die Priester. Der Katholizismus wurde Staatsreligion, seine Kritik unter Strafe gestellt, die kirchliche Ehe der bürgerlichen ebenbürtig, die Scheidung unmöglich, der Religionsunterricht obligatorisch. Antikirchliche Bücher, Zeitungen, Filme wurden verboten. Ja, der Staat verpflichtete sich, seine ganze Gesetzgebung mit dem kanonischen Recht abzustimmen.

Die geistige Unabhängigkeit des Landes war damit abgeschafft. Was der Protest von vier Päpsten beim liberalen Italien nicht erreicht hatte, erreichte Pius XI. durch die Faschisten: die Kapitulation der Regierung. Es „waren Dinge" geschehen, „wie man sie seit über einem Jahrhundert in der Kirchenpolitik in Italien nicht mehr erlebt hatte". So gestand Rechtsanwalt Francesco Pacelli, der jahrelang, meist geheim, mit Mussolini selbst die Verträge ausgehandelt hatte, nach ihrer Ratifizierung den Titel eines Markgrafen bekam, nach Krönung seines Bruders zum Papst in den erblichen Fürstenstand erhoben wurde.

Die Kurie triumphierte. Wieder einmal rühmte Pius XI. Mussolini als den Mann, „den uns die Vorsehung gesandt", und befahl für ihn dem Klerus ein tägliches Gebet. Man feierte die Ereignisse im Beisein prominenter Prälaten, Parteiführer, Militärs unter faschistischen und kirchlichen Fahnen. Mit Italien jubelte die ganze katholische Welt, nicht zuletzt das gläubige Deutschland. In München pries Hitler die klero-faschistische Verbrüderung kaum minder als sein künftiger begeisterter Gefolgsmann Kardinal Faulhaber. Und Kölns Oberbürgermeister Konrad Adenauer, der im Winter 1932/33 auch erklärte, daß „eine so große Partei wie die NSDAP unbedingt führend in der Regierung vertreten sein müsse", prophezeite Mussolini in einem Glückwunschtelegramm, sein Name werde in goldenen Buchstaben in die Geschichte der katholischen Kirche eingetragen.

Pius XI. aber, der durch die Preisgabe der katholischen Partei und Mussolinis Erhebung in wenigen Jahren so sensationelle Erfolge erzielt hatte, versuchte nun einen ähnlichen Umsturz in Deutschland durch Preisgabe des Zentrums. Beide Male betrieb der Papst die Auflösung der katholischen Partei, um dort Mussolini, hier Hitler die Diktatur zu ermöglichen.

Der weltgeschichtliche Coup gelang über den Staatssekretär Eugenio Pacelli, später selber Papst. Bis 1929 Nuntius in München und Berlin, steuerte er die Zentrumspartei (ihr überkonfessioneller Ableger ist heute die CDU/CSU), das politische Instrument der Kurie in Deutschland, immer mehr nach rechts. Einer seiner Paladine, der nachmalige Päpstliche Kammerherr und Stellvertreter Hitlers, Franz von Papen, beseitigte im Sommer 1932 als Reichskanzler die sozialdemokratische Regierung Braun–Severing, hob das Verbot der SA und SS auf und tat alles, um Hitler an die Macht zu bringen. Zweiter im Bund: Pacelli-Freund Kaas, Professor für Kirchenrecht, der als Zentrumsführer keine wichtige Entscheidung ohne Pacellis Zustimmung fällte. Kaum hatte Kaas das Votum seiner Fraktion für Hitlers „Ermächtigungsgesetz", eilte er nach Rom. Von dort sandte er Hitler, mit dem er unmittelbar zuvor, ohne Wissen selbst seiner nächsten Parteifreunde, unter vier Augen konferiert hatte, „aufrichtige Segenswünsche", forderte die Auflösung des Zentrums, die auch prompt erfolgte, und beschwichtigte, nach Rücksprache mit dem Papst und Pacelli, viele protestierende Katholiken: „Hitler weiß das Staatsschiff wohl zu lenken. Noch ehe er Kanzler wurde, traf ich ihn wiederholt und war sehr beeindruckt von seiner Art, den Tatsachen ins Auge zu sehen und dabei doch seinen edlen Idealen treu zu bleiben ..."

Nachdem nun der Führer bekommen, was des Führers war, mußte auch der Papst das Seine erhalten. Am 10. April erschienen bei ihm Papen und Hermann Göring, der bereits mit der „Nacht der langen Messer" gedroht und geäußert hatte: „Ich habe keine Gerechtigkeit auszuüben, sondern nur zu vernichten und auszurotten". Pius XI. empfing beide mit großen Ehren und war, nachdem er Hitler für sein Verbot der kommunistischen Partei schon wiederholt gelobt, abermals beglückt darüber, so sagte er, an der Spitze der deutschen Regierung eine Persönlichkeit zu sehen, die kompromißlos gegen den Kommunismus kämpfe. Und die deutschen Bischöfe, die bisher den Beitritt zur Nazipartei unter Androhung von Kirchenstrafen geschlossen verboten hatten, unterstützten sie jetzt. Doch wer den Standpunkt wechselt, muß nicht seine Überzeugung wechseln, wenn das Wechseln des Standpunkts zu seiner Überzeugung gehört.

So schloß man bereits am 20. Juli 1933 das Konkordat, das Hitler als seine „rückhaltlose Anerkennung" und einen „unbeschreiblichen Erfolg" bezeichnete, verlieh es ihm doch plötzlich vor aller Welt Legalität. Denn „in Wirklichkeit", predigte Kardinal Faulhaber 1936, „*ist Papst Pius XI. der beste Freund, am Anfang sogar der einzige Freund des neuen Reiches gewesen.* Millionen im Ausland standen zuerst abwartend und mißtrauisch dem neuen Reich gegenüber und haben erst durch den Abschluß des Konkordats Vertrauen zur neuen deutschen Regierung gefaßt..." Dabei war der „Heilige Vater" auch mit der eventuellen Mißachtung völkerrechtlicher Verträge durch Hitler einverstanden, denn er traf mit ihm schon damals, in einem geheimen Zusatzprotokoll, eine Abmachung für den Fall der allgemeinen Wehrpflicht. *Die Kurie wollte die Wiederbewaffnung Deutschlands unter Hitler – wie die der Bundesrepublik unter Adenauer!*

In Italien, wo Mussolini 1931 wünschte, „überall in diesem Land die Religion zu sehen. Man soll die Kinder den Katechismus lehren ..., wie jung sie auch sein mögen", in Italien bestanden seinerzeit die Bücher der Grundschulen zu einem Drittel aus Katechismusstücken und Gebeten, zu zwei Dritteln aus Verherrlichungen des Faschismus und Krieges, den man in Abessinien auch bald vom Zaun brach.

Seit 1933 hatte Mussolini den Überfall heimlich vorbereitet; angeblich aus Raumnot. Doch gab es in Italien noch sehr viel unbebautes Land, das freilich den Großagrariern und – noch heute größter Grundbesitzer der christlichen Welt – der Kirche gehörte. Mit beiden durften es die Faschisten nicht verderben, also führten sie Krieg. „Wir pfeifen", schrie Mussolini am 6. Juli 1935 in Eboli seinen Soldaten zu, „auf alle Neger der Gegenwart, Vergangenheit und Zukunft und deren eventuelle Verteidiger", und versprach allen zusammen „Kartätschenladungen feurigen Bleis". Er war längst zum Konflikt entschlossen, er brauchte ihn. „Nein", brüllte er ein andres Mal, „auch wenn mir Abessinien auf einer silbernen Platte gereicht würde, ich will es durch einen Krieg". Während 52 Völkerbundstaaten die am 3. Oktober 1935 begonnene Aggression als einen widerrechtlichen Angriffskrieg verdammten, kannte der Enthusiasmus der italienischen Prälaten kaum noch Grenzen. Von den Kanzeln herab unterstützten sie die Parteiredner, riefen zu Spenden auf für den Sieg, opferten selber ihre goldenen Bischofskreuze, Halsketten, Ringe, Uhren (in Abessinien raubte man dann das Gold des Negus, kaiserliche Throne, Kronen, Kutschen, Säbel, Tafelgeschirre, vieles aus schwerem Gold und übersät mit Edelsteinen). Noch von Klöstern und Wallfahrtsorten forderte der hohe Klerus die Herausgabe der kostbarsten Votivgeschenke, verbot Diskussionen über die Berechtigung des Krieges, kurz, wie sogar ein Katholik schrieb: „Die gesamte Welt verdammte Mussolini, ausgenommen der Papst".

Der katholische Moraltheologe Johannes Ude, ein Österreicher, erklärte seinerzeit: „Die christlichen Kirchen und die Staaten aber sehen dieser scheußlichen Menschenschlächterei und diesem schamlosen offenkundigen Raubzug zu und schweigen. Auch Rom schweigt. Die verantwortlichen Männer haben nicht den Mut, im Namen Christi diesem satanischen Treiben in Abessinien ein ‹non licet› entgegenzurufen. So rächt sich die zwiespältige Haltung zwischen Lehre und Tun. Die Kirche aber wird so zum Gespött und zu einem schweren Ärgernis in den Augen vieler".

Rom schwieg jedoch nicht, welche Schönfärberei! Der vatikanische „Osservatore Romano" nannte 1935 den klerofaschistischen Raubüberfall ein „Werk großartiger menschlicher Solidarität". Und die vatikanische Jesuitenzeitschrift „Civiltà Cattolica" prahlte im nächsten Jahr: „Alle [!] haben dieselbe Meinung vertreten: der Krieg ist gerecht und daher auch die gewaltsame Annexion ..." Mussolini sprach darum auch „mit dem Gefühl tiefster Dankbarkeit" von der „wirksamen Mitarbeit des Klerus im abessinischen Krieg ... wobei ich vor allem an die Beispiele von Patriotismus denke, die viele italienische Bischöfe zeigten, als sie ihr Gold den örtlichen Stellen der faschistischen Partei überbrachten, und an die Priester, die den Widerstandswillen und die Kampfbereitschaft des italienischen Volkes stärkten".

Doch geschah das alles gegen den Willen des „Heiligen Vaters"? Im Gegenteil. Eingeflochten in viele Mahnungen zur Besonnenheit, in Aufrufe zum Frieden – Roms obligatorische Doppelzüngigkeit – verkündete Pius XI., ein

Verteidigungskrieg (!) zum Zweck der Expansion (!) einer wachsenden Bevölkerung könne gerecht und richtig sein. Wiederholt nannte dies die katholische Wiener „Reichspost", in einem Kommentar von „kompetenter Seite", „eindeutig". „Indem Papst Pius XI. eindeutig [!] einen *Verteidigungskrieg* und darüber hinaus einen Kolonialkrieg, sofern er in mäßigen Grenzen bleibt und dann einer wachsenden Bevölkerung zugute kommen soll, für nicht ungerecht erklärt, will er ganz bewußt Italien in diesen umschriebenen Grenzen ein Naturrecht zugestehen – und im Rahmen dieses unvollkommenen menschlichen Rethtes ein Anrecht auch auf die Durchführung einer abessinischen Expansion."

Einer italienischen! Und so ließ „Christi Stellvertreter" denn durch seine Bischöfe die faschistischen Greuel in Übersee als Sache „der Wahrheit und Gerechtigkeit", als „heilige Sache", „heiligen Krieg", „Kreuzzug" propagieren und preisen, als – so Kardinal Schuster, ein ganz besonderer Faschistenfreund, dessen Seligsprechung man unter dem Faschistenkomplizen Pius XII. betrieb – als „Evangelisationsfeldzug", als „Werk der christlichen Zivilisation zum Wohle der äthiopischen Barbaren"! Und während die Prälaten Waffen, Bombenflugzeuge segneten, während sie für die Abessinier zu beten befahlen und behaupteten, an ihnen eine große zivilisatorische Mission zu erfüllen, schickte man Madonnenbilder, Kanonen, Giftgas nach Afrika, und die Halbnackten dort, ohne Gasmasken, Schutzräume, lagen schließlich da, wo das aus der Luft versprizte, hautverbrennende, lungenzerreißende Gas sie erreicht hatte, und wurden alle, tot oder halbtot, auf dem hygienischsten Weg durch Flammenwerfer beseitigt. – Zu den wichtigsten Kriegslieferanten gehörte eine vatikanische Munitionsfabrik!

Als Abessinien unterworfen war, Scharen von Mönchen, Nonnen den katholischen Heeren folgten, feierten Kardinäle und Bischöfe „das neue römische Reich, das Christi Kreuz in alle Welt tragen wird unter Führung dieses wunderbaren Mannes, des Duce". Auch Pius XI. selbst hatte teil an der „triumphierenden Freude des ganzen großen und guten Volkes über den Frieden, der", sagte er am 12. Mai 1936, „wie man hoffen und annehmen darf, ein wirksamer Beitrag, ein Vorspiel für den wahren Frieden Europas und der Welt sein wird".

Das nächste Vorspiel für den wahren Frieden erfolgte noch im selben Sommer durch den Beginn des Bürgerkriegs in Spanien, in einem von der Kirche seit Jahrhunderten bis aufs äußerste ausgebeuteten Land. Allein die Jesuiten, um nur dies zu erwähnen, kontrollierten im frühen 20. Jahrhundert ein Drittel des gesamten spanischen Kapitals. (Im späten 20. Jahrhundert besitzen sie die größte Privatbank der Welt, die Bank von Amerika, mit 51 Prozent.) Die spanische Kirche aber, eng verfilzt mit Adel und Großindustrie – „El dinero es muy catolico" (Das Geld ist sehr katholisch), ein geflügeltes Wort –, ließ seinerzeit noch Tausende in den Gefängnissen nach mittelalterlichen Methoden foltern und Hunderte erschießen. Bereits um 1910 waren über zwei Drittel aller Spanier keine praktizierenden Katholiken mehr, um 1930 die meisten Arbeiter ungetauft, schon weil ihre Eltern nie die Taufgebühr aufgebracht hätten, und 80 Prozent der Bauern noch Analphabeten. Denn, wie Bravo Murillo, ein Unterrichtsminister der Rechten, gestand, als er eine

Schule für 600 Arbeiter genehmigen sollte: „Wir brauchen keine Menschen, die denken, sondern Ochsen, die arbeiten können."

Fast ohne einen Tropfen Blut ersetzte Spanien 1931 das bestehende System durch die Republik. Doch schon 1933 – das Jahr ist kaum Zufall – forderten die dortigen Bischöfe in einem Hirtenbrief und der Papst in einer Enzyklika vom 3. Juni einen „heiligen Kreuzzug für die vollständige Wiederherstellung der kirchlichen Rechte". Francos Putsch gegen die legale Regierung begann auch mit dem Segen der Prälaten – „das Ding möchte ich einmal sehen", meint Tucholsky, „das die Kirche nicht segnete, wenn sich das für sie lohnt" –, wobei zahlreiche Kirchen als Operationsbasis gegen das Volk benutzt und über 20.000 während des Krieges zerstört worden sind.

Der ganzen Welt aber täuschten die Klerofaschisten ihren Aufstand – Losung von Francos Legionären und islamischen Mauren: „Es lebe der Tod! Nieder mit der Intelligenz" – als Religionskrieg gegen den gottlosen Kommunismus vor, als einen, wie der spanische Episkopat schrieb, „Kreuzzug gegen die rote Weltrevolution" – eine vom Vatikan ebenso wie von Hitlers Propagandaminister kolportierte Geschichtsfälschung: unter den 473 Abgeordneten des Parlaments gab es 15 Kommunisten, und die kommunistische Partei Spaniens hatte nur 10.000 Mitglieder!

Doch die Lüge vom Religionskrieg und antikommunistischen Kreuzzug wirkte sich auf den Entschluß fast aller europäischen Länder und der USA aus, die spanische Regierung nicht zu unterstützen. Dafür schickten die Partner des Papstes, Hitler und Mussolini, sofort Jagd-, Kampf-, Aufklärungsmaschinen – die italienischen Fliegertruppen hatten „die hl. Mutter Gottes von Loreto" zur Schutzpatronin, deren Fest die Faschisten mit besonderen Gottesdiensten und anschließenden Paraden feierten –, sie schickten Panzer, Flak, Granatwerfer und sonstiges Kriegsmaterial, ständige Lieferungen, die es der Rebellenarmee beispielsweise erlaubten, während der Schlacht am Ebro fünf Wochen lang täglich durchschnittlich zehntausend Bomben zu werfen. Als Gegenleistung aber hatte sich die Kurie verpflichtet, „in der ganzen katholischen Welt eine breit angelegte Kampagne gegen den Bolschewismus zu entfachen" (Avro Manhattan).

Als erste ausländische Flagge wehte über Francos Hauptquartier die päpstliche, und über dem Vatikan wurde bald das Banner Francos gehißt. Auch rief Pius XI. zur selben Zeit wie Hitler in Nürnberg die Welt zum Kampf gegen den Bolschewismus auf, nannte die Bombenhilfe seiner faschistischen Verbündeten „Schutz. und Heilmittel", und schlug im Sommer 1938 die Bitte der französischen und englischen Regierung, sich einem Protest gegen die Bombardierung der republikanischen Zivilbevölkerung anzuschließen, rundheraus ab. Dagegen dankte er, mitten im Krieg, dem Rebellengeneral Franco für ein Huldigungstelegramm, hocherfreut darüber, „daß Wir in der Botschaft Ew. Exzellenz den angestammten Geist des katholischen Spanien pulsieren fühlen".

Nur wenige Monate zuvor hatte Deutschland Österreich annektiert und dessen Episkopat noch schneller auf Hitlers Seite sich geschlagen als 1933 der deutsche. „Nach eingehenden Beratungen haben wir Bischöfe von Österreich angesichts der großen geschichtlichen Stunden, die Österreichs Volk erlebt, und im Bewußtsein, daß in unseren Tagen die tausendjährige Sehnsucht unseres Volkes nach Einigung in einem großen Reich der Deutschen ihre Erfüllung findet, uns entschlossen, nachfolgenden Aufruf an alle unsere Gläubigen zu richten. Wir können das um so unbesorgter tun, als uns der Beauftragte des Führers für die Volksabstimmung in Österreich, Gauleiter Bürckel, die aufrichtige Linie seiner Politik bekanntgab, die unter dem Motto stehen soll: ‹Gebet Gott, was Gottes ist, und dem Kaiser, was des Kaisers ist.› Wien, am 21. März 1938. Für die Wiener Kirchenprovinz: Th. Kard. Innitzer, EB. Für die Salzburger Kirchenprovinz: S. Waitz, Fürst-Erzbischof" (Waitz war es ja auch, der „eine der wichtigsten Vorbereitungen" auf den – „seit Jahren emsig und ernst" vorbereiteten – Ersten Weltkrieg den Eucharistischen Kongreß in Wien genannt hatte!)

Dem „Vorwort" der beiden Kirchenfürsten folgte die „Feierliche Erklärung": „Aus innerster Überzeugung und mit freiem Willen erklären wir unterzeichneten Bischöfe der österreichischen Kirchenprovinz anläßlich der großen geschichtlichen Geschehnisse in Deutsch.Österreich: Wir erkennen freudig an, daß die nationalsozialistische Bewegung auf dem Gebiet des völkischen und wirtschaftlichen Aufbaues sowie der Sozialpolitik für das Deutsche Reich und Volk und namentlich für die ärmsten Schichten des Volkes Hervorragendes geleistet hat und leistet. Wir sind auch der Überzeugung, daß durch das Wirken der nationalsozialistischen Bewegung die Gefahr des alles zerstörenden gottlosen Bolschewismus abgewehrt wurde. Die Bischöfe begleiten dieses Wirken für die Zukunft mit ihren besten Segenswünschen und werden auch die Gläubigen in diesem Sinne ermahnen. Am Tage der Volksabstimmung ist es für uns Bischöfe selbstverständliche nationale Pflicht, uns als Deutsche zum Deutschen Reich zu bekennen, und wir erwarten auch von allen gläubigen Christen, daß sie wissen, was sie ihrem Volke schuldig sind. Wien, am 18. März 1938. Th. Kard. Innitzer – Hefter EB. – S. Waitz, F.E.B. – Pawlikowski EB. – Johannes Maria Gföllner – Michael Memelauer."

Der Wiener Kardinal hatte diese Huldigung am 18. März dem Beauftragten des Führers für die Volksabstimmung in Österreich, Gauleiter Bürckel, mit den Zeilen übersandt: „Sie ersehen daraus, daß wir Bischöfe freiwillig und ohne Zwang unsere nationale Pflicht erfüllt haben. Ich weiß, daß dieser Erklärung eine gute Zusammenarbeit folgen wird. Mit dem Ausdruck ausgezeichneter Hochachtung und Heil Hitler Th. Kard. Innitzer, EB."

Im „Altreich" beteiligten sich am 10. April 1938 die Kardinäle Bertram von Breslau, Faulhaber von München und Schulte von Köln an der Volksabstimmung. Wie die andern deutschen Bischöfe ordnete dazu auch Faulhaber, inzwischen „Widerstandskämpfer", das Läuten der Kirchenglocken an und befahl überdies seinem ganzen Klerus die Teilnahme. Begeistert forderten die Oberhirten: „Am kommenden Sonntag, dem 10. 4.: Für ein einiges, starkes Deutschland" (der Bischof von Osnabrück); „Am Sonntag ein einstimmiges Ja" (der Bischof von Bamberg); „Deutscher Mann, deutsche Frau, erfülle Deine Dankespflicht gegenüber dem Führer!" (der Bischof von Meißen); „Jede Stimme dem Führer des größeren Deutschlands" (der Bischof von Rottenburg) et cetera, et cetera.

Derart unerschüttert durch den Kirchenkampf standen sie seit 1933 geschlossen zu Hitler. Alle lobten, priesen, bewunderten ihn (sicher viele nur nach außen: doch nur das sah, hörte, las das Volk!) für Züge, die Deutschland, mit dem „Regensburger Bistumsblatt" vom 16. April 1939, „unaustilgbar in die Weltgeschichte eingemeißelt haben. War 1935 das Jahr der Wehrhoheit, 1936 das Jahr des Einmarsches in das Rheinland, so steht 1938 vor unserem politischen Denken und volksdeutschen Fühlen als das Jahr vor uns, in dem Großdeutsch]and verwirklicht wurde, in dem der Traum von Jahrhunderten durch die weltgeschichtlichen Großtaten des Führers erfüllt worden ist ... Nicht minder hervorstechend ist die Innenentwicklung, die Deutschland seit Jahresfrist erfuhr: der militärische Aufbau der Wehrmacht, die Sicherung der Reichsgrenzen, der wirtschaftliche Ausbau nach den Zielen des Vierjahresplanes, der mächtige Aufschwung des Verkehrswesens, die Weiterführung der Reichsautobahnstraßen, die Bestandsmehrung an Kraftfahrzeugen, die gewaltige Erhöhung des Schiffsraumes und der Flugzeugindustrie sowie vieles andere – welche Unsumme von Fleiß und Erfolg, verbunden mit dem Namen Adolf Hitler, ist darin beschlossen!"

Auch „Widerstandskämpfer" von Galen unterschrieb alle gemeinsamen pro-nazistischen Hirtenbriefe, auch jenes Schreiben, worin die deutschen Bischöfe noch Ende 1941 zusammen versicherten, Hitlers Politik „immer wieder" und „eindringlichst" unterstützt zu haben! Sein grauenhafter Krieg, den sie ausnahmslos förderten und zu fördern hießen, entsprach nach ihnen, im selben Jahr in corpore bekannt, „dem heiligen Willen Gottes". Und im August 1942 verkündete auch der katholische Feldbischof der Wehrmacht, Rarkowski: „Was der Führer und Oberste Befehlshaber der Wehrmacht euch Soldaten befiehlt und die Heimat erwartet: Hinter all dem steht Gott selbst mit seinem Willen und seinem Gebot!"

Denn noch in den letzten Jahren des Infernos hielten sie zu Hitler. Noch 1944 und 1945 predigt der Bamberger Erzbischof Kolb, nach dem die Stadt dankbar eine Straße nennt: „Wenn Armeen von Soldaten kämpfen, dann muß eine Armee von Betern hinter der Front stehen" ... „Christus erwartet, daß wir gehorsam wie Er das Leiden willig übernehmen und das Kreuz tapfer tragen". Noch am 22. Januar 1945 eifert der Bischof von Würzburg: „Stellt euch aber auch auf Seiten der staatlichen Ordnung! ... Im Geiste des heiligen Bruno darf ich euch zurufen: Erfüllet gerade in Notzeiten eure Pflichten gegen das Vaterland! ... *Nehmet ... alle Heimsuchungen auf euch, Gott zuliebe! Diese Opfer werden dann Sprossen in eurer Himmelsleiter. Im Opfer wirket ihr euer Heil."* Noch 1945 feuert auch Prälat Werthmann, der Stellvertretende Armeebischof, Hitlers Truppen an „Vorwärts, christliche Soldaten, auf dem Weg zum Sieg!"

Zurück zu den Päpsten, ohne deren Placet die Bischöfe Hitler nie derart beigestanden hätten.

Nach Niederringung der spanischen Republik mit Hilfe von Berlin und Rom – die Hilfe Moskaus für die spanische Regierung hatte erst Monate später eingesetzt – beglückwünschte der kurz zuvor gekrönte Pius Xll., Eugenio Pacelli, am 1. April 1939, Franco: „Indem wir Unser Herz zu Gott erheben, freuen Wir uns mit Ew. Exzellenz über den von der katholischen Kirche so ersehnten Sieg. Wir hegen die Hoffnung, daß Ihr Land nach der Wiedererlangung des Friedens mit neuer Energie die alten christlichen Traditionen wiederaufnimmt!"

Der Klerus erhielt nun erneut den größten Einfluß in Spanien. Rede., Presse., Versammlungsfreiheit wurden aufgehoben; Literatur, Film, Funk unter strenge Zensur gestellt; alle Parteien, außer der faschistischen, doch einschließlich der katholischen, verboten, da Franco die Interessen Roms jetzt viel erfolgversprechender vertrat. (Schutzpatronin der weiblichen Abteilung der Falange wurde die hl. Theresia von Avila, die größte katholische Mystikerin!) Auch unter Mussolini und Hitler hatte der Vatikan die katholischen Parteien aufgelöst. Es war dasselbe blutige Spiel. Und obwohl bereits im Bürgerkrieg ungefähr 600.000 Spanier umgekommen waren, ging danach das Morden Francos weiter, dessen „sehr edle christliche Gefühle" Kardinalstaatssektretär Pacelli schon während des Putsches gerühmt. Graf Ciano, der italienische Außenminister, schätzte, daß seinerzeit täglich in Sevilla 80, in Barcelona 150, in Madrid 200 bis 250 Hinrichtungen stattfanden. Nach offiziellen Statistiken der spanischen Regierung ließ Franco vom Ende des Bürgerkrieges 1939 bis zum Frühjahr 1942, also in Spanien im Frieden, in der Zeit, da er auf Wunsch Pius des Zwölften begann, „die alten christlichen Traditionen" wiederaufzunehmen, mehr als 200.000 Menschen erschießen.

Pius XII. (1939–1958)

Der neue Papst hatte als Nuntius dreizehn Jahre in Deutschland gelebt, bewunderte die „großen Eigenschaften dieses Volkes" und umgab sich mit Deutschen. Er wurde von Kaas, dem früheren Zentrumsvorsitzenden, beraten, ebenso von dem deutschen Jesuiten Hentrich, dem deutschen Jesuiten Gundlach, dem deutschen Jesuiten Hürth. Er hatte einen deutschen Privatsekretär, den Jesuiten Leiber, und einen deutschen Beichtvater, den Jesuiten Bea. Der deutsche Pater Wüstenberg amtierte an maßgebender Stelle im Staatssekretariat. Und sogar die dem „Heiligen Vater" besonders nahestehende Nonne Pasqualina Lehnert, von frivolen Zungen „La papessa", „die Päpstin", auch „virgo potens" genannt, die ihm bereits im unkanonischen Alter von dreiundzwanzig Jahren diente – in den deutschen Nuntiaturen mit Dispens Benedikts XV., in den vatikanischen Palästen mit Dispens Pius des Elften, und endlich im eigenen päpstlichen Appartement, wohin sie, „da das Appartement sehr groß war", noch andre Schwestern holte, mit der Dispens von Papst Pacelli selbst –, sogar die ihm nächststehende Nonne stammte aus Bayern. Ja, nicht bloß die beiden prächtigen Perserkatzen des Papstes hießen „Peter" und „Mieze", auch die Kanarienvögel (Lieblingsvogel „Gretchen", ganz in Weiß) und „die anderen Vöglein, von denen es viele in den päpstlichen Gemächern gab", hatten meist deutsche Namen. Vatikanbesucher fanden, der Pontifex maximus lebe „auf einer deutschen Insel", sprachen vom „Papst der Deutschen", oft geradezu der „deutsche Papst" genannt.

Im Kirchenkampf mit Hitler, dessen Machtergreifung, vom Berliner Nuntius offen bejubelt, Pacelli selber über Papen und Kaas entscheidend gefördert, wie er ja auch die massiv profaschistische Politik seines Vorgängers, zumal vor und während des abessinischen, des spanischen Krieges, maßgeblich beeinflußt hatte –, im Kirchenkampf war der „deutsche Papst" immer auf Vermittlung bedacht. Denn wenn Pius XII. selbstverständlich auch keine

Sympathie für Hitlers Antiklerikalismus zeigte, diesen vielmehr stets verdammte, so schätzte er doch seine Vernichtung der Liberalen, Sozialisten, Kommunisten und erwartete von ihm, ohne Zweifel, die Vernichtung des Bolschewismus überhaupt. Er hoffte, was das Papsttum im Ersten Weltkrieg mit Habsburg und dem deutschen Kaiser verfehlte, nun im Zweiten Weltkrieg – 25.000 Tote täglich, Tagesumsatz zwei Milliarden Mark – mit Hitler zu erreichen: die Katholisierung des Balkans und die Unterwerfung der Russisch-Orthodoxen Kirche.

Deshalb förderte das traditionell in Jahrhunderten denkende Rom, trotz des Kirchenkampfes, die Innen- und mehr noch die Außenpolitik der antiklerikalen Nazis. Deshalb wurde das Tagesorgan der Kurie alsbald angewiesen, polemische Artikel, besonders politischer Art, zu unterlassen. Deshalb gab Pius XII. seine Wahl, wie er selbst betonte, als erstem Staatsoberhaupt dem „Führer" bekannt und flehte brieflich, nach dessen bereits siebenjähriger Terrorherrschaft, „mit den besten Wünschen den Schutz des Himmels und den Segen des allmächtigen Gottes" auf einen der größten Verbrecher aller Zeiten herab. Deshalb ließ er ihm nach dem Attentat im Herbst 1939 durch seinen Nuntius persönliche Glückwünsche zu der Rettung aus großer Gefahr übermitteln, und auch Kardinal Faulhaber beglückwünschte Hitler im Namen der bayerischen Bischöfe. („Wir alle danken dem Herrgott für sein gnädiges Walten", schrieb das Regensburger Bistumsblatt nach dem „verbrecherische[n] Anschlag ... auf das Leben des Führers und Reichskanzlers". „Wir alle beten aus Herzensgrund: Herr, nimm Du den Führer und unser ganzes deutsches Volk allerzeit in Deinen gewaltigen Schutz!") Deshalb erklärte Pius XII. kurz nach dem deutschen Angriff auf die Tschechoslowakei, daß er gewillt sei, „für Deutschland viel zu tun". Deshalb verurteilte er auch Hitlers Vorstoß auf das katholische Polen mit keinem Wort, während der deutsche Feldbischof Rarkowsky „bei diesem Einsatz" wie mit Goebbels' Zungen „das leuchtende Vorbild eines wahrhaften Kämpfers, unseres Führers und Obersten Befehlshabers" allen katholischen Soldaten eindringlich zur Nachahmung empfahl. Deshalb fehlte es dem Papst eine Woche nach dem Überfall auf Rußland „nicht an Lichtblicken", wie er in einer Rundfunkbotschaft frohlockte, „die das Herz zu großen, heiligen Erwartungen erheben; großmütige Tapferkeit zur Verteidigung [!] der Grundlagen der christlichen Kultur und zuversichtliche Hoffnungen auf ihren Triumph" – womit der „Stellvertreter Christi" ja kaum die roten Armeen gemeint haben konnte; zumal schon ein Jahr vor Hitlers Rußlandattacke jesuitische Absolventen des römischen Collegium Russicum in Verkleidung und unter falschem Namen die sowjetische Grenze überschritten hatten, um im vatikanischen Auftrag Spionagetätigkeit zu treiben. Deshalb kam Hitlers Unterstaatssekretär Luther in einem längeren Memorandum zu dem Schluß: „Seit Anfang des Krieges hat der gegenwärtige Papst seine politischen Pläne auf den Sieg der Achsenmächte gegründet." Deshalb resümierte der Leiter des Geheimdienstes, SS-Obergruppenführer Schellenberg, in einem fünfseitigen Bericht über ein Gespräch mit dem Papst: „Der Papst wird sein möglichstes tun, um einen deutschen Sieg zu sichern. Sein Ziel ist die Zerstörung Rußlands." Deshalb brachte Pius XII. – während er unermüdlich „Friede, Friede" rief – mitten im Krieg, „nicht nur wärmste Sympathie für Deutschland, sondern auch Bewunderung großer Eigenschaften des Führers" zum Ausdruck und ließ diesem, gleich durch zwei Nuntien, übermitteln, er wünsche „dem Führer nichts sehnlicher als einen Sieg"! Hatte er doch schon 1939 betont, daß der „Führer" das legale Oberhaupt der Deutschen sei und jeder sündige, der ihm den Gehorsam verweigere. Deshalb versuchte dieser Papst auch noch nach dem Krieg – in Europa wieder vor allem auf einen deutschen Kanzler, Adenauer, gestützt –, mit unversöhnlichem Starrsinn seine Katastrophenpolitik fortzusetzen, wobei er wiederholt sogar den Atomkrieg erlaubte, offensichtlich bemüht, rückgängig zu machen, was er selber mitverschuldet, mitverloren hatte, auch wenn es zehnmal soviel Opfer kosten würde.

Johannes XXIII. (1958–1963)

Pius XII. starb, tiefbetrauert von der Welt, Anfang Oktober 1958. Und als habe es dem Heiligen Geist angesichts der vordem erwählten „Stellvertreter" selbst gegraut, erkor er nun einen ihnen höchst konträren Typ, Giuseppe Roncalli, den Patriarchen von Venedig. Als Johannes XXIII. nach seiner Wahl erstmals auf der Loggia über dem Petersplatz stand, rief eine Dame „Un grasso" (ein Dicker!) und fiel in Ohnmacht. Gab und gibt es doch genug Katholiken, die Päpste auch nach der guten Figur beurteilen, die sie haben (nicht etwa machen). Und obwohl Shakespeares Julius Caesar ruft: „Laßt dicke Männer um mich sein...", mußte Johannes XXIII. für ästhetische Gemüter, gar neben dem asketischen Pacelli, dem „Angelo bianco", dem weißen Engel, wie man in Rom, dem Menschen „wie ein Lichtstrahl", wie Reinhold Schneider schwärmte, mußte der dicke Johannes vernichtend wirken, so wenig vernichtend sein Wirken, im Unterschied zu dem seines Vorgängers, war.

Ist dieser Papst doch, persönlich, ein im besten Wortsinn menschlicher Mensch gewesen, eine wirklich gütige Natur, nicht ohne Charme, einfach, unkonventionell. Entgegen dem Brauch verließ er gern seinen goldnen Käfig, setzte sich in die Eisenbahn, machte kleine Wallfahrten – Johnny Walker nannten ihn die Amerikaner, und die Römer: Giovanni fuori le mura. Jede Religion lebt auch davon, daß ein Teil ihrer Diener mehr taugt als sie. Und manchmal, selten genug, taugt sogar ein Papst mehr als das Papsttum.

Johannes war beliebt bei den Schäfchen, belastete sie nicht durch ihr Leben erschwerende Dekrete, bemühte sich um Aussöhnung auch mit dem Judentum, um Überwindung des Rassenhasses überhaupt. Anstelle der angeblichen Neutralitätspolitik Pacellis erstrebte er vielleicht eine wirkliche, bekanntestes Dokument dafür: seine Enzyklika „Pacem in terris" (1963). Und anstelle des über Millionen Leichen gehenden Antikommunismus seiner Vorgänger initiierte er eine vorsichtige, vielberufene „Öffnung nach links"; im Gegensatz übrigens zu seiner Haltung als Kardinal, wobei diese neue elastischere Tendenz eben auch den neuen weltpolitischen Realitäten Rechnung trug.

Daß Johannes XXIII. andrerseits das Geschöpf seiner katholisch-theologischen Erziehung und der Gefangene des kurialen Machtapparats war, zeigt erschreckend deutlich seine Enzyklika „Mater et Magistra" (1961). Restlos steckt sie in der von früheren „Sozialenzykliken" vorgestanzten Sackgasse, in elenden und buchstäblich elend machenden Gedankengängen, mit denen die „Heiligen Väter" stets kaum glaublich allgemein um die eigentlichen Probleme herumreden und das schreiende Mißverhältnis zwischen Habenden und Habenichtsen kriminell verharmlosen.

Bezeichnend auch, daß Roncalli das soziale Experiment der französischen Arbeiterpriester, das er selbst als Nuntius in Paris gefördert, als Papst sofort aufgelöst hat, weil er das Gift marxistischer Infizierung seiner Kleriker fürchtete. Bezeichnend weiter, daß er das Thema „Ehe oder Ehelosigkeit der Priester" auf dem von ihm einberufenen Konzil nicht zuließ; daß er die Emanzipation der Frau ablehnte und von ihrer Ordination in der Kirche nichts wissen wollte; daß er, wie ökumenisch, brüderlich auch immer sein Umgang mit Orthodoxen, Protestanten war, nie den geringsten Zweifel daran ließ, Vereinigung sei nur denkbar durch „Rückkehr" aller Schafe in den römischen Stall.

Obwohl aber dieser persönlich warmherzige und, sieht man von seinem Amt einmal ab, wovon man freilich nicht absehen kann, sympathische Mann dogmatisch kein Abweichler oder gar Kryptokommunist, sondern ganz linientreu gewesen ist, fiel er für viele Hierarchen derart aus der papalen Rolle, daß man, besonders in Rom, bald nur einen „Unglücksfall" in ihm sah, ja, Kurienkardinal Ottaviani nach dem schweren Tod des Papstes erklärte, er war dem „heiligen Wahnsinn" verfallen.

Paul VI. (1963–1978)

Noch auf dem von der düpierten Welt mit so viel blödsinnigen Hoffnungen begleiteten Konzil kehrte man darum unter Roncallis Nachfolger, dem Mailänder Erzbischof Montini, Paul VI., in jeder Hinsicht zur Tradition zurück. Die Konzilsdiskussion wurde noch mehr eingeschränkt, vieles überhaupt als indiskutabel ausgeklammert, und der Bitte, Johannes XXIII. durch Akklamation heiligzusprechen, hat Paul VI. nicht entsprochen, sondern den Heiligsprechungsprozeß, vielsagend genug, davon abhängig gemacht, daß gleichzeitig Pius XII. kanonisiert werde, aus dessen Schule er, Montini, selber kam.

Bereits in seiner ersten Enzyklika „Ecclesiam Suam" (1964) dämpfte der einerseits entscheidungsscheue, ängstlich mißtrauische, andererseits autoritätsbewußte und neoabsolutistische Pontifix mächtig die Hoffnungen, die anscheinend die halbe Welt nach jedem Konklave in so absurder Weise heimsuchen, als könnte irgendein Papst, egal welcher, aus dieser Institution noch etwas Besseres machen. Seine Rundschreiben über das Zölibat und „Humanae vitae" waren erzreaktionär. Er befahl weiter eine mittelalterliche Sexualmoral und lehrte weiter, an den Teufel zu glauben. Zu den lateinamerikanischen Folter- und Mörderregierungen hat dieser Papst, der kaum eine Gelegenheit verstreichen ließ, das Unheil der Welt salbungsvoll zu beklagen, gewöhnlich eisern geschwiegen – falls er nicht und gerade dort gegen die „Ungeduld" der Geschröpften, Todbedrohten, gegen die Revolution gepredigt, gegen Gewalt, sei sie doch „nicht evangelisch, nicht christlich, der Umsturz trügerisch". Auch empfing er den Schrecken Afrikas, den Bluthund Amin, in feierlicher Audienz. Und sein Kardinal Spellman, als Pacelli.lntimus schon bewährt im Zweiten Weltkrieg und, auf einem Höhepunkt des Kalten Krieges, mit Verteidigungsminister Strauß am Eisernen Vorhang hervorgetreten, schrie jetzt als amerikanischer Armeebischof im Vietnamkrieg, die Amerikaner verteidigten in Vietnam die Sache Gottes, der Gerechtigkeit, der Zivilisation. Doch während der Kardinal, der in der Wallstreet fast mehr zu Hause war als in seiner Kirche, den totalen Sieg forderte („Weniger als Sieg ist undenkbar"), während er Brandreden hielt, daß sich sogar, was etwas heißen will, Washington betroffen zeigte, wiederholt, während er also tat, was der Klerus auch im Ersten Weltkrieg, im Zweiten tat, während er hemmungslos zum Schlachten, zum Töten aufrief, rief Papst Paul, wie Benedikt XV. im Ersten, wie Pius XII. im Zweiten Weltkrieg, nun während des Vietnamkrieges: Friede, Friede, Friede. Jeder Papst ein Friedenspapst!

Und jeder ein Papst der Armen auch. Und selber arm. Arm wie eine Kirchenmaus. Oder wie Pius XII. Wie sein Nachfolger Paul. Von rund 500 registrierten vatikanischen Autos standen Seiner Heiligkeit selbst nur ganze drei zu; ein bescheidner Mercedes 600, Spezialausführung, darunter, für den Nachfolger des armen Menschensohnes eigens gebaut und durch Vermittlung des gleichfalls armen Heilig-Grab-Ritters, des Bankiers Abs, geschenkt. Ja, wenn die Armen nicht zusammenhalten! Auch hatte Paul der Darbende in der „Stadt der barraccati", der Slums, der Elendsquartiere, im „Heiligen Rom" eben, lediglich eine Notunterkunft, 13 Zimmer bloß für sich persönlich, und nur fünf Diener beziehungsweise Dienerinnen fürs Nötigste, tausend andre Miseren beiseite. Ach, der arme Papst! Wie begreiflich, daß er die Menschheit, zumal die katholische, von Zeit zu Zeit „an Unsere heilige Armut und den Mangel Unserer Geldquellen" erinnerte ...

Wahrhaftig, wie heruntergekommen war man! Am 25. und 26. April 1973 erschien der Leiter der Abteilung für Organisiertes Verbrechen und Korruption nicht etwa in Moskau, sondern beim amerikanischen Justizministerium, Lynch, begleitet von Polizei- und FBI-Beamten, im päpstlichen Staatssekretariat und präsentierte „das Originalschreiben, in dem der Vatikan" bei der New Yorker Mafia „gefälschte Wertpapiere im fiktiven Gegenwert von nahezu einer Milliarde Dollar bestellte", „eine der größten Betrügereien aller Zeiten" (David A. Yallop).

Paul VI. überstand dies, bei zufriedenstellender Gesundheit, immerhin fünf Jahre noch. Er war abgehärtet durch vielerlei Not – zudem ein Zauderer, ein Intellektueller (der einzige päpstliche wohl in diesem Jahrhundert), den der nicht unwitzige Kardinal Felice, von Nachfolger Luciani nach Pauls Haltung zur Freimaurerei befragt, mit dem köstlichen Satz charakterisierte: „Der Heilige Vater war noch dabei, sich eine Meinung zu bilden, als er starb."

Johannes Paul I. (26. August – 28. September 1978)

Albino Luciani bildete sich oft gleich eine Meinung und nicht selten sogar die richtige, der er auch rasch Taten folgen ließ; was freilich wieder zur Folge hatte, daß er nicht, wie sein Vorgänger, eineinhalb Jahrzehnte pontifizierte, sondern nur einen Monat.

Der einstige Patriarch von Venedig, Sohn eines Arbeiters, eines christlichen Sozialisten, Klerusgegners, war absoluter Außenseiter, ein Frühaufsteher, der wenig aß, Mineralwasser trank, gelegentlich Antichristen wie Mark Twain oder George Bernard Shaw zitierte, eine gewisse Geradlinigkeit liebte, Rechtschaffenheit, Konsequenz, kurz, ein Kirchenfürst, der viele Voraussetzungen hatte, selbst einem so weithin beliebten Papst wie Johannes XXIII. den Rang abzulaufen – hätte man ihn eben laufen lassen.

Dazu aber war er vielen viel zu gefährlich. Denn das Bild, das sofort nach seinem Tod gerade jene Kurienkreise kolportierten, die an seinem Verschwinden das größte Interesse hatten, das Bild eines ewig lächelnden, lahmen, tolpatschigen Provinzapostels, war nichts als ein widerliches Zerrbild.

Lucianis Gefährlichkeit signalisierten schon scheinbare protokollarische Bagatellen, etwa daß er sich den Kniefall der Gardisten verbat, sobald sie ihn nahen sahen („Wer bin ich, daß sie vor mir in die Knie gehen müßten?") – während vor Paul VI., zumindest zeitweise, Kleriker und Nonnen knieten, selbst wenn sie nur mit ihm telefonierten.

Weit bedenklicher erschienen natürlich drohende theologische Neuerungen; beispielsweise daß der Papst in Gott mehr die Mutter herausstellen wollte; daß er, politisch hochbedeutsam, ein Befürworter der künstlichen Geburtenregelung war. Nach einer entsprechenden Unterredung mit seinem Staatssekretär Villot begleitete er diesen zur Tür und sagte: „Eminenz – wir haben jetzt eine Dreiviertelstunde lang über Empfängnisverhütung diskutiert. Wenn die Angaben, die man mir gegeben hat, die verschiedenen Statistiken, wenn diese Angaben stimmen, dann sind in der Zeit dieses unseres Gesprächs über 1000 Kinder im Alter von weniger als fünf Jahren an Unterernährung gestorben. In der nächsten Dreiviertelstunde, während Sie und ich uns auf unsere nächste Mahlzeit freuen, werden wiederum 1000 Kinder an Unterernährung sterben. Morgen um diese Zeit werden 3000 Kinder, die in diesem Moment noch am Leben sind, tot sein – an Unterernährung gestorben. Nicht immer sorgt der Herr dafür, daß uns nichts mangelt."

Dies verrät mehr über Albino Luciani als lange Abhandlungen.

Am gefährlichsten aber wurde Johannes Paul I. durch seine intendierte Personalpolitik – stets der heikelste Bereich der Politik, übrigens auch der wichtigste, woran jede Politik, gerade die beste, gewöhnlich scheitert. Der Papst, der im Vatikan „einen Marktplatz" sah, beabsichtigte dort und anderweitig eine rasche, energische Säuberung, wobei führende Männer auf seiner Abschußliste standen, selbst der Kardinalstaatssekretär und Freimaurer Jean Villot (aufgenommen in eine Züricher Loge am 6. August 1966); oder der eng mit den – inzwischen höchstwahrscheinlich ermordeten – Mafia-Bankiers Calvi und Sindona verfilzte Präsident der Vatikanbank, Bischof Paul Marcinkus; oder dessen Freund Erzbischof Cody von Chicago, und dieser ganz gewiß nicht nur, weil er enorme Kirchengelder an eine Freundin verschleuderte, die er sogar nach Rom zu seiner Kardinalsernennung mitbrachte.

All die Genannten und andere mehr hatten durch Papst Johannes Paul I. um ihre Macht, ihre Stellung, ihr Ansehen zu bangen (Marcinkus wäre schon am Tag nach Lucianis Tod gefeuert worden), und angesichts dieser Situation sowie dem ganzen Netz an Seltsamkeiten, Dementis, Widersprüchen, Lügen, womit die Kurie diesen Tod umgab, erscheint sozusagen nichts natürlicher als ein unnatürlicher Tod Lucianis. Läßt sich die Ermordung auch nicht zweifelsfrei erweisen, spricht doch sehr viel mehr dafür als dagegen, ist David A. Yallops Indizienkette bestürzend dicht, und der Ausspruch des Abtes Ducaud-Bourget, eines erzkonservativen Kirchenmannes, nur zu begreiflich: „Angesichts all der Geschöpfe des Teufels, die im Vatikan hausen, ist es schwer, daran zu glauben, daß es ein natürlicher Tod war." (Immerhin übernahm kein kurialer Arzt durch Erstellung eines Totenscheins die Verantwortung für die Beglaubigung der Todesursache.)

Um das blitzschnell die Welt durcheilende Gerücht von der Ermordung des Papstes zumindest vorübergehend zu dämpfen und durch ein neues Spektakel abzulenken, wählte man so schnell wie möglich, am 16. Oktober bereits, einen Nachfolger.

Johannes Paul II. (seit 1978)

Der Kardinal von Krakau, Karol Wojtyla, soll den Römischen Stuhl durch ein Geflecht politischer Querverbindungen erklommen haben, das von westdeutschen und amerikanischen Kardinälen über den CIA, in dessen Analyse er am besten abschnitt, über das berüchtigte Opus Dei, dessen Leiter er schon wenige Tage nach seiner Wahl empfing, bis in die Kurie reicht. Erzreaktionär propagiert er, nicht ohne etwas bauernschlauen slawischen Charme, betont offensiv Optimismus; sicher eine Haltung, die in bewußtem Gegensatz zum eher defensiven skeptischen Konservativismus seines Vorgängers Paul VI. steht. Und als „Reisepapst" macht er seit fast einem Jahrzehnt mehr Schlagzeilen als irgendein anderes Regierungshaupt der Welt.

Im übrigen aber blieb alles beim alten: Kardinal Cody blieb in Chicago, Kardinal Villot blieb Staatssekretär, Erzbischof Marcinkus, tiefverstrickt in Mafia- und andere finstere Geschäfte, blieb Präsident der Vatikanbank, ja, Johannes Paul II. beförderte ihn 1981 zum Pro-Präsidenten der Kommission für den Vatikanstaat, den er dann längere Zeit nicht mehr verlassen konnte, weil die italienische Polizei hinter ihm her war!

Auch sonst gab es keine Veränderungen. Vielmehr setzte Karol Wojtyla den Antikommunismus und Antisowjetismus der letzten Pius-Päpste fort, wenn auch, den politischen Umständen entsprechend, vorsichtiger. Doch ist klar, daß er nicht zuletzt einer entschiedenen antimarxistischen Haltung mit Ost-Erfahrung sein Papsttum verdankt, wobei er sich resolut auf die Seite der USA stellt, aus der die Kurie auch ihre Haupteinnahmen bezieht.

Zwei Schauplätze vor allem enthüllen die päpstliche Strategie, eine Doppelzüngigkeit von höchster Eindeutigkeit: Lateinamerika und Polen.

Besonders in Lateinamerika läßt Johannes Paul II. nichts unversucht, um einerseits die Gunst der Machthaber, andrerseits den Einfluß auf die unterdrückten katholischen Massen zu behalten, und er unterzieht sich diesem halsbrecherischen Balanceakt nicht ohne ein gewisses Geschick, freilich nur infolge der Gutgläubigkeit großer Volksteile vorerst und mit Hilfe handgreiflicher Lügen. So behauptet der „Stellvertreter Christi", wie er sich selber nennt, seine Reisen hätten „ausgesprochen pastorale Ziele", die Mühen der Kirche als „Expertin der Menschlichkeit" (Paul VI.), als „Verteidiger der Menschenrechte", besäßen „immer einen religiösen Charakter", „nicht einen sozialen oder politischen", ja, die Kirche habe gar „nicht den Wunsch, sich in die Politik einzumischen".

In Wirklichkeit treibt sie, religiös verbrämt, nur Politik, hat alles, was durch sie geschieht, politische Folgen; sucht der Papst in Südamerika um jeden Preis die vorrevolutionäre Situation zu entschärfen, um Macht und Geld der Herrschenden auch weiter zu sichern; agiert er hier, wie überall, in engstem Einvernehmen mit den USA über grauenhafte Not und ungezählte Leichen hinweg.

Zwar bemerkt selbst er in „gewissen Gebieten des ‹Kontinents der Hoffnung›" in „wahrhaft entmutigend hohem Maß ungesunde Verhältnisse, Armut und sogar Elend, Unwissenheit und Analphabetismus, unmenschliche Lebensbedingungen, chronische Unterernährung und viele andere nicht weniger traurige Übel". Doch fordert er stets nur ganz allgemein, ganz schwächlich Gerechtigkeit, gerechte Verteilung der Güter, Wahrung der Menschenrechte. Er lehnt es entschieden ab, „die Geburtenrate zu senken", die unerläßliche Voraussetzung jeder Minderung der Massennot. Er verwahrt sich dagegen, „daß die notwendigen Veränderungen zur Erreichung einer größeren [!] Gerechtigkeit gewaltsam, revolutionär und unter Blutvergießen durchgesetzt werden" – während die Päpste doch das Blutvergießen im Krieg durch ihre Militärseelsorge befehlen, forcieren, und mit welchen Tönen!

Aber Päpste stehen immer auf der Seite der Mächtigen, der Reichen, zu denen sie selber zählen. Wollen jene Krieg, dann auch sie. Wollen jene keinen, dann oft auch sie nicht. „Hegt keine Gefühle des Hasses oder der Gewalt", rief Wojtyla schön christlich den ausgebeuteten Indios und Campesinos zu. „Selig, die arm sind vor Gott; denn ihnen gehört das Himmelreich", tröstete er die Arbeiter im Morumbi-Stadion in São Paulo. Und mit derselben Bibelphrase wartete er schamlos auch im Elendsviertel Vidigal in Rio de Janeiro auf. Nichts als leere Worte! „Ihr Familien, die ihr unter Armut leidet, laßt euch nicht entmutigen, betrachtet weder den Kampf als euer Ideal noch den Reichtum für den Inbegriff des Glücks, sondern bemüht euch, mit Hilfe aller anderen die schwierige Durststrecke zu überwinden, bis bessere Tage kommen ..." – im Jenseits! –, „bemüht euch, den Schmerz durch die Hoffnung zu überwinden" – bis zum Sankt-Nimmerleins-Tag!

Den Hungernden sagt dieser Papst: „Die ‹Armen vor Gott› sind auch die ‹Reichen›". Er lehrt sie, daß Christus den Reichen nicht verdamme, „weil er reich ist", daß er nur den egoistischen Gebrauch materieller Güter verwerfe, nicht deren Besitz! Das Volk sei „eine Familie". „Wir sind die Familie der Kinder Gottes", predigte er vor den Landarbeitern in Recife und forderte die armen Teufel auf, alles zu bewahren, „was im bürgerlichen Zusammenleben legitim ist, die Liebe zur Harmonie und zum Frieden, das Vertrauen auf Gott und die Öffnung für das Übernatürliche, die Verehrung Unserer Lieben Frau usw."

Usw.!

Daß „Jesus politisch engagiert", „sogar in einen Klassenkampf verwickelt gewesen sei", dies „Verständnis von Christus als Politiker, Revolutionär und Umstürzler" verurteilte der Papst und sprach statt dessen von einer „ganzheitlichen Erlösung durch eine Liebe, die verwandelt, Frieden stiftet, verzeiht und versöhnt". Und im Sinne solch verzeihender, versöhnender Liebe verweigerte Johannes Paul II. dem Priester und nicaraguanischen Minister Ernesto Cardenal die Hand, drückte aber kurz darauf um so herzlicher die des Diktators Rios Montt in Guatemala oder die des Romero-Mörders D'Abuisson in El Salvador!

„Euer Hunger nach dem Absoluten", wandte er sich an die Jugend, „kann nicht gestillt werden durch Surrogate von Ideologien, die zu Haß, Gewalt, Verzweiflung führen. Nur Christus, aufrichtig gesucht und geliebt, ist die Quelle der Freude ..." Er war ja selber „als Armer und Hilfsbedürftiger unter den Menschen", wurde selber „arm geboren ..., um uns durch seine Armut reich zu machen". Und arm wie er war auch seine Mutter. „Wenn ihr Sorgen habt und an Grenzen stoßt, denkt daran, daß Gott eine arme Mutter auserwählte ..." Die Freude, die von Jesus Christus komme, übersteige „jedes Leid und jede Mühsal". „Das ist die wahre Befreiung: Jesus zu verkünden". „Laßt euch nicht zu Werkzeugen machen!" Ja – besonders nicht durch Rom!

Entschieden wendet sich der Papst gegen den „atheistischen Humanismus". Immer wieder betont er, daß die Kirche „es nicht nötig hat, zu Systemen und Ideologien ihre Zuflucht zu nehmen", daß sie „zu keiner Art von Gewaltanwendung, noch zur Dialektik des Klassenkampfes" greife, „noch zur marxistischen Praxis oder Analyse". „Die Ablehnung des Klassenkampfes ist eine entschlossene Entscheidung zum edlen Kampf für soziale Gerechtigkeit". Der Klassenkampf schüfe nur „eine neue ungerechte Situation für die ..., die bis jetzt die Vorteile auf ihrer Seite hatten". Und auf deren Seite sollen sie natürlich bleiben. Zumal auf der des hohen Klerus.

„In Lateinamerika leben die Bischöfe in Palästen, kontrollieren die Zeitungen, vertreten die Politiker, die das Volk ausbeuten, und benützen die Vermögenswerte, die sie von ihren Kirchen ziehen, dazu, ihre bevorzugten ‹Armen› auszustatten oder zu anderen, sehr dubiosen politischen und kirchlichen Zwecken. Während meiner Anwesenheit in Lateinamerika verbrachten die Geistlichen aller Ränge die Zeit damit, Geldsammlungen zu veranstalten; vom Ergebnis behielten sie, wenn sie z. B. zehntausend Dollar erhalten hatten, viertausend Dollar für sich, und für den Zweck, für den die Spende erhoben worden war, wurden am Ende noch zweitausend Dollar ausgegeben." „Was sich in die religiösen Gemeinden in Lateinamerika an Mitteln ergießt, wird in großen Summen auf die Iberische Halbinsel und nach Italien und an den Vatikan überwiesen. Hätten die Leute vom Reichtum der Bischöfe oder der Religionsgemeinden auch nur die leiseste Ahnung, dann würde niemand mit Verstand in Zukunft irgendeine weitere Zuwendung, welcher Art auch immer, leisten."

So urteilte der katholische Geistliche Giuliano Ferrari, der die römische Kirche schließlich das „größte und schmutzigste Geschäftsunternehmen der Welt" genannt hat, mit den Kardinälen Confalonieri, Tisserant, Bea befreundet, mit etwa fünfzig weiteren Kardinälen bekannt, mit Kardinal Samorè eng befeindet war und nach „mehreren Mordversuchen" (so Ferrari selbst, der zur „Mörderbande" auch einige Bischöfe zählte, die er namentlich anführt) am 3. Juli 1980 in einem leeren Abteil des Schnellzuges Genf–Paris tot aufgefunden worden ist. Wurde er ein Opfer des „Vatikanismus"? Wie, nach Ferrari, andere lateinamerikanische Priester, Camilo Torres oder Oscar Romero, von dem Ferrari, kurz vor seinem eignen Tod, noch schrieb: „Das jüngste Verbrechen des Vatikans war die Ermordung meines Freundes, des Erzbischofs Oscar Romero in San Salvador".

Wie entschlossen Johannes Paul II., der Papst aus Polen, den Antisowjetismus eines Pius XI. und Pius XII. fortführt, auch wenn er sich angesichts der gegenwärtigen Machtkonstellation nach außen zurückhalten muß, verdeutlichte schon seine erste Polenreise. Man sprach damals bereits von einem „Einbruch ins Sowjetreich", ja, der Wiener Kardinal König, ein entschiedener Anhänger Wojtylas, prophezeite ein „Erdbeben bis zum Ural" und erhoffte, wie das Papsttum seit so vielen Jahrhunderten, den großen „Aufbruch des Slawentums in die Kirche".

Ohne Krieg ist das heute und morgen undenkbar. Doch ließ der Papst in ungezählten Wendungen erkennen, wie er seinen stets als „Pastoralreise" deklarierten Besuch verstand. Ausgerechnet auf dem Siegesplatz in Warschau, am Grab des Unbekannten Soldaten, rief er: „An wie vielen Orten der Heimat ist dieser Soldat gefallen! An wie vielen Orten Europas und der Welt hat er durch seinen Tod bezeugt, daß es ohne ein unabhängiges Polen auf der Karte Europas kein gerechtes Europa geben kann!" Und vielsagend schloß er seine Predigt: „Und ich rufe, ich, ein Sohn polnischer Erde und zugleich Papst Johannes Paul II., ich rufe aus der ganzen Tiefe dieses Jahrhunderts, rufe am Vorabend des Pfingstfestes: Sende aus deinen Geist! Sende aus deinen Geist! Und erneuere das Angesicht der Erde! Dieser Erde! Amen." Aus der ganzen Tiefe dieses Jahrhunderts rief er, des Jahrhunderts des Ersten Weltkriegs und des Zweiten, des Faschismus und des antisowjetischen Kampfes seither, denn das ist dieses Jahrhundert politisch in Europa gewesen, beziehungsweise ist es noch.

Einen Tag später beschwor er die Erinnerung an die Christianisierung des Ostens, nicht nur der Polen, auch der Kroaten, Slowenen, Bulgaren, Mähren, Slowaken, der Abdoriten, Wilzen, Sorben. „Will nicht Christus vielleicht, fügt es nicht der Heilige Geist", fragte er, „daß dieser polnische, dieser slawische Papst gerade jetzt die geistige Einheit des christlichen Europas sichtbar macht?" Und er antwortete fast mit dem Kreuzzugsschrei: „Ja, Christus will es."

Dieser „Heilige Vater", der nicht von ungefähr „Radio Vatikan" eine größere Konzentration auf Osteuropa befahl, verlangte „die Freiheit der Kirche in Polen und in der heutigen Welt". Er beschwor den Einfall der Tataren 1241, dem Heinrich II., der Fromme, Halt gebot. (In Wirklichkeit wurde er vernichtend geschlagen und fiel selber am 9. 4. in der Schlacht bei Liegnitz.) Der Papst forderte: „Europa, das der furchtbare Weltkrieg gegen Ende der ersten Hälfte dieses Jahrhunderts tragisch gespalten hat [!], Europa, das unter seiner heutigen, anhaltenden, systembedingten, ideologischen und ökonomisch-politischen Zerrissenheit nicht aufhören kann, nach seiner grundlegenden Einheit zu trachten, muß sich dem Christentum zuwenden." Oder: „Christ sein – das heißt: wachen. Wie ein Soldat auf Posten ..."

Natürlich war es kein Zufall, daß Wojtyla als Papst gerade in Polen zu einer „Wiedervereinigung Europas unter dem Christentum" trieb; daß er erklärte: „Wir Polen haben seit tausend Jahren den westlichen Weg gewählt". Der westliche Weg aber heißt heute wieder – wie unter Pius XI. und Pius XII. –

Konfrontation mit dem Osten, wahrscheinlich immer schärfere. Der westliche Weg ist der Weg an der Seite Amerikas, den USA, für die zwei Weltmächte entschieden zuviel zu sein scheinen, aber zwei Weltkriege noch kaum genug.
□

Bahman Nirumand
Islamischer Fundamentalismus und „heiliger" Krieg

Ich denke, unter dem Begriff „Islamischer Fundamentalismus" werden nicht jene Gruppierungen oder Strömungen verstanden, die auf dogmatische Weise versuchen, den Islam oder die Grundsätze und Fundamente des Islam zu bewahren, vielmehr bezeichnet dieser Begriff jene Gruppierungen und Strömungen, die **politische** Ansprüche haben, die versuchen, eine Zukunft zu entwerfen, eine Gesellschaftsordnung zu propagieren, die allerdings zurückgeht auf die Fundamente des Islam. Diese alten Gruppierungen, die dogmatisch auf den Gesetzen des Islam beharren, gab es in der islamischen Geschichte sehr häufig. Es gab oft Streit zwischen den Gelehrten – es ging um verschiedene Interpretationen des Koran, um verschiedene Interpretationen der Überlieferung dessen, was Mohammed gesagt oder getan hat –, aber es bewegte sich immer im Rahmen des Islam selbst und nie darüber hinaus. Nie haben diese Gruppierungen den Anspruch auf politische Macht erhoben. Dieser Anspruch ist in der Tat etwas ganz Modernes. Er beginnt erst Ende des 19. Jahrhunderts, setzt sich fort im 20. Jahrhundert und spitzt sich zu in den 70er Jahren. Woran das liegt, werde ich versuchen darzustellen.

Da dies ein politisches Phänomen ist, hat es mit den politischen Ereignissen zu tun. Der islamische Fundamentalismus ist im Grunde zu einer Zeit entstanden, in der der Kolonialismus sich in diesen Ländern bereits etabliert hatte und zu einer Zeit, in der Befreiungsbewegungen gegen diesen Kolonialismus entstanden. Es ist also eine politisch-religiöse Reaktion auf die bestehenden politisch-sozialen Zustände, und zunächst äußert sich der islamische Fundamentalismus als **eine** Strömung innerhalb der gesamten Befreiungsbewegungen der Region, der arabischen islamischen Welt. Es gab damals verschiedene Strömungen: Eine **nationalistische** Strömung, die zum Ausdruck kommt in der Politik z.B. Atatürks in der Türkei, teilweise in der Politik Nassers in Ägypten, auch des alten Schah Mohammed Reza Pahlewi im Iran. Diese nationalistische Bewegung hatte keine antiwestliche Tendenz, wohl aber die Tendenz, die nationale Identität zu gewinnen und Unabhängigkeitsbestrebungen von den Kolonialmächten zu unterstützen.

Die zweite Bewegung war eine **demokratisch-liberale** Bewegung, die sich schon Anfang des Jahrhunderts abzeichnet und aktiv wird, z.B. in der konstitutionellen Revolution im Iran von 1906; und diese Bewegung zieht sich durch alle arabisch-islamischen Länder, symbolisiert auch durch Mosadegh, der 1951 im Iran an die Macht kam und 1953 durch einen CIA-Putsch gestürzt wurde.

Dann eine dritte Bewegung: eine **sozialistische** Bewegung – Sie kennen den arabischen Sozialismus oder die beiden Baath-Parteien in Syrien und im Irak – und die **islamische** Bewegung ist da die vierte und die zunächst schwächste Bewegung, die sich politisch äußert und politisch aktiv wird. Aber je mehr die anderen politischen Bewegungen scheiterten – je mehr ihre Aktivitäten unterdrückt wurden, je mehr es schien, daß sie nicht die Möglich-

> **Bahman Nirumand**
>
> wurde in Teheran geboren. Den 15jährigen Sohn schickte die deutschlandbegeisterte Familie auf ein Internat in Stuttgart. Auf der Stuttgarter Waldorfschule machte Nirumand sein Abitur. Er studierte in München, Tübingen und Berlin Germanistik, Iranistik und Philosophie, promovierte 1960 über Brecht, und kehrte im selben Jahr zurück in den Iran. Er lehrte als Dozent für vergleichende Literaturwissenschaft an der Universität Teheran. Wegen seiner politischen Arbeit mußte in den Untergrund gehen und schließlich mit seiner Familie ins Ausland fliehen. 1965 bis Januar 1979 lebte er als Schriftsteller und Journalist in der Bundesrepublik. In Berlin wurde er zu einem Wortführer der Studentenbewegung. Im März 1967 war sein Buch „Persien – Modell eines Entwicklungslandes" erschienen; Tausende folgten seiner Kritik an der Unterdrückung im Iran und demonstrierten gegen den Besuch des Schahs in der Bundesrepublik. Einige Wochen nach dem Sturz des Schah-Regimes kehrte Nirumand in den Iran zurück und war Mitbegründer der Nationaldemokratischen Front. Nach Verschärfung der Mullah-Diktatur mußte er abermals zunächst in den Untergrund und im November 1981 aus dem Iran fliehen. Seitdem lebt er nach kurzem Aufenthalt in Paris in Berlin.

keit haben, ihre Vorstellungen durchzusetzen – desto stärker wurden die islamischen Bewegungen.

Eigentlich gab es in der islamischen Geschichte selten den Anspruch auf politische Macht. Besonders im Schiismus hat es immer die Vorstellung gegeben, daß der letzte Nachfolger des Propheten Mohammeds, Imam Mahdi, verschwunden ist – man nennt ihn den verborgenen Imam. Es geht die Sage, daß dieser verborgene Imam eines Tages wieder auftauchen und alle Ungerechtigkeit bekämpfen wird, und daß wir dann gerechte Verhältnisse in der Welt haben werden. Solange dieser Imam Mahdi nicht wiederkehrt, so lange wird es, nach islamischer (vor allem schiitischer) Vorstellung, immer Ungerechtigkeit auf Erden geben, und daher wird jede Herrschaft in der Welt stets ungerecht sein, und somit kann – der Lehre entsprechend – die Geistlichkeit nicht selbst politische Macht ausüben. Die Geistlichkeit muß sich nach dieser Lehre eigentlich immer in der Opposition befinden, da jede Herrschaft eine ungerechte ist, bevor Imam Mahdi zurückkehrt. (Deswegen wurde auch gesagt, als Chomeini im Iran die Macht übernommen hatte, er **sei** der zurückgekehrte Imam Mahdi.) Dementsprechend gab es in der politischen Geschichte des Islam zwar Bestrebungen, islamische Gesetze den jeweiligen Herrschern aufzuzwingen (jeder Machthaber sollte sich an die islamischen Gesetze halten), es gab gewisse Kooperationen der Geistlichkeit mit der jeweiligen Macht, aber es hat selten den Anspruch auf absolute Macht durch die Geistlichkeit gegeben. Auch dieser Anspruch ist etwas ganz Modernes, etwas ganz Neues.

Ich sagte schon, daß dies mit der Geschichte des Kolonialismus und mit dem Scheitern anderer Versuche zusammenhängt. Ich muß hierbei erwähnen, daß es nicht nur um die Zeit des Kolonialismus geht, sondern auch danach um die Zeit des Neo-Kolonialismus, um eine Zeit, in der die formale Unabhängigkeit der islamischen Länder im Nahen Osten anerkannt worden ist, aber koloniale Beziehungen nach wie vor bestanden; das heißt, man hat die formale Unabhängigkeit akzeptiert, die direkte Einmischung in die Politik der jeweiligen Länder wurde jedoch weiterhin fortgesetzt. Durch die Abhängigkeit von der

Macht, die die Kolonialmächte und anschließend zunächst Frankreich und Großbritannien, später dann auch die USA, ausübten, wurde jede Bestrebung nach tatsächlicher Unabhängigkeit, nach Demokratisierung, nach Veränderung und Reformierung der Gesellschaft im Keim erstickt, weil diese von außen ausgeübte Macht fortgesetzt werden sollte.

Zunächst aber gab es eine **allgemeine** antikoloniale Bewegung, und in diese Bewegung reihten sich die islamischen Bewegungen ein. Wir kennen die konstitutionelle Revolution im Iran 1906, die eine Liberalisierung und Demokratisierung der Gesellschaft zum Ziel hatte; und zu den Führern dieser Revolution gehörten auch Geistliche. Ayatollah Behbahani war ein sehr aufgeklärter Mensch, der die Revolution unterstützte. Aber schon zu diesem Zeitpunkt, Anfang des Jahrhunderts, gab es bestimmte Kontroversen innerhalb der islamischen Bewegung. Es gab Gruppierungen, die schon damals die Gesellschaft aufforderten, von allen eingeschlagenen Irrwegen in den Schoß des Islam zurückzukehren. Die Forderung richtete sich nicht nur auf eine Erneuerung des Islam, sondern lehnte alles Fremde ab – nicht nur die Fremdherrschaft, sondern auch jeden fremden Einfluß. Allmählich bildete sich aus diesem Standpunkt heraus der islamische Fundamentalismus, wie wir ihn heute kennen.

Es ist eine Bewegung, die einerseits eine Erneuerung der ursprünglichen Gesellschaft des Islam fordert, sich auf der anderen Seite gegen fremde Einflüsse, gegen fremde Einmischung wehrt und eine kulturelle, nationale, religiöse Identität propagiert. Wenn man hinschaut und begreift, was die kolonialen Mächte im Grunde in diesen Ländern angerichtet haben, kann man eine solche Reaktion verstehen. Sehr wichtig war bei dieser kolonialen Politik nicht nur, daß die nationalen ökonomischen Ressourcen den Kolonialmächten zugute kamen, sondern man hat auch versucht, die Kultur dieser Länder, wozu auch die Religion gehört, zu zerstören und die europäische – später amerikanische – Kultur in diese Länder zu exportieren. Allerdings muß ich sagen, daß es sich da nicht wirklich um europäische Kultur, um die kulturellen Werte Europas, gehandelt hat, sondern mehr oder minder um einen Abschaum der europäischen Kultur. Hätte man tatsächlich die wahren Werte der europäischen Kultur exportiert, dann wären dies die Menschenrechte, die Demokratie, die Aufklärung usw. gewesen. Aber genau dieser Einfluß ist verhindert worden. Im Gegenteil, man hat teilweise auch Traditionen oder Aberglauben unterstützt, um die Verdummung der Massen aufrechtzuhalten oder fortzusetzen.

Die Entstehung des islamischen Fundamentalismus fällt also in die Zeit des Übergangs vom Kolonialismus zum Neo-Kolonialismus. Eine Blüte erfährt der islamische Fundamentalismus während der sogenannten Ölkrise Anfang der 70er Jahre. Die Länder, die über das Öl verfügten, hatten die Möglichkeit erhalten, bestimmte Bereiche des Lebens durch die hohen Öleinnahmen zu modernisieren. Und als die Ölkrise kam und die Ölpreise fielen, entstand eine allgemeine Enttäuschung; alle geweckten Hoffnungen wurden enttäuscht und damit der Boden bereitet für den Islam. Die islamischen Gruppierungen haben den Anspruch erhoben, alle ökonomischen, sozialen, kulturellen Probleme lösen zu können, und sie haben den Massen mit dem Islam die wahre Lehre, das Heil, das Paradies versprochen. Tatsächlich waren alle anderen Wege gescheitert, d.h. der demokratisch-liberalistische Weg, der modern-kapitalistische Weg, der nichtkapitalistisch-sozialistische Weg: alle Alternativen, die den Anspruch erhoben, diese Ländern rasch entwickeln zu können, waren gescheitert. Der nichtkapitalistische Weg, der von der Sowjetunion unterstützt und forciert wurde, hat zu Diktaturen geführt, ebenso wie der kapitalistische Weg. All diese Mächte konnten das Problem der Unterentwicklung nicht lösen. Der Islam erhob nun den Anspruch, diese Probleme lösen zu können. Aber wie? Wie sollten sie gelöst werden?

Alle diese Länder, ohne Ausnahme, waren mit all ihren Adern und Fäden an den internationalen Markt gebunden; alle diese Länder mußten in irgendeiner Weise modernisiert werden; alle diese Länder waren abhängig vom Import von Waren; und die tatsächliche Zersetzung der alten Kultur dieser Länder war weit fortgeschritten. Wie wollte der Islam eine Antwort auf all diese Probleme geben? Wie wollte der Islam tatsächlich die Probleme lösen?

Ich muß zuvor sagen, daß es bei dieser Entwicklung, bei diesem Prozeß, zwei wichtige Strömungen innerhalb der islamischen Bewegung gab. Die eine Bewegung erhob keinen Anspruch auf absolute Macht, sondern trat dafür ein, mit der bestehenden Macht bzw. den Mächten zu kooperieren und stellte die Forderung, islamische Gesetzgebung zu etablieren, islamische Erziehung durchzusetzen, islamische Banken zu errichten; sie war sogar bereit, sich an den allgemeinen Wahlen zu beteiligen – das war die kooperative Gruppe der **Integrationisten**. Die zweite Gruppe forderte einen völligen Bruch mit den bestehenden gesellschaftlichen Strukturen und verlangte den Aufbau eines islamischen Staates, d.h. eines **Gottesstaates**. Diese zweite Gruppe, die den absoluten islamischen Staat verlangte, blieb zunächst im Hintergrund. Die erwähnte Ölkrise hatte aber die Situation für die zweite Gruppe sehr begünstigt, und so gelangte sie während dieser Zeit zur Blüte.

Der Iran bietet ein sehr anschauliches Beispiel dafür, wie der islamische Fundamentalismus zur Blüte gelangt ist. Niemand hätte sich vorstellen können, daß ausgerechnet im Iran der Islam an die Macht kommen würde. Die besten Kenner der iranischen Gesellschaft konnten dies nicht voraussagen. Warum nicht? Weil sich bis dahin der Islam im Grunde im Hintergrund gehalten hatte: Nach dem Putsch von 1920 gegen die konstitutionelle Revolution kam Reza Shah an die Macht, der, genau wie Atatürk in der Türkei, im Grunde die islamische Strömung sehr stark bekämpfte: den Frauen den Schleier vom Kopf riß, alle islamischen Feiertage verbot usw.; die Geistlichkeit befand sich in einer sehr schlimmen Situation. Danach brauchte die islamische Bewegung ziemlich lange Zeit, um tatsächlich politisch wirksam werden zu können. Aber plötzlich war sie da. Und warum gerade im Iran? Weil gerade hier die sogenannte Verwestlichung am weitesten vorangeschritten war. Es gab im Iran zwei verschiedene Gesellschaften: eine Minderheit, die verwestlicht war, die tatsächlich nach westlichem Vorbild lebte, und eine Mehrheit, die überhaupt nicht zum Zuge kam. Und diese Mehrheit wurde von den islamischen Führern, von Chomeini und seinen Anhängern, angesprochen. Diese Mehrheit ist aufgefordert worden, den Kampf gegen fremde Einflüsse zu führen, gegen den Kolonialismus, gegen den Imperialismus und gegen die

Fremden im eigenen Land; d.h. diese Clique, diese nach europäischem Vorbild lebende Minderheit, wurde im Grunde zu Fremden im eigenen Land. Von außen hatte es so ausgesehen, als sei die iranische Gesellschaft eine moderne Gesellschaft, als schreite die Industrialisierung voran usw. Aber hätte man hinter die Kulissen, hinter die Fassade geschaut, hätte man sehen können, wie wenig die Masse der Bevölkerung an dem, was an der Oberfläche passierte, teilnahm. Und deshalb war die Masse der Bevölkerung ansprechbar für islamische Parolen, für eine islamische Bewegung.

Endlich hatte nun der Islam eine Möglichkeit, einen eigenen Staat zu errichten. Aber wie sollte dieser Staat errichtet werden, nach welchen Grundsätzen? Wenn man eine Gesellschaftsordnung nach islamischen Grundsätzen errichten will, dann muß man sich auf drei verschiedene Instanzen berufen: die erste Instanz ist der Koran (der Koran enthält Gottes Wort); die zweite ist die Sunna, also die Überlieferung dessen, was an Mohammeds Handlungen und Aussagen vorhanden ist; und die dritte ist Igtihād, also die Vernunft, die Entscheidung der jeweiligen religiösen Instanz.

Der Koran enthält – im Gegensatz dazu, was Peter Scholl-Latour propagiert: daß der Koran nur aus Gesetzen bestehe – insgesamt etwa 500 Gesetze und Bestimmungen, und von diesen betreffen nur 30 gesellschaftliche Strukturen und was zum Aufbau einer Gesellschaft gehört. Mit den 30 Gesetzen kann man eigentlich keine moderne Gesellschaft aufbauen. Also reicht der Koran allein nicht aus, um einen islamischen Staat, einen Gottesstaat, aufzubauen.

Die zweite Instanz sind die sehr zahlreichen Überlieferungen: Schon im 3. Jahrhundert der islamischen Geschichte gab es über 300.000 Gesetze und Bestimmungen, die man auf Mohammeds Handlungen, Sprüche und Anweisungen zurückführt. Schon im 3. Jahrhundert gab es eine Strömung, die sich zum Ziel gesetzt hatte, diese Gesetze und Bestimmungen zu korrigieren und ihren Wahrheitsgehalt zu prüfen, und die dann zu dem Ergebnis kam, daß nur 15.000 davon stimmen können. Eine Gruppe kam sogar zu dem Ergebnis, daß lediglich 2000 von den 300.000 zutreffen können. Das zeigt, auf welch wackeligen Füßen die Gesetze im Grunde stehen, und daß jemand, der den Anspruch erhebt, einen Staat auf diesen Fundamenten zu errichten, es nicht leicht hat, diese ausfindig zu machen, und daß außerdem natürlich jedes Gesetz und jede Überlieferung interpretierbar sind. Deshalb gibt es ständig Streit zwischen den islamischen Gelehrten. Die islamische Republik im Iran, die jetzt seit 13 Jahren besteht, hat das auch genau bestätigt: Es gibt immer noch, nach 13 Jahren, kein System, nach dem die Ayatollahs im Lande regieren könnten. Je schwieriger die ökonomischen und sozialen Probleme werden, desto mehr zeigt es sich, daß die Ayatollahs im Grunde kein festes Instrument, kein System in der Hand haben, um eine Gesellschaft organisieren zu können. Ihnen bleibt nur, durch die Gewalt zu herrschen, nicht durch eine bestimmte, von ihnen geschaffene Ordnung. Selbstverständlich ist es möglich, in gewissen Bereichen islamische Vorstellungen durchzusetzen, obgleich sie ohnehin sehr häufig mit einer modernen Gesellschaft nicht zu vereinbaren sind. Zumindest in der Strafgesetzgebung lassen sich z.B. islamische Gesetze und Vorstellungen, auch bestimmte moralische Grundsätze durchsetzen, allerdings mit großen Verlusten. Ich nenne ein Beispiel: Es ist nach islamischer Vorstellung verboten, daß Männer und Frauen gemeinsam schwimmen gehen. Nun gibt es im Iran eine sehr große, schöne Küste am Kaspischen Meer. Dort haben sich jedes Jahr Millionen von Touristen aufgehalten; und seit diese Moralvorstellungen durchgesetzt wurden, wurden sehr viele Menschen ökonomisch ruiniert, weil es einfach nicht mehr möglich ist, als Familie dort schwimmen zu gehen: Männer müssen getrennt von Frauen baden, und das ist sehr mühsam. Oder es ist verboten, daß Mädchen und Jungen in den Schulen gemeinsam unterrichtet werden, also braucht man plötzlich doppelt so viele Schulen und Lehrer als vorher. Und für ein Land, das aus 70 Prozent Analphabeten besteht, ist das ein ungeheures Problem. Andere Bestimmungen des Islam kann man überhaupt nicht durchsetzen, z.b. ist es im Islam verboten, Zinsen zu verlangen, und das ganze Bankwesen würde zusammenbrechen, wenn man keine Zinsen verlangt. Nun hat man einen Ausweg gefunden im Iran und gesagt, man nimmt Bearbeitungskosten, das sind also sozusagen die Zinsen. Und derartige Möglichkeiten, islamische Gesetzgebung zu umgehen, sind sehr zahlreich.

Ich wollte nur zeigen, warum der islamische Fundamentalismus, der ja zum ersten Mal in einem Land, im Iran, an die Macht gelangt ist, nicht in der Lage ist, eine Gesellschaft zu führen, eine Ordnung zu schaffen und eine Gesellschaft zu entwickeln. Daher sind die meisten Instrumente, die zur Fortsetzung der Herrschaft der Geistlichkeit eingesetzt werden, die gleichen, die jede Gewaltherrschaft benutzt. Daß dies auch im Iran bzw. in den islamisch regierten Ländern eine islamische Färbung erfährt, ist selbstverständlich.

Es hat in allen Diktaturen allgemeine Massenmobilisierungen gegeben; in islamischen Ländern wird das „Heiliger Krieg" genannt. Der heilige Krieg ist ein Kampfinstrument der Fundamentalisten zur Machteroberung und -erhaltung. Dieses Instrument ist in der politischen Geschichte der islamischen Länder des öfteren benutzt worden, als z.B. die Russen den Iran besetzt haben oder die Briten den Irak; es ist auch benutzt worden im irakisch-iranischen Krieg oder auch im letzten Golfkrieg.

Nimmt man die Lehre beim Wort, so ist die Aufforderung zum heiligen Krieg nur in zwei Fällen möglich. Erstens zur Verbreitung des Islam: Wenn es darum geht, den Islam zu verbreiten, ist es nach der Lehre zulässig, den heiligen Krieg auszurufen. Aber dazu ermächtigt sind nur der Prophet und seine Nachfolger. Kein Geistlicher, kein Staatsoberhaupt usw. ist ermächtigt, den heiligen Krieg auszurufen. Die zweite Möglichkeit besteht darin, daß man den Islam verteidigen muß, falls der Islam durch Nicht-Moslems angegriffen wird und man ein islamisches Land zu verteidigen hat. Chomeini hat z.B. den heiligen Krieg gegen den Irak ausgerufen; eigentlich ganz unzulässig, denn im Irak wohnen auch Moslems, aber er hat behauptet, Saddam Hussein sei ein Abtrünniger, ein Nicht-Moslem, ein Ketzer, und deswegen sei dieser Krieg gegen den Irak der heilige Krieg.

Saddam Hussein hat den Begriff ebenfalls benutzt. Er ist ja überhaupt nicht dazu ermächtigt, denn er ist nicht einmal ein Geistlicher. Im Grunde ist Saddam Hussein als Führer der Baath-Partei ein antireligiöser Mensch gewesen; das ganze Programm der Partei (es ist eine sozialistische Partei) ist überhaupt nicht religiös orientiert. Aber Saddam Hussein, demagogisch wie

Rushdie nicht vergessen

Daß die ungeheure Fülle von Nachrichten und der Wust an Informationen, die uns täglich eingehämmert werden, eher zu Stumpfheit, Verwirrung und Gleichgültigkeit führen als zu Nachdenken und Handeln, muß wohl als ein unvermeidliches Übel der technisierten Welt hingenommen werden. Dennoch erweckt es Erstaunen, wenn selbst Ereignisse, durch die sich ganze Nationen betroffen und in ihrer Substanz gefährdet fühlen, bestenfalls nur ein kurzes Aufflammen von Unruhe und Wut erzeugen, das durch das rasende Tempo des Zeitlaufs bald wieder zum Ersticken gebracht wird. Die Affäre um den britisch-indischen Schriftsteller Salman Rushdie liefert hierfür ein bedrückendes Beispiel.

Genau heute vor drei Jahren ließ der Mordaufruf des iranischen Revo-

GASTKOMMENTAR

Von Bahman Nirumand

lutionsführers Ayatollah Chomeini gegen den Autor der „Satanischen Verse" die Welt aufschrecken. Vor allem in Europa löste der Aufruf eine Welle der Empörung und des Protestes aus. Erinnern wir uns doch, wie viele Zeigefinger und Fäuste damals gegen den blutrünstigen Chomeini erhoben, wie viele Drohungen ausgesprochen wurden. Politiker rasselten mit den Säbeln, sprachen von Vergeltungsmaßnahmen und Sanktionen, Schriftsteller, Künstler, Intellektuelle, Verleger bestiegen mutig, manche allerdings auch mit märtyrerhafter Attitüde die Kampfarena. Mit Recht sah man in dem Aufruf eine Bedrohung der so teuer erkämpften Menschenrechte, eine Gefährdung der literarisch-künstlerischen Freiheiten.

Daß man dabei im Eifer des Gefechts Chomeini mit dem Iran gleichsetzte und ihn auch noch zum Wortführer der gesamten islamischen Welt ernannte, wird sicherlich dem greisen Geistlichen geschmeichelt haben. Die Empörung über den Mordaufruf erhitzte die Gemüter so stark, daß viele die Anweisung Chomeinis, Rushdie zu töten, als eindeutige Kriegserklärung des Islam gegen das christliche Abendland, gegen die europäische Kultur und Zivilisation deuteten und nach Vergeltung verlangten. Diese Provokation dürfe nicht unwidersprochen bleiben, meinten sie.

Dem entsprachen auch die Regierungen. Die Staaten der Europäischen Gemeinschaft beriefen ihre Botschafter aus Teheran ab, die diplomatischen Beziehungen zu der islamischen Republik Iran wurden auf Eis gelegt und die Fortsetzung der kulturellen und wirtschaftlichen Beziehungen von der Rücknahme des Aufrufs abhängig gemacht.

Doch der Aufruf wurde nicht zurückgenommen. Im Gegenteil: wenige Tage nach dieser Ankündigung bekräftigte Staatspräsident Chomeini das Urteil des Revolutionsführers. Kurz vor seinem Staatsbesuch in Jugoslawien erklärte er, das Urteil sei endgültig, Rushdie müsse sterben, der schwarze Pfeil des Todes sei abgeschossen und befinde sich auf dem Weg zu seinem Ziel. Selbst Salman Rushdies inständige Bekundungen, sein für viele seiner Verteidiger enttäuschendes und anbiedernd anmutendes Bekenntnis zum Islam, konnte den Zorn der Gottesmänner in Teheran nicht zähmen. Hartnäckig wiederholten Chomeini und später seine Nachfolger den Aufruf und erklärten ihn als unwiderrufbar. Das Kopfgeld wurde erhöht, den Worten folgten Taten: Der italienische Übersetzer der „Satanischen Verse" wurde durch einen Anschlag schwer verletzt, der japanische ermordet.

Dennoch sollten die angedrohten Gegenmaßnahmen der Europäer sehr bald den ökonomischen Interessen weichen. Tatsächlich währte die Verteidigung der Menschenrechte nur wenige Wochen, der so laut und demonstrativ angekündigte Widerstand erwies sich als ein Sturm im Wasserglas. Rushdie hin, Menschenrechte und Freiheit der Kunst und Literatur her, das lukrative Geschäft mit dem Ölland Iran wirkte weit anziehender. Die feurige Begeisterung für den persischen Markt und das iranische Öl tauten das Eis der diplomatischen Beziehungen auf, die zurückberufenen Botschafter kehrten stillschweigend auf Zehenspitzen in das orientalische Märchenland zurück, und bald darauf begannen auch schon die Geschäfte auf Hochtouren zu laufen. Chomeini ließ es sich nicht nehmen, diesen Canossagang als Bekenntnis zur Schuld und Reue zu bezeichnen.

Inzwischen sind die Ayatollahs im Windschatten von Milliardenverträgen salonfähig geworden. Europäische Politiker von höchstem Rang und hohe Wirtschaftsfunktionäre machen den Machthabern in Teheran ihre Aufwartung. Selbst die Leitung der Frankfurter Buchmesse hob im vergangenen Jahr das aufgrund des Mordaufrufs ausgesprochene Verbot für iranische Verlage zunächst auf, mußte aber ihre Entscheidung infolge von Protesten zurücknehmen. Dieses Potential an Menschen mit gutem Gedächtnis und aufrechtem Gang wird weiter gebraucht. Denn: Salman Rushdie wird den Rest seines Lebens so wie in den vergangenen drei Jahren im Untergrund verbringen müssen, begleitet von der unaufhörlichen Angst, doch noch entdeckt zu werden. In England lebend, wird er sich praktisch in der Geiselhaft der Ayatollahs befinden.

Unser Autor ist ein iranischer Schriftsteller und Journalist, der in Berlin lebt.

er ist, hat plötzlich damit angefangen, sich den Turban aufzusetzen, obwohl er mit dem Islam überhaupt nichts am Hut hat, und hat schließlich den heiligen Krieg ausgerufen. Ein ägyptischer Geistlicher hat ihm zu Recht die Frage gestellt: Ein heiliger Krieg? Zur Verteidigung des Islam? Was ist dann mit den Kuwaitis, die er mit seiner Armee überfallen hat? Die sind ja Moslems.

So wird auf demagogische Weise der Begriff heiliger Krieg benutzt, um bestimmte politische Ziele durchzusetzen.

Ich möchte etwas ganz allgemeines sagen: 13 Jahre islamische Herrschaft im Iran haben ganz klar verdeutlicht – abgesehen von theoretischen Überlegungen –, daß auch in der Praxis die Fundamentalisten niemals in der Lage sind, ein Land zu regieren und die gewünschte Ordnung durchzusetzen.

Was die Grundsätze des Islam betrifft: Wenn man von islamischen Fundamentalisten spricht, dann denkt man, das sind bestimmt Menschen, die am dogmatischsten am Islam festhalten. Genau das Gegenteil ist der Fall. Der Fundamentalismus besteht in der Erhaltung oder Durchsetzung der Macht im Namen des Islam, aber Chomeini selbst hat einmal gesagt: „Wir können alle islamischen Grundsätze über Bord werfen, wenn es darum geht, die Macht des Islam zu erhalten." Das ist das Ziel der Fundamentalisten: Sie sind an der politischen Macht interessiert und bereit, auch die Grundsätze des Islam dabei aufzugeben.

Ich möchte nun noch zum Schluß auf die Rolle zurückkommen, die der islamische Fundamentalismus hier und jetzt in Europa und Amerika spielt. Als Chomeini seinen Mordaufruf gegen Salman Rushdie aussprach, sind alle Politiker, Intellektuellen, Schriftsteller, Künstler auf die Barrikaden gegangen und haben im Namen der europäischen Zivilisation, im Namen der Freiheit der Kunst und im Namen der Aufklärung mit Recht gegen diesen Mordaufruf Stellung bezogen. Diese Stellungnahme war aber leider verbunden mit einer Verallgemeinerung des islamischen Fundamentalismus auf die gesamte islamische Welt. Und im Grunde ist die Propaganda gegen den Islam, gegen die gesamte arabisch-islamische Welt, fortgesetzt worden zur Vorbereitung des Golfkrieges. Ich denke, ohne diese psychologische Kriegführung wäre die tatsächliche Bombardierung Iraks in dieser Art und Weise, wo jede Nacht Tausende Tonnen Bomben auf ein Volk abgeworfen wurden, nicht möglich gewesen. Ohne diese psychologische Kriegführung hätte die Öffentlichkeit in Europa und Amerika die massiven Angriffe nicht geduldet. Und ich denke, daß dadurch zwischen dem Abendland und dem Orient ein Graben geschaffen und daß dadurch der Dialog leider unterbrochen worden ist, der ja sehr notwendig ist, auch zwischen Christen und Moslems, zwischen Atheisten und Moslems, zwischen aufgeklärten und unaufgeklärten Menschen auf beiden Seiten. Zur Zeit nimmt diese Feindschaft erschreckende Züge an. Sie ist dauernd geschürt worden; ich erinnere z.B. an das Buch von Betty Mahmoody. Daß ihr Buch allein in der Bundesrepublik eine Auflage von 3,5 Millionen erreicht hat, das ist nicht zu verachten. Man kann es nicht damit abtun, indem man sagt, dieses Buch sei ein minderwertiges Produkt; ich denke, daß es zu der gesamten Propaganda gehört. Die Auseinandersetzung ist heute notwendiger denn je geworden, und ich möchte Sie ganz dringend bitten, daß Sie überall, wo Sie sind, darauf achten, daß der Graben nicht noch mehr vertieft wird. □

Diskussion zum Vortrag Nirumand

Frage: Es scheint ja so zu sein, daß islamische Geistliche erst in diesem Jahrhundert wirklich militant geworden sind. Könnte es Bezüge geben zwischen dem islamischen Militarismus und zwischen der christlichen Militanz? Gibt es da kulturelle Einflüsse, ist das kopiert worden oder haben Sie den Eindruck, das ist eigentlich ganz unabhängig davon, einfach als bestimmtes reaktives, machtorientiertes Muster entstanden?

B.N.: Ich weiß jetzt nicht genau, welche christliche Militanz Sie meinen. Wenn Sie von den Machtinstrumenten, die in diesem Jahrhundert eingesetzt wurden gegen andere, fremde Völker, gegen Minderheiten usw., wenn Sie das meinen: Ich denke auch, ich denke ja. Ich denke, das ist auf der anderen Seite genau so, das ist ein Abbild. Dieser islamische Fundamentalismus ist nichts anderes als der Versuch eines islamischen Imperialismus, aber mit anderem Vorzeichen und mit anderen Inhalten, die aus der islamischen Geschichte heraus geschöpft werden.

Frage: Könnten Sie noch ein bißchen genauer das Feindbild, das der islamische Fundamentalismus hat, vorstellen? Beschränkt sich das nur auf das Antiwestliche oder gibt es da auch noch andere Nuancen?

B.N.: Das Feindbild ist etwas, was **hier** produziert worden ist. Wenn man für gewöhnlich mit Menschen hier spricht (wenn sie nicht gerade wissen, daß man aus dieser Gegend stammt, und sie sich äußern sollen), dann leben da in diesen Ländern unaufgeklärte fanatisierte Menschenherden, Terroristen, brutale, schmutzige Leute usw. Das alles wird **hier** überall beschrieben. Umgekehrt: Das Feindbild, das die Moslems produzieren, diese Fundamentalisten, stellt sich im Grunde erst einmal so dar: Die westlichen Mächte haben uns dieses Schicksal beschert, alles Westliche ist unrein, ist schmutzig, ist sündhaft. Es sind Mächte, die unsere Kultur zersetzen wollen, die unsere Tradition negieren wollen, die uns erniedrigen, beleidigen wollen. Und so werden Haß und Emotionen geschürt gegen das Fremde, das vor allem aus Europa kommt.

Frage: Ich hätte gerne nach den Bahai gefragt, welche Rolle sie spielen für die Schiiten. Weichen die ab?

B.N.: Ja, die weichen ab. Das ist eine andere Sekte, die sich gebildet hat und die im Iran sehr stark bekämpft worden ist; vor allem nach der Revolution sind die Bahais verfolgt worden, und viele von ihnen sind geflüchtet. Die haben ganz andere religiöse Vorstellungen als die Moslems und bekämpfen sich gegenseitig. Sie haben sich getrennt. Es ist ein Zweig innerhalb des Islam gewesen, und sie haben sich getrennt.

Frage: Sie haben völlig zu Recht gesagt, daß hier der Kampf gegen den Fundamentalismus zugleich ein Kampf gegen den Islam insgesamt ist, der instrumentalisiert wird. ... Jetzt sind wir als Atheisten natürlich prinzipiell gegen Religion, und gegen fundamentalistische Religionsvarianten erst recht. Das fällt uns leicht, solange es um christliche Fundamente geht. In dem Moment, wo wir auch den islamischen Fundamentalismus attackieren, was eigentlich unsere Pflicht ist, stoßen wir ins selbe Horn wie die Leute, die den Kampf gegen den islamischen Fundamentalismus für ihre Zwecke benutzen. Ich weiß ehrlich gesagt auch keinen Ausweg aus dieser Situation. Wir können nicht sagen, islamischer Fundamentalismus geht mich nichts an. Wir müssen aber im Prinzip als Atheisten die Rechte religiöser Minderheiten verteidigen, die wir als Atheisten in deren Land eigentlich bekämpfen würden ...

B.N.: Ich denke, das Problem ist klar. Eine einfache Lösung gibt es da nicht. Aber ich denke, wenn Sie Atheisten sind und gegen jede Art von Religion, bedeutet das nicht, daß Sie Ihre Ansichten einfach auf diktatorische Art und Weise durchsetzen wollen. Sie brauchen genauso den Dialog. Ich hoffe, daß Sie tolerant genug sind, um diesen Dialog führen zu können, und diesen Dialog brauchen wir. Nicht nur die Fundamentalisten, sondern auch die anderen, also die nichtfundamentalistischen Moslems, brauchen den Dialog, nicht nur mit anderen Religionen, sondern auch mit Menschen, die Religionen ablehnen. Ich denke, daß das ungeheuer wichtig ist. Was wir fordern, ist die Unterscheidung zwischen den fundamentalistischen Moslems, die eine politische Bewegung bilden, und der übrigen islamischen Welt. Diese Unterscheidung muß durchgesetzt werden, denn sonst, wenn man alles über einen Kamm schert, entsteht sogar ein Rassismus, dessen Folgen wir jetzt beobachten können, auch hier in Deutschland. Und was wir jetzt dringend brauchen, und da können wir uns einigen, ob jetzt Leute Anhänger des Islam sind oder nicht: **Die unbedingte Voraussetzung zur Entwicklung einer jeglichen Gesellschaft ist die Trennung von Religion und Staat.** Und das ist etwas, was *Sie* uns beibringen können. Und das ist etwas, was Sie auch bei den Moslems durchsetzen können. Es gibt ja genügend Moslems, die das erkennen und die Notwendigkeit einsehen, daß es keine Entwicklung geben kann, wenn eine Religion den Staat für sich beansprucht. Und diese Trennung von Religion und Staat ist etwas, was für uns heute lebensnotwendig ist. Das hoffen wir, im Dialog mit Ihnen durchsetzen zu können. Das, was wir von Ihnen brauchen: Ich sagte schon, es wäre wunderbar, wenn Europa diese kulturellen, geistigen Errungenschaften exportieren würde statt diesen Abschaum an Kultur. Die europäische Aufklärung wäre für unsere Entwicklung höchst fruchtbar. Und von einem Dialog erhoffen wir uns, daß *dieser* Export stattfindet, daß immer mehr Menschen in unseren Ländern sich die Errungenschaften der europäischen Aufklärung aneignen. Das erwarte ich von einem Dialog. Und ich denke, als Atheisten können Sie *gerade* diesen Dialog führen.

Frage: Obwohl man den römischen Papst nicht mit Chomeini vergleichen kann, möchte ich trotzdem fragen: Gibt es nun ganz große Rivalitäten zwischen dem moslemischen Fundamentalismus und der römisch-katholischen Kirche um die religiöse, kulturelle Weltherrschaft, oder gibt es so eine Koexistenz im Augenblick, daß man sagt, wir haben im Grunde dieselben Ziele, sind zwar Gegner, aber doch: Teile und herrsche? Wie sehen Sie das?

B.N.: Ich denke, daß es da eine Kooperation gibt und keine Rivalität um die Beherrschung der Welt. Es gibt bestimmte Pläne, die teilweise auch von der Kirche unterstützt werden, daß man religiöse Strömungen unterstützt, die als Bollwerk gegen emanzipatorische Gedanken dienen. Man hat ja damals in den 60er/70er Jahren sogar von einem „grünen Gürtel" um die Sowjetunion gesprochen, um die kommunistische Welt – und damit meinte man den Islam –, weil man den Islam stärken wollte, um den Kommunismus einzudämmen. Und ich will jetzt nicht sagen, das, was in der Sowjetunion war, war emanzipatorisch, aber jedenfalls in den Augen der kolonialistischen Strategen war das schon der große Feind, und der Islam wurde nicht als Feind, sondern als Freund betrachtet. Und es gibt sehr viele Geistliche, die innerhalb der islamischen Welt sehr stark mit dem Westen kooperieren und unterstützt werden aus folgenden Überlegungen heraus: Der Islam, vor allem in seiner fundamentalistischen Form, bildet ein Bollwerk gegen emanzipatorische Gedanken und Entwicklungen. Deswegen denke ich, daß es objektiv gesehen schon eher eine Kooperation gibt als eine Rivalität um die Weltherrschaft.

Frage: Nachdem wir Sie gehört haben – Sie sind überzeugt, daß Sie noch ein Moslem sind, ja? Sie bezeichnen sich noch als ein Moslem, ja?

B.N.: Man bezeichnet mich als Moslem, ja.

Frage: Das ist eben die Schwierigkeit. Wenn ich Sie frage, auf welchem Fundament Sie hier den Dialog führen wollen (Sie sagen, wir sollen einen Dialog führen), auf welchem Fundament? Wenn der Dialog auf dem Fundament des Koran geführt werden soll, dann ist das praktisch für uns nicht möglich. Vielleicht haben Sie noch die Nähe zu der Stellung der Frau im Koran, daß Sie Ihren strenggläubigen Frauen oder Männern klarmachen können, daß wir diese Abteilung eines Dialogs nicht mehr führen können, weil wir das selber unter schmerzlichen Kämpfen in Jahrhunderten hinter uns gebracht haben. Wir kämpfen immer noch um die Rechte der Frau, haben wir heute abend in einem sehr interessanten Vortrag gehört. Den Dialog können wir, die wir uns auf die Menschenrechte festgelegt haben, doch nicht mit Ihren verschleierten und vom Mullah unterrichteten jungen Menschen führen. Den Dialog können doch nur Sie führen, der Sie als Moslem zu den fundamentalistischen Moslems gehen können und sagen können: So sehe ich das. Wir können mit den vom Mullah erzogenen Jugendlichen nicht sprechen, denn wir sind ja des Teufels. Ein Kind, das von einem Mullah erzogen ist, darf doch überhaupt nicht mit uns sprechen.

B.N.: Also das sind wirklich Vorstellungen, die nicht existieren, die nicht der Wahrheit entsprechen. Jeder Moslem, selbst die schlimmsten Verschleierten können einen Dialog führen und mit Ihnen sprechen. Ich denke, daß Sie stark genug sind und sich stark genug fühlen sollten, um selbst mit den verbohrtesten Moslems einen Dialog zu führen. Das ist doch Ihre Aufgabe. [Nein, das ist Ihre Aufgabe.] Meine auch, und ich mache das zur Genüge. Und wenn Sie sagen, also mit diesen Leuten, die einen Schleier tragen... [Nein, die wollen mit uns nicht sprechen.] Also zuerst haben Sie gesagt, ich kann doch mit denen nicht sprechen... [Nein, weil sie mir nicht zuhören würden.] Die hören Ihnen sehr gut zu. Das ist nicht wahr. [Er ist ein Moslem, der uns versteht, und nur er kann seinen ganz verschlossenen...]

Frage: Die Konsequenz Ihrer Argumente wäre, daß nur Christen gegen den Papst argumentieren dürften, und das halte ich für fatal.

Frage: Mich hat beeindruckt, daß Sie die europäische Aufklärung als sehr wertvoll hingestellt haben, und auch als Bereicherung für den Orient. Ich möchte darauf hinweisen, daß aber auch in der Vergangenheit schon umgekehrt geistige Befruchtung vom Orient auf das Abendland gegangen ist, und ich habe den Eindruck, daß diese Seite oft zu wenig beachtet wird, zumindest weil es ja auch für Rom nicht so interessant ist. Wir brauchen nicht nur die arabischen Zahlen und die Astronomie zu sehen, sondern wenn ich es richtig weiß, ist ja auch ein Großteil der griechischen Antike, daß die erhalten ist und auf uns überkommen ist in der Originalsprache ein Verdienst der arabischen Wissenschaftler, was dann wieder zusammenhängt mit der langen Periode des Zusammenlebens in Spanien zwischen Mauren und Katholiken, wobei die Juden auch noch eine Rolle gespielt haben. Diese Jahrhunderte in Spanien waren fruchtbar; was dann danach kam, als die Mauren vertrieben waren, das war die Inquisition. Also ich möchte schon sagen, zwischen Abendland und Morgenland sollte auch in Zukunft Zweiseitigkeit der Beziehungen herrschen, und ich wünsche mir, daß auch diese Befruchtungen, die vom Osten gekommen sind, stärker in das Bewußtsein dringen. Vielleicht könnten Sie dazu noch ein paar Sätze sagen.

B.N.: Ich finde, das sind historische Tatsachen, und das ist sehr, sehr lieb gemeint von Ihnen. Aber Tatsache heute ist, daß unsere Länder einen starken Rückstand zu verzeichnen haben. Und das müssen wir erkennen. Sobald wir das negieren und sagen, wir haben auch eine große Kultur, alte Tradition usw., und dennoch nicht imstande sind, die heute anstehenden Fragen und lebenswichtigen Probleme zu lösen, dann nützt uns das alles nichts. Ich meine, das ist eine sehr freundliche Bemerkung von Ihnen, aber wir müssen das anerkennen, daß wir heute im Rückstand sind. Und daß wir sehr viel von Ihnen lernen können und das auch möchten. Und die Fundamentalisten verhindern das. Deshalb bekämpfen Leute wie ich die Fundamentalisten, weil die eigentlich den Weg versperren, den Weg, daß wir von Ihnen lernen können. Ich will etwas Unfreundliches sagen, aber auch eine Tatsache: Das, was in unseren Ländern heute ist, haben wir teilweise Ihnen zu verdanken, so wie unsere Länder ausgebeutet worden sind. Dieser Reichtum, den Sie heute hier haben, verdanken Sie teilweise uns. Und unseren Rückstand verdanken wir teilweise Ihnen. Dennoch: Das sind Tatsachen, und wir müssen mit diesen Tatsachen jetzt heute umgehen. Und das ist glaube ich wichtig für aufgeklärte Menschen, erst einmal die Tatsachen zu berücksichtigen und dann Auswege zu suchen. Und ein Ausweg ist tatsächlich der Dialog und nicht die Vertiefung des Grabens.

Frage: Sie haben freundlicherweise gesagt, daß Europa etwas zu exportieren hätte, die Kultur der Aufklärung und die Menschenrechte, aber da müssen wir erstmal sehen, daß da Europa und Nordamerika in einer ganz fürchterlichen Krise stecken, weil wir unsere eigenen hehren Prinzipien allzusehr mißachtet haben und es jetzt als unsere Aufgabe ansehen müßten, mit dazu beizutragen, daß diesen Prinzipien mehr Geltung verschafft wird. Das zweite, was ich sagen wollte, ist, daß die Vorbehalte gegen den Islam teilweise daher rühren, daß er für eine gegen die Frauen gerichtete Anschauung gehalten wird, gegen Freiheit und Selbstbestimmung der Frauen. Da wollte ich mal fragen, inwieweit diese Vorstellungen – die Frauen haben als Mädchen ihren Vätern zu gehorchen, später ihren Ehemännern – den Tatsachen entsprechen, und inwieweit sie im Islam begründet sind oder ob sie aus anderen Quellen stammen, aus kulturellen Gründen, aus Unterentwicklung.

B.N.: Zum Ersten, was Sie gesagt haben, da kann ich Sie nur vollkommen unterstützen und sagen, daß ich oft unglaublich schockiert bin über das, was hier in dieser Gesellschaft vor sich geht, *obwohl* diese Werte bestehen und errungen worden sind und unter sehr vielen Kämpfen und Verlusten usw. Trotzdem, wenn ich so sehe, wie diese Menschenrechte, wie die humanitären Grundsätze mißachtet werden, vor allem in der Begegnung mit Angehörigen anderer Länder, Länder der Dritten Welt, dann ist das schockierend für mich. Auch das, was jetzt gegen Ausländer in Ihrem Land vor sich geht, das ist ungeheuer schmerzhaft, was ich hier beobachte. [Auch für uns.] Ja, für Sie im einzelnen vielleicht, aber ich spüre noch keinen großen Widerstand, und das schmerzt mich. Ich kann das nicht verstehen: Es gab einmal in den 60er Jahren so etwas wie das Gewissen der Nation in Deutschland. Und dieses Gewissen hat sich immer gemeldet, wenn was Unrechtes passierte, und diesem Ruf sind sehr viele gefolgt und haben protestiert. Davon ist heute kaum was zu spüren. Ich weiß nicht, wo alle diese Menschen geblieben sind, die so viel Humanes im Sinn hatten, und die jetzt gegenüber dem, was hier in diesem Land in diesen Tagen passiert, schweigen. Das verstehe ich nicht, wo sind diese Menschen? Und ich wünschte mir, es würde sich wirklich eine massive Gegenbewegung bilden, denn ich denke, das ist auch eine Gefahr für Sie, nicht nur für uns Ausländer. Das ist eine Gefahr für Sie Deutsche. Und ich meine, schauen Sie in die Geschichte zurück: Irgendwann hat es angefangen und irgendwann hat es dann seinen Höhepunkt erreicht.

Das ist das eine, dann das zweite mit den Frauen im Iran: Sicherlich werden im Iran Frauen in massiver Weise unterdrückt und vor allem seit dem Bestehen der islamischen Republik. Und sicherlich hat das nicht nur etwas mit dem Islam zu tun, auch mit dem Islam, aber auch mit einer rückständigen Gesellschaft. Wenn ich sage, unsere Gesellschaft ist eine rückständige Gesellschaft ... [Freiwillig rückständig! Ayatollah Chomeini, was hat denn der alles gemacht?] Ich verstehe jetzt nicht, was Sie meinen. [Das ganze Volk hat doch den Ayatollah gewollt, der sie dann nachher umgebracht hat.] Ja, natürlich, das ganze Volk hat Ayatollah gewollt, aber fragen Sie jetzt, wer Ayatollah haben will. Das ist nur natürlich: Wenn irgendein Demagoge kommt und so vieles Schönes verspricht, dann glauben das viele Menschen. – Ich denke, daß es sowohl mit dem Islam als auch mit einer wenig entwickelten Gesellschaft zu tun hat. Die Frauenemanzipation ist hier ja auch nicht so alt. Ich denke, daß es erst in den 60er/70er Jahren richtig begonnen hat und die Frauen ihre Rechte teilweise errungen haben. Vorher gab es das auch nicht in dieser Art und Weise, und ich hoffe, daß derselbe Prozeß auch in unserer Gesellschaft einmal einsetzt. Es gibt ungeheuer viele Versuche der Frauen, die gegen dieses Unrecht kämpfen, im Iran selbst und zwar teilweise unter Einsatz ihres Lebens, und das ist wirklich nicht zu verachten. Die islamische Republik, dieses Unrecht an Frauen, hat eine positive Wirkung gehabt, wenn man das so sagen kann, daß sich tatsächlich eine massive, allgemeine Frauenbewegung formiert im Iran, und das ist sehr positiv.

Frage: Inwieweit haben denn die Fundamentalisten Rückhalt in der Bevölkerung?

B.N.: Die iranische Revolution gegen den Schah hat 1977 begonnen, und erst am 16. Januar 1979 ist der Schah gestürzt worden, und im Februar ist Chomeini an die Macht gekommen. Die Parolen dieser Volksbewegung bestanden darin: Freiheit und Unabhängigkeit. Erst drei Monate vor der Machtübernahme Chomeinis ist zu den beiden Parolen Freiheit und Unabhängigkeit die Forderung nach einer islamischen Republik hinzugekommen: Die Bewegung war keine islamische Bewegung. Das ist erst später gekommen. Zweitens: Bevor Chomeini an die Macht kam, hat er niemals davon gesprochen, daß er die Macht übernehmen will. Er hat immer davon gesprochen, eine religiöse Instanz sein zu wollen. Schließlich, als davon gesprochen wurde, jetzt wollen wir einen islamischen Staat haben, konnte niemand, weder Chomeini selbst noch seine Anhänger, definieren, was ein islamischer Staat sein sollte, wodurch er sich von anderen Formen des Staates unterscheiden sollte. Das konnten sie nicht sagen. Nur wer Chomeinis Buch über den islamischen Staat gelesen hatte – und das war im Iran verboten zu Schahs Zeiten; leider war das verboten: hätten die Menschen das Buch gelesen, dann hätten sie vielleicht gewußt, was ihnen blüht –, dann hätte man gewußt, daß der Hauptunterschied zwischen dem islamischen Staat und anderen Staaten, wie Chomeini gesagt hat, darin besteht, daß andere Staaten sich nur um öffentliche Angelegenheiten der Menschen kümmern, aber der islamische Staat – so Chomeini – den Anspruch erhebt, sich nicht nur um das öffentliche, sondern auch um das private Leben der Menschen zu kümmern: Bereits vor der Geburt und bis nach dem Tod sind alle Angelegenheiten der Menschen eine Angelegenheit des islamischen Staates. Und das ist Totalitarismus im wahrsten Sinne des Wortes. Und hätten die Iraner das gewußt, wären sie Chomeini nicht nachgelaufen. Bei uns gibt es keine Umfragen, kein Emnid-Institut, aber man kann den Puls der Gesellschaft fühlen, und ich denke, daß Chomeini bereits im zweiten Jahr nach der Revolution über keine Mehrheit mehr in der Bevölkerung verfügte, und jetzt schon gar nicht mehr. Also, es ist nicht wahr, daß die Iraner die Verbrechen Chomeinis und die der Mullahs im Iran unterstützen. Die Iraner, zumindest die überwiegende Mehrheit, lehnen sie ab.

Franz-Helmut Richter, IBKA: Der Beitrag von Bahman Nirumand hat gezeigt, daß es sinnvoll ist, die Debatte unter Konfessionslosen und Atheisten zu erweitern, die Perspektive zu erweitern, sich auch anderen Problemen zu öffnen, anderen Religionen, anderen Kulturen. Das ist dringend notwendig; wir haben das heute begonnen, und ich denke, wir werden das fortsetzen. Es gibt da eine ganze Reihe Sachen zu klären. Eine ganze Reihe der Artikel und Beiträge von Bahman Nirumand widmen sich genau den Themen, die heute abend angesprochen worden sind.

Ich möchte als Mitglied des IBKA eine Sache in diesem Zusammenhang erwähnen: Ich denke, der Golfkrieg hat auch diesen Graben, den Bahman Nirumand angesprochen hat, sehr stark vertieft. Ich denke, das ist ein Trauma auf beiden Seiten dieses Grabens. Mitglieder des IBKA haben noch während der ersten Kriegshandlungen dazu aufgerufen, ein internationales Russell-Tribunal zum Golfkrieg durchzuführen. Inzwischen gibt es mehrere Initiativen, die eine solche Initiative auf internationaler Ebene unterstützen. Bei der Mitgliederversammlung haben wir als IBKA diesen Aufruf auch noch einmal bekräftigt. Alle anderen Vertreter von Konfessionslosen-Vereinen sind also hiermit aufgefordert, sich auch dieser Thematik zu widmen. ☐

Editorische Notiz

Die Texte dieses Sammelbandes wurden überwiegend auf der Grundlage von Tonbandmitschnitten der auf dem Atheistenkongreß gehaltenen Referate erstellt. Der Herausgeber dankt Frau Ursula Erikli für die sorgfältige Texterfassung.

Horst Herrmann, der aus persönlichen Gründen seine Teilnahme kurzfristig absagen mußte, stellte uns sein Vortragsmanuskript zur Verfügung.

Der Beitrag Karlheinz Deschners ist ursprünglich 1987 im seinem Essayband Opus Diaboli. Fünfzehn unversöhnliche Essays über die Arbeit im Weinberg des Herrn (Seiten 143 bis 180) im Rowohlt Verlag erschienen, der freundlicherweise die Genehmigung zum Abdruck erteilte.

Blätter für politische Aufklärung und Religionskritik

Regelmäßig beschäftigen wir uns mit Religion, Kirche und Politik und können oft Sensationelles berichten:

Wir berichten über: Die katholische Kirche in Österreichs Politik + Polen - ein katholischer Iran? + Die Zerstörung indianischer Kulturen durch US-Fundamentalisten + Religiöse Verhältnisse im Nahen Osten + Endstation Mittelalter in Afghanistan + Kroatien - das katholische Bollwerk am Balkan + Die Debatte um Peter Singer + Hintergründe des österreichischen Neofaschismus + u.v.a. .

Jede Nummer beinhaltet zusätzlich Rezensionen und schließt mit aktuellen Kurzmeldungen ab.

Zu bestellen bei:
Antiklerikaler Arbeitskreis - Organisation für Atheismus und Aufklärung,
Postfach 89, A-5027 Salzburg (Österreich)

Abo-Preis (incl. Versand): 130.- öS, 25.- DM, US $ 20.-
Erscheinungsweise: mindestens viermal jährlich

Bankverbindung: Postsparkasse Salzburg-Schrannengasse, Kontonummer 2115.742

Was ist und was will der Bund für Geistesfreiheit Augsburg?

Der Bund für Geistesfreiheit Augsburg ist eine weltanschauliche Vereinigung, die sich an den Grundsätzen der Aufklärung und des Humanismus orientiert. Daher stehen unsere Überzeugungen in Gegensatz zu dogmatischen Religionen und Ideologien, die sich im Besitz einer absoluten Wahrheit wähnen. Da wir logischerweise auch selbst keine Patentrezepte anbieten, respektieren wir Menschen mit religiösen Überzeugungen, auch wenn wir diese nicht teilen. Aber wir verlangen, daß Nichtglaubenden der gleiche Respekt auf der Grundlage von Toleranz und weltanschaulicher Gerechtigkeit entgegengebracht wird.

Geistesfreiheit hat sich darüber hinaus gegenüber jeder Art von dogmatischen, autoritären oder totalitären Denkmustern zu bewähren. Andernfalls ist eine Verteidigung der persönlichen Grundrechte nicht möglich.

Im politisch-gesellschaftlichen Leben versteht sich der Bund für Geistesfreiheit Augsburg als **parteiunabhängige Interessenvertretung von Menschen, die keiner Kirche/Sekte angehören.** Wegen des gestiegenen Zuspruchs ist er inzwischen in ganz Südbayern aktiv. Überregional arbeitet er eng mit dem Internationalen Bund der Konfessionslosen und Atheisten (IBKA) zusammen, der sich bundesweit als politische Interessenvertretung der Konfessionslosen etabliert hat.

Der bfg Augsburg tritt vor allem für strikte Trennung von Staat und Kirche ein. Dies schließt den Abbau der materiellen Privilegien der Kirchen ein, die in keinem anderen Staat der Welt so stark von der öffentlichen Hand subventioniert werden wie hierzulande – auch mit Steuergeldern der Konfessionslosen. Wie alle anderen haben auch religiöse und weltanschauliche Vereinigungen ihre eigenen Anliegen allein aus Beiträgen und Spenden ihrer Mitglieder zu finanzieren.

In den letzten Jahren nahm der Bund für Geistesfreiheit Augsburg einen beachtlichen Aufschwung: Am 1. Januar 1980 zählte er 54, Anfang 1990 schon 174 Mitglieder. Inzwischen (1. Juni 1992) gehören dem bfg Augsburg 258 Personen an. Bei über drei Millionen Einwohnern in Südbayern ist dies aber immer noch sehr wenig.

Wenn Sie unsere Grundauffassungen teilen – wie Trennung von Staat und Kirche – und Interesse haben, fordern Sie unverbindlich Informationsmaterial an:

bfg Augsburg
Radaustraße 9
W-8900 Augsburg
Telefon und Telefax: 0821/9 88 92.

FREIDENKER

Verbandsorgan des DFV e.V.
erstmals 1925 herausgegeben

Informationen aus der Freidenkerbewegung, Staat und Kirche Gott und die Welt

wechselnde Schwerpunktthemen:
Okkultismus · Sekten · New Age
Astrologie · Naturwissenschaften
Forschung und Verantwortung
Fortschrittsbegriff · Medien
Tod · Trauerkultur · Kommerz
Manipulation · Neofaschismus
Fremdenhaß · Rassismus · Krieg
Ausplünderung unterentwickelter
Länder · Umweltzerstörung
Ethik und Moral · Jugendfeiern,
Jugendweihe · Religion u. Schule

Tod und Teufel Rechte und Interessen konfessionsfreier Menschen

Erscheint vierteljährlich · Einzelheft DM 3,–
Jahresabo DM 12,–, jeweils zuzügl. Versandkosten

Deutscher Freidenker-Verband e.V.
Mitglied der Weltunion der Freidenker, Sitz Paris

Landesverbände in allen Bundesländern
Weltanschauungsgemeinschaft · Kulturorganisation
Interessenvertretung konfessionsfreier Menschen

Für eine dogmenfreie, rationale Weltsicht und -erkenntnis
Für tätige Humanität
Für eine Gesellschaft freier und gleicher Menschen
Für die Trennung von Staat und Kirche, Kirche und Schule

DFV-Verbandsvorstand Klaus Hartmann Starkenburgring 4 W-6050 Offenbach	Kontakt und Information	DFV-Geschäftsstelle Berlin Postfach 75 Maximilianstraße 48 O-1100 Berlin

HUMANISTISCHE UNION
radikaldemokratisch – emanzipatorisch – unabhängig

1961
wurde die HUMANISTISCHE UNION gegründet – in einer Zeit kultureller und politischer Erstarrung.

Der klerikale Einfluß auf Gesellschaft und Kultur – Beispiel: das Verbot einer Figaro-Aufführung (im Herbst 1961) in Augsburg wegen des „unsittlichen" Bühnenbilds – hat dazu beigetragen, daß die Trennung von Staat und Kirche eine der zentralen Forderungen der HUMANISTISCHEN UNION wurde.

„Die Befreiung
des Menschen aus den Fesseln obrigkeitlicher und klerikaler Bindungen, die Verkündung der Menschenrechte und Menschenpflichten, der Ausbau von Erziehungs-, Bildungs- und Fürsorgeeinrichtungen, die allen Bürgern offenstehen, die Entfaltung einer freien Wissenschaft, Presse, Literatur und Kunst"
– diese Anliegen (aus dem Gründungsaufruf der HUMANISTISCHEN UNION) führten am Ende der Adenauer-Ära Liberale, Sozialisten, Gewerkschafter, Christen, Atheisten, Wissenschaftler, unabhängig von politischen Parteien, in der HUMANISTISCHEN UNION zusammen.

Für diese „Grundbedingungen des Lebens in einer zivilisierten Gesellschaft" lohnt es sich einzutreten.

Die Bürgerrechtsthemen
sind heute noch vielfältiger geworden denn je:

Datenschutz in einer voll verwalteten Welt; Gewährleistung demokratischer Mitsprache; Wahrung der Selbstbestimmungsrechte von Menschen, die sich in Sondersituationen befinden (von Asyl über Strafvollzug bis Zwangsaussiedlung in der DDR), Rechte der Frauen u.a.m.

Die HUMANISTISCHE UNION
tritt ein für die Verankerung von Bürgerrechten in den Verfassungstexten, handelt aber nach dem Motto:

> „Auch das beste Grundgesetz
> kann sich nicht selber verteidigen.
> – Wir wollen es tun."

Informationsmaterial bestellen bei:
Geschäftsstelle der HUMANISTISCHEN UNION,
Bräuhausstraße 2, 8000 München 2, Tel. (0 89) 22 64 41 (Fax 22 64 42)

*JUNGDEMOKRATINNEN UND
JUNGDEMOKRATEN/JUNGE
LINKE BERLIN*

...der
radikaldemokratische und
parteiunabhängige
Jugendverband...

ist der Zusammenschluß
der Berliner Landesver-
bände der westdeutschen
Jungdemokraten
und der ostdeutschen
MJV - Junge Linke.

Jungdemokraten gibt es
seit 1919 mit wechsel-
voller Geschichte. Bis
1982 waren die
Jungdemokraten der linke
Jugendverband der FDP.
Die *MJV - Junge Linke*
entstand 1990 als Zu-
sammenschluß unabhängiger
linker Jugendgruppen in
der DDR.

JD/JL sind undogmatisch
und pluralistisch:Bei uns
gibt es keine dogma-
tischen Parteiprogramme.
Wir diskutieren viel,
entscheiden selbst,was
wir tun und lassen.

JD/JL treten z.B. für die
konsequente Trennung von
Kirche und Staat ein.
Wir sind entschiedengegen
Rassismus und Neofa-
schismus, wir verteidigen
das Asylrecht.Wir fordern
eine andere Drogenpolitik
und sind für die Strei-
chung der Paragraphen 175
und 218 StGB.

JD/JL organisieren Ver-
anstaltungen,Seminare und
internationale Begegnun-
gen - z.B. Reisen nach
Moskau,Polen,Niederlande,
Israel, etc.
JD/JL machen Zeit-
schriften, Broschüren,
Flugblätter, usw.

Beiträge zur radikaldemokratischen Diskussion ○ 9

Für die
Trennung
von Kirche
und Staat

JUNGDEMOKRATEN

64 S., 2,- DM incl. Versand, gegen Vorkasse.

Mehr Informationen gibts
bei:
*JungdemokratINNen/Junge
Linke Berlin,*
Bülowstr.65, W - 1000
Berlin 30
Tel. & FAX 030/2162346
oder
Unter den Linden 36-38,
0 - 1086 Berlin
Tel. 20340448

Kirchensteuer -
um Gottes Villen!

Kein staatlicher Einzug kirchlicher Mitgliedsbeiträge
Für die Trennung von Kirche und Staat

JUNGDEMOKRATEN radikaldemokratisch und parteiunabhängig
LV Berlin, Bülowstr. 65, 1000 Berlin 30, Tel. 2162346

JungdemokratInnen NRW - radikal für die Trennung von Kirche und Staat!

Seit vielen Jahren setzen sich die JungdemokratInnen NRW für die Trennung von Kirche und Staat in dieser Gesellschaft ein. Schon in den siebziger Jahren beschlossen die Jungdemokraten ihren Forderungskatalog zur Trennung von Kirche und Staat und damit zur Vollendung der Aufklärung.
Als radikaldemokratischer Jugendverband im grünalternativen Spektrum setzen sich die JungdemokratInnen NRW aber auch heute noch für ihre damals beschlossen Forderungen ein.
Die Broschüre "Ein höllischer Filz" ist in einer überarbeiteten Fassung, die auch auf die Veränderungen durch die Vereinigung mit der Ex-DDR eingeht, bei den JungdemokratInnen für einen Kostenbeitrag von 5,-DM (plus Versandkosten) erhältlich.
Ebenfalls erhältlich sind dort Aufkleber "Kirchensteuer? Um Gottes Villen!" für 2,-DM/Stück.
Auf Anfrage stellen die JungdemokratInnen gerne ReferentInnen zum Thema "Trennung von Kirche und Staat", aber auch zu anderen Themen.
Weitere Informationen über die sonstige Verbandsarbeit des politischen Jugendverbands, die von Ökologie- bis Bildungspolitik, von feministischer Politik bis zu internationalistischer Politik reicht, sind dort ebenfalls erhältlich.

JungdemokratInnen

Bezugsadresse: JungdemokratInnen NRW, Kieler Str. 29 c, Postfach 13 23 21, 5600 Wuppertal, Tel.:0202/4938354, Fax:0202/451123.

Werden Sie Mitglied im IBKA!

Seit zehn Jahren bemüht sich der *Internationale Bund der Konfessionslosen und Atheisten e.V.* (IBKA), den politischen Interessen von Nicht-Religiösen Geltung zu verschaffen. Er wendet sich gegen die Finanzierung der Kirchen aus öffentlichen Mitteln und setzt sich für die Trennung von Staat und Kirche sowie für Religions- und Weltanschauungsfreiheit ein. Der IBKA versteht sich als politischer Zusammenschluß und Interessensvertretung von Konfessionslosen und Atheisten sowie als Menschenrechtsorganisation. Für diese Arbeit braucht der IBKA auch Ihre Unterstützung!

Mitglieder werden durch Rundbriefe regelmäßig unterrichtet und zu Versammlungen eingeladen. Sie erhalten Informationsbroschüren sowie die Quartalsschrift *MIZ*, das politische Magazin der Konfessionslosen und Atheisten. Wir beraten Sie auch gerne bei Fragen, die sich aus dem Kirchenaustritt ergeben.

Der Mitgliedbeitrag beträgt 90 DM im Jahr. Für Sozialhilfeempfänger, Studenten, Rentner sowie für Ehepartner und Lebensgefährten von Mitgliedern des IBKA sowie für Mitglieder von Verbänden ähnlicher Zielsetzung gilt ein ermäßigter Jahresbeitrag von 45 DM. Der Mindesbeitrag für Jugendliche (ab 14 Jahren) und für Mitglieder in den neuen Bundesländern beträgt 30 DM. Der IBKA ist als gemeinnützig anerkannt; Spenden sind steuerlich absetzbar. Nach Eingang Ihres Aufnahmeantrages erhalten Sie eine Bestätigung Ihrer Mitgliedschaft sowie die Satzung des Vereins. Fordern Sie bitte einen Aufnahmeantrag von der IBKA-Geschäftsstelle an. Unsere Adresse:

**Internationaler Bund der Konfessionslosen und Atheisten, Postfach 880
W- 1000 Berlin 41**

Internationaler Bund der Konfessionslosen und Atheisten e.V.

International League of Nonreligious and Atheists

Beirat/Council:
Prof. Dipl..Ing. Edgar Baeger,
Dr. Otto Bickel †,
Dr. Karlheinz Deschner,
RA Erwin Fischer,
Prof. Dr. Horst Herrmann,
Dr. Ingrid Kaemmerer,
Prof. Dr. Günter Kehrer,
Prof. Dr. Joh. Neumann,
Dipl.Psych. Ursula Neumann,
Journalistin Bettina Recktor,
Prof. Dr. Hermann J. Schmidt.
Korporative Mitglieder:
Libertäres Forum Aschaffenburg, Bund für Geistesfreiheit Augsburg.

Kriemhild Klie-Riedel

Oben ohne.

Ansichten einer ungeschminkten Frau – Gedichte.
104 Seiten, kartoniert, DM 17,80
Zweite, erweiterte Auflage 1991
ISBN 3-922601-12-X

„Ihre Gedichte sind so unterschiedlich wie die Stimmungen eines Menschen: der Wortwitz aber ist ihnen allen gemein. (...) Scharf und unnachsichtig nimmt sie sich der Mißstände an, klagt gegen Aufrüstungswahn, menschliche Intoleranz und Heuchelei."
Mündener Allgemeine, 1.7.1989

Erschienen im IBDK Verlag

Handbuch für konfessionslose Lehrer, Eltern und Schüler – das Beispiel Bayern

Herausgegeben von Wolfgang Proske
Mit einem Vorwort von Karlheinz Deschner
336 Seiten, kartoniert, DM 24,80
ISBN 3-922601-14-6

Am Ende des 20. Jahrhunderts ist „Glauben" im Sinne der christlichen Dogmatik zur Angelegenheit einer Minderheit geworden. Die in Bayern regierenden Politiker, schon immer christlich orientiert, wollen den Wertewandel jedoch nicht hinnehmen. Beispiel Erziehungswesen: weiterhin sollen die Schulen allgemein zur Anerkennung religiöser Werte erziehen; die Interessen von Konfessionslosen werden schlicht ignoriert.

Das Handbuch füllt eine oft beklagt Lücke: es ist der erste Ratgeber für konfessionslose Lehrer, Eltern und Schüler. Eine Arbeitsgruppe um die bayerische GEW analysiert die alltägliche Mißachtung der eigentlich gesetzlich garantierten Weltanschauungsfreiheit an Schulen, faßt die Forderungen der Konfessionslosen zusammen und gibt Hilfen bei der praktischen Umsetzung der Trennung von Schule und Kirche.

Erschienen im IBDK Verlag

Klassiker der Religionskritik

Denis Diderot
Ausgewählte Texte
Zusammengestellt und kommentiert
von Manfred Hess

Mit der deutschen Erstübersetzung
„Der Spaziergang des Skeptikers
oder Die Alleen"

368 Seiten, kartoniert, DM 28.–
ISBN 3-922601-02-2

Die Ausgewählten Texte geben einen
guten Überblick über das Werk des
radikalsten französischen Aufklärers

des 18. Jahrhunderts. Sie markieren seinen politischen Standpunkt, führen in sein philosophisches Denken ein, lassen seine literarischen Qualitäten erkennen.

Die vorliegende Ausgabe der Gottespest vereint Mosts frühe Texte, in denen er verständlich und mit Witz die theologischen Unsinnigkeiten des Christentums bloßlegt, mit solchen seiner anarchistischen Phase. Sie zeigt einen Kirchenkritiker, der in der Kirche einen politischen Gegner sah, der mit den Feuerbach'schen Thesen längst nicht erledigt war.

Johann Most

Die Gottespest
**und andere
religionskritische Schriften**

Herausgegeben und mit einem unfrommen
Nachwort versehen von Benno Maidhof-
Christig

104 Seiten, kartoniert, DM 17,80
ISBN 3-922601-10-3

als limitierte Vorzugsausgabe, gebunden,
mit Lesebändchen, von Hand numeriert,
DM 36.-
ISBN 3-922601-11-1

Erschienen im IBDK Verlag

Ab sofort wieder einzeln und komplett lieferbar:

Club Voltaire

Jahrbücher für kritische Aufklärung
Begründet von Gerhard Szczesny und Otto Bickel
Bände I bis IV komplett DM 79,-

Band I, 424 Seiten, DM 28,-	Band III, 400 Seiten, DM 28,-
ISBN 3-922601-04-9	ISBN 3-922601-05-7
Band II, 396 Seiten, DM 14,80	Band IV, 396 Seiten, DM 16,80

Auch zwei Jahrhunderte nach der Proklamation der Bürger- und Menschenrechte sind die Errungenschaften der Aufklärung noch keine Selbstverständlichkeit geworden. Massiv bekämpfen konservative und fundamentalistische Strömungen die Ideen von Freiheit, Gleichheit und Humanität.

So haben die im Club Voltaire versammelten Texte, in den Sechziger Jahren verfaßt, nichts an Brisanz und Aktualität verloren. Sie brechen eine Lanze für eine kritische Aufklärung, die keine Anschauung zum Dogma erhebt. Sie bieten Denkansätze, die sicher Geglaubtes in Frage stellen.

Die politische Relevanz der Aufsätze ist unübersehbar. Treffend analysieren und kritisieren sie den Zustand der Bundesrepublik, holen Verdrängtes und Unbewältigtes ans Tageslicht. Sie nennen all das beim Namen, was im wiedervereinigten Deutschland wieder einmal vergessen werden soll.

Mit Beiträgen von: Hans Albert, Karlheinz Deschner, Paul Feyerabend, Aldous Huxley, Alexander Mitscherlich, Martin Walser u.a.

Ein kritisches Jahrbuch, das in keiner Bibliothek fehlen darf!

Hermann Josef Schmidt

Nietzsche absconditus

oder Spurenlesen bei Nietzsche – Kindheit
2 Bände, 1120 Seiten, DM 84.–
2. Auflage 1991
ISBN 3-922601-08-1

„Wie ein Kind erschreckt entdeckt, wer es geworden ist, seine ‚christliche Erziehung' unterminiert und in heimlicher poetophilosophischer Autotherapie erstes ‚eigenes Land' gewinnt, das liest sich wahrhaftig wie ein grandioser Psycho-Thriller"
Hans Lucke, Thüringische Landeszeitung vom 7.12.1991

Erschienen im IBDK Verlag

Ein Fischer

kommt selten allein. Bereits 1961 erschien die längst vergriffene Erstauflage von Erwin Fischers grundlegender Schrift „Trennung von Staat und Kirche. Die Gefährdung der Religions- und Weltanschauungsfreiheit in der Bundesrepublik Deutschland". Von der dritten Auflage (1984, 352 Seiten, DM 17,80) sind nur noch wenige Exemplare lieferbar. Da bietet sich Fischers 1990 verfaßte Broschüre

Staat und Kirche im vereinigten Deutschland

als aktuelle „Zwischenlektüre" an: Als erster und bisher einziger Staatskirchenrechtler skizziert der Autor, was auf die zu 75 Prozent konfessionslose Bevölkerung in den neuen Bundesländern zukommt: Kirchensteuer, Religionsunterricht an öffentlichen Schulen, Theologische Fakultäten an staatlichen Hochschulen, Militärseelsorge in der Bundeswehr usw. Die Broschüre (48 Seiten, DM 8,80) enthält konkrete Vorschläge des Verfassers, wie eine Neufassung des Grundgesetzes aussehen müßte, die es mit dem Prinzip der Trennung von Staat und Kirche ernst meint.

Im **Frühjahr 1993** erscheint

Der Fischer: Volkskirche ade!

Das ist die vierte Auflage von Erwin Fischers Standardwerk
Trennung von Staat und Kirche.

Fischer geht mit der Verfilzung von Staat und Kirche schonungslos ins Gericht, besonders unter dem Gesichtspunkt der Vereinigung Deutschlands und dramatisch ansteigender Kirchenaustrittszahlen. Der Nestor des religionsbezogenen Verfassungsrechts belegt die Grundgesetzwidrigkeit von Religionsunterricht und Militärseelsorge. Dieses Werk gehört in die Hand sowohl von juristischen Laien wie auch von Fachleuten – vor allem aber in die Hand von PolitikerInnen.

Erscheint voraussichtlich im Februar 1993. Etwa 240 Seiten, kartoniert etwa DM 28,–. Vorbestellungen werden ab sofort vom Verlag entgegengenommen

IBDK Verlag + Vertrieb GmbH
Postfach 167
W-8750 Aschaffenburg
Telefon (06021) 1 57 44.

Jürgen Roth/Berndt Ender

Geschäfte und Verbrechen der Politmafia

Mit dem dokumentarischen Anhang „Das zensierte Buch"
288 Seiten, kartoniert, DM 19,80
2.Auflage 1988
ISBN 3-922601-03-0

„Dieses Buch ist schon heute ein Stück Literatur- und Zeitgeschichte"
Das Buch zum Zeitgeschehen 2/1987

Aus dem Inhalt:
- Vom Zustand der politischen Kultur in der Bundesrepublik
- Die Bombe wird scharf gemacht — Das Papstattentat und die Hintergründe
- Das Netzwerk der Manipulation und Desinformation: Wie gegen die Friedensbewegung agiert wird — Journalisten und Geheimdienste
- Politik und Terrorismus
- Die politische Mafia
- Die schwarze Internationale und die Bundesrepublik: Der Cercle Violet — Antikommunistische Weltliga im Kommen — Politische Protektion der Grauen Wölfe — Geheimarbeit in Afrika
- Die schwarze Internationale am Beispiel Italiens: Die Loge P2 — Mafia und Politik — Internationale Finanzmanipulationen des Vatikans
- Die schwarze Internationale und Opus Dei: Opus Dei — Das „Werk Gottes" am Wirken — Die lieben Geister von Opus Dei — Opus Dei und trotzdem Chile — Opus Dei und die USA — Auf dem Wege zur Macht im Vatikan — Das Beispiel Spanien — Befreiendes Wirken in der Bundesrepublik Deutschland
- Organisierte Kriminalität: Drogen, Waffen und Nachrichtendienste — Die politische Protektion der schmutzigen Geschäfte

Geldwäsche — Einnahmen der Mafia — Wirtschaftfaktor Mafia — Drogen und Nachrichtendienste — Die Drogenmafia und ihre Kontakte — Der Waffenhandel, Nachrichtendienste, Politiker und Rechtsextremisten — Bundesnachrichtendienst und Waffenhändler — Die grauen Wölfe und ihre US-Freunde beim Waffendeal — Die Mörder und der Staat — Drogen und politische Destabilisierung — Die politische Mafia in den USA — Die Reagan-Administration — ein Mafia-Kabinett?

Erschienen im IBDK Verlag

POLITISCHES MAGAZIN
FÜR
KONFESSIONSLOSE UND ATHEISTINNEN

Materialien und Informationen zur Zeit

- seit mehr als 20 Jahren für die Interessen von Konfessionslosen und Atheisten
- für Trennung von Staat und Kirche/Religion
- für Menschenrechte, Toleranz und Selbstbestimmung
- gegen klerikale Politik, Staatswillkür und die Verfolgung von Minderheiten
- Hintergrundinformationen zum kirchlichen/religiösen Einfluß im öffentlichen Leben
- Zensur der Kirchen- und Religionskritik
- Aktivitäten, Termine und internationale Rundschau; Arbeit humanistischer Verbände

MIZ – ein Podium für kritische und undogmatische Geister!

MIZ **erscheint im IBDK Verlag+Vertrieb Postfach 167 8750 Aschaffenburg**

Jahresabo (4 Hefte) DM 22,50 / sfr 22,50 / öS 170,-

500 Jahre Amerika: Kein Grund zum Feiern